張宗祥文集

曹錦炎 主　編
徐曉軍 副主編

鐵如意館隨筆
鐵如意館手鈔書目

張宗祥 著
浙江省文史研究館 編

《張宗祥文集》編纂委員會名單

主　任：魏新民
副主任：徐　潔
主　編：曹錦炎
副主編：徐曉軍

編委（按姓氏筆劃排序）：
　　王福和　吳　光　汪寅芳　邵鴻烈　徐　潔　徐曉軍
　　曹錦炎　張　玖　趙蔚明　鄭旭文　魏新民

《張宗祥文集》前言

張宗祥(1882—1965),原名思曾,因崇仰文天祥,改名宗祥,字閬聲,號冷僧,又署鐵如意館主人。先生祖籍浙江海寧硤石鎮,前清舉人,曾任桐鄉縣學堂、秀水縣學堂、嘉興府中學堂、浙江高等學堂、浙江兩級師範學堂、清華學堂教員,清末任大理院推事,民國時期任教育部視學兼京師圖書館主任、浙江省教育廳廳長、浙江省甌海道道尹等職,後任職鐵道部,抗日戰爭時期任職中國農民銀行,新中國成立後擔任浙江圖書館館長、西泠印社社長、浙江省美術家協會副主席,浙江省第一屆人大代表、浙江省政協常委,1953年被浙江省人民政府聘為浙江省文史研究館副館長。

先生國學造詣深厚,涉獵領域衆多,在文史哲、詩書畫、中醫及戲曲等領域都有廣泛的研究成果,特別是在古籍整理、版本目錄學方面,洵爲一代宗師。

對張宗祥先生文集整理編輯,是浙江省文史研究館繼整理首任館長馬一浮先生學術成果並編輯出版《馬一浮全集》之後,確立的另一項重要課題。《張宗祥文集》的整理出版,一方面是對張宗祥先生學術成果的宣傳,也是對先生更好的一種紀念方式;更重要的一方面是旨在傳承和弘揚中華民族優秀的傳統文化,這也是新世紀文史研究館工作責無旁貸的重要任務。本課題由浙江省文史研究館與浙江圖書館合作,整理收藏於浙江圖書館內張宗祥先生的著作手稿。先生著作等身,收入《張宗祥文集》中的,以先生撰寫並自己編定的文集為主,兼及其他若干文稿及戲曲劇本。至於手稿中大量的有關整理、校注、輯佚的古籍專書(如《校注晏子春秋》、《神農本草注新疏》、《熙寧字說輯》等),及輯述、編撰著作(如《全宋詩話》、《本草簡要方》等),由於和本書編輯宗旨不符且篇幅浩大,故不采入本文集中,這是首先需要說明的。

　　收入本文集的手稿,除了先生若干單篇文章如《書學源流論》、《臨池一得》、《清代文學概論》、《中國戲曲瑣談》等,以及戲曲劇本外,其餘皆由先生自己在不同時期先後編定成專集。這些專集主要可分成以下兩大類:

　　第一類是隨筆札記體的文集。以先生書齋"鐵如意館"命名的,有1943年成集的《鐵如意館讀書札記》;1950年成集的《鐵如意館手鈔書目》;1957年成集《鐵如意館隨筆》,其初稿原名《手鈔六千卷樓隨筆》;九卷本《鐵如意館碎錄》,是1960年成集的五卷本與1963年撰成的四卷本《鐵如意館雜記》的合併,定稿以"碎錄"名之。或者是另外取名的,有1945年成集的《巴山夜雨錄》,時先生抗戰避難重慶,居虎頭巖八年,未離巴縣轄境,故以"巴山"名之;1959年成集的《騎狗錄》,其初稿原名《苦樂集》,本為抗戰逃難途中滯留桂林時所作,取名以歇後語"黃楝樹下彈琴——苦中得樂",原稿燬於1940年五三、五四日軍轟炸重慶時,後憑回憶重記,新中國成立後,先生感到"十年之中,國勢強盛,一日千里。予雖日老,而心則真樂而不苦"(見《騎狗集》卷首語),故以諺語"老壽星騎狗,自得其樂"而改名；1934年撰成的《鑄鼎錄》，原稿毀於日機轟炸，後據回憶重寫，是記述清末民初及抗戰發生前有關朝政舊聞，以揭露篡國、賣國者的醜惡行徑為主，故以"鑄鼎"劾之。《疑是錄》系抗戰勝利歸來整理舊篋尚存之草稿，是當年記述清末民初"自辛亥至丙辰六年中事，有確有不確"（見是卷跋語），故以"疑是"名之。另有撰成年份不詳的《芥子錄》，則為草稿本。

第二類為詩集，以詩為主，兼及詞。從內容劃分，詩集中又可細分為兩類。一是按年份編成的詩稿之作，有匯輯抗日戰爭以前作品的《不滿硯齋詩稿》，系1939年先生在重慶時，根據長女張珏鈔錄之舊稿而成集，"然亦十存一二而已。因奔走萬里，硯石獨一折角澄泥相從，前人銘曰'不滿'，即取以名此稿"（見是卷卷首語）。抗戰時期，1938年8月從漢口撤退到桂林，年底離開時所作後成集的《游桂草》；1939年元旦撤退到重慶，至1946年5月離開時所作後成集的《入川草》；抗戰勝利後東歸所作的《還都草》，1947年成集；新中國成立後，定居杭州後所作的《歸杭草》，1959年成集；《歸杭續草》，1965年成集。皆是以當時所居地點而取名。一是專門論歷代書法家的《論書絕句》，撰於1934年，1936年補注，於1943年寫定成集；專門題畫作的《鐵如意館題畫詩》，有題古人畫，有題友人畫，兼及自畫，為先生歷年所作，於1953年寫定成集。

需要特別說明的是，上述這些集子有的為草稿，有的為未定稿，有的為謄清後定稿（也有已正式出版者），由於編成時間先後不一，在內容上或有重複者。針對這一問題，我們在整理過程中，對出現重複的情況主要作了以下的考慮和解決：

以隨筆、札記為主的文集，其中有關古籍版本目錄學方面的內容為大宗,記載先生當時所見所聞的一些古籍版本和珍稀遺稿的流傳、收藏經過,提供了大量豐富的古籍版本及目錄、校勘資料。而對同一部書的版本及內容,先生或考證多次,札記或多或少,校勘情況及見解又或有新得後增補的,因此文集中有所互見,這主要出現在《鐵如意館隨筆》和《鐵如意館手鈔書目》兩集中,《巴山夜雨錄》及《芥子錄》也有少量存在。我們覺得,因是考訂對象為同一部書,所述內容難以避免重複,但是不同時期的札記,雖增片言隻語,卻能反映出作者在某些方面的前後不同認識和新的研究成果之積累,尤其是對古籍版本、目錄及校勘而言更是如此。再者從定稿時間看,《鐵如意館隨筆》雖然謄清於 1957 年,但"此為四十餘年前之作,正當辛亥革命之後,袁氏稱帝叛國之時,瓻處長安"(見卷末跋語)即 1914 年至 1916 年先生任職於北京教育部之時撰寫,反映先生早年在古籍整理、版本目錄學上的學術功底和卓識。而 1950 年對經歷抗日戰爭、劫後餘存的"手鈔諸書,清理、編目,所存者僅二千數百卷"(見《冷僧自編年譜》1950 年條下)撰成專集的《鐵如意館手鈔書目》,不僅是先生擬將此批珍貴手鈔本古籍捐贈浙江圖書館時所作的目錄,更是先生以一生心血整理手鈔六千卷古籍的歷史紀錄,雖然成書在後,卻意義重大,當以保持原貌為宜。因此,對《鐵如意館手鈔書目》和《鐵如意館隨筆》的相關內容不作任何刪改,《隨筆》原無小標題,這次整理編者添加了小標題。對 1945 年成集的《巴山夜雨錄》及撰成年份不詳的《芥子錄》中互見內容,則相應做了刪除處理。至於《鑄鼎錄》與《疑是錄》中,所述事件或亦有重複,但前後所記或簡或繁,因此也未做刪改。

《鐵如意館題畫詩》編成於1953年，由先生手寫謄清成集。此集是先生將此前三四十年來專門題畫的詩作加以彙編，其內容有不少已互見於按年份不同時期編成的詩集中。考慮到此集是對畫作題詩的專輯，反映了先生在畫學研究上的成果，為了便於讀者查閱，同時也為了保持按年份編成詩集的完整性，因此也不作刪改。

　　1960年成集的五卷本《鐵如意館碎錄》，是歷年所作的集錄，後與1963年撰成的四卷本《鐵如意館雜記》合併，定稿為九卷本的《鐵如意館碎錄》。由於成集年代不同，再加上各卷內容較為龐雜，因此同類題材分散各處，尤不方便讀者作相關研究和閱讀。為此，在內容上我們合併同類項，重新作了分卷。至於其餘各集的內容順序，皆保留原貌，不作任何變動。這是特別需要說明的。

　　另外，收入文集中的五部劇本，皆撰成於1955年到1958年期間。其中祇有崑曲劇本《浣紗記》改編自梁辰魚的原作，雖然是節錄刪改之作，但先生從劇本主旨、框架結構，到具體唱詞、曲牌皆花費大量心血，改編甚多，這從手稿中謄清稿前所附給王傳瑛的信以及珍藏於浙江圖書館的改編《浣紗記》兩個本子(一為草稿，一為定稿)看得很清楚。這是先生於1957年為了振興傳統的崑曲藝術，專門為浙江崑蘇劇團(今浙江崑劇團)而作，有著特殊意義，所以也和其他先生自編的崑曲、京劇劇本一樣，同時收入本文集。今日崑曲藝術已入選為聯合國教科文組織公布的世界非物質文化遺產名錄，亦可以告慰於先生的在天之靈。

　　附帶指出，先生曾於1917年撰有《靈魂學》一卷，現手稿中祇存兩頁,其中一頁為封面;一頁為序言,內容僅存 5 行半字而已。原文已不見,無法整理收入集中,是為遺憾。另外,先生編有自定年譜(即《冷僧自編年譜》),起於 1882 年,止於 1964 年,現作為附錄,列於文集之末。

  《張宗祥文集》的整理工作,主要由我根據手稿完成,協助整理與參預校訂工作的,還有仲偉行女士,羅浩銓先生,岳曉峰博士,楊奉聯博士,吳毅強講師及曹建墩副教授。整理工作中,同時也參考了若干已發表的張先生著作,如 1984 年刊載於《中華文史論叢》第 1 輯(總 29 輯)由倪鼎元先生校訂的《鐵如意館隨筆》;2000 年由浙江省文史研究館整理、西泠印社出版的《鐵如意館碎錄》;1995 年由宣大慶先生整理、浙江人民美術出版社出版的《張宗祥論書詩墨蹟》(即《論書絕句》);1997 年由宣大慶先生整理、浙江人民美術出版社出版的《張宗祥題畫詩墨蹟》(即《鐵如意館題畫詩》)等。整理工作自始至終得到張先生親屬張玖女士及外孫女徐潔女士的熱忱關心和浙江省文史研究館領導、浙江圖書館領導的大力支持。徐潔女士和西泠印社、浙江省文史研究館還提供了張宗祥先生的珍貴照片作插圖。上海古籍出版社的張旭東先生,作為責任編輯,為本書的編輯出版,付出了辛勤的勞動。在此向上述諸位女士、先生一併表示衷心的感謝。

曹錦炎
二〇一三年端午節於杭州西子湖畔寶石山下

本 册 總 目

鐵如意館隨筆 ………………………………………… 1

鐵如意館手鈔書目 ……………………………… 137

鐵如意館隨筆

目　録

卷一

清內閣書 ································ 11
《永樂大典》 ······························ 12
"小四庫" ································ 13
由《大典》輯書 ···························· 14
《四庫》有目無書者兩種 ······················ 15
敦煌寫經 ································ 15
書不亡於秦火 ···························· 17
書之傳世分三期 ·························· 18
刻書 ···································· 18
注書當先聚異本 ·························· 19
書板之保存 ······························ 20
釋藏凡四 ································ 20
《論語》 ································ 21
《兩都賦》 ······························ 21
北宋刻《文選》 ···························· 21
茶陵本《文選》 ···························· 22
《吹劍錄》 ································ 22
《法言》三刻 ······························ 23

《雲谷雜記》 …………………………………………… 23
《猗覺寮雜記》 ………………………………………… 24
《易林注》 ……………………………………………… 25
隱秀篇 …………………………………………………… 26
東萊孤本 ………………………………………………… 26
《洛陽伽藍記》校記 …………………………………… 27
《水經注》大典本之祖本 ……………………………… 28
《水經》單經本 ………………………………………… 29
《全宋詩話》 …………………………………………… 30
《崇禎忠節錄》 ………………………………………… 30
建文二年會試錄 ………………………………………… 31
《建文年譜》 …………………………………………… 31
《嵇中散集》校記 ……………………………………… 32

卷二

王仲瞿遺書 ……………………………………………… 35
楊利叔遺文軼事 ………………………………………… 36
《趙氏家藏集》 ………………………………………… 36
孫淵如不及黃蕘圃 ……………………………………… 37
書之裝潢 ………………………………………………… 37
《清詩別裁續集》 ……………………………………… 38
《世說新語》三卷本 …………………………………… 38
宋本《鮑照集》 ………………………………………… 39
陶淵明《讀山海經詩》 ………………………………… 39
《封氏聞見記》 ………………………………………… 39
高麗本《遺山樂府》 …………………………………… 41
宋本《周曇詠史詩》 …………………………………… 41

《百一山房集》……………………………………… 42
溫州學術 …………………………………………… 43
《范氏奇書》 ……………………………………… 43
天一閣書保存最久 ………………………………… 44
李蒓客書歸北圖 …………………………………… 44
《羣經音辨》 ……………………………………… 44
圖書分目 …………………………………………… 45
《文選》開後世文勝之弊 ………………………… 46
《刑統賦疏》 ……………………………………… 46
《刑統賦解》 ……………………………………… 47
《粗解刑統賦》 …………………………………… 48
端木子彝遺書 ……………………………………… 48
劉基遺書 …………………………………………… 49
《刧灰錄》 ………………………………………… 49
宋刊《釋名》 ……………………………………… 50
《僞齊錄》 ………………………………………… 50
《酌中志略》 ……………………………………… 51
《東林黨人榜》 …………………………………… 52
《天啓宮詞》 ……………………………………… 52
宋刊《隋書·經籍志》 …………………………… 52
《遐域瑣談》 ……………………………………… 53
《中朝故事》 ……………………………………… 54
《丁卯集》 ………………………………………… 54

卷三

《野菜博錄》 ……………………………………… 57
《武經七書》 ……………………………………… 57

方志兼載方言 …………………………………… 58
《東坡七集》 ……………………………………… 58
《廣異記》中摩頂松 ……………………………… 59
《諸子辨》 ………………………………………… 59
《宋典雅詞》 ……………………………………… 61
《酒經》 …………………………………………… 61
《范文正公別集》 ………………………………… 62
《西溪叢語》 ……………………………………… 63
《蘆浦筆記》 ……………………………………… 64
《林和靖詩集》 …………………………………… 66
《雪翁詩集》 ……………………………………… 66
《南陽集》 ………………………………………… 67
《趙寶峰集》 ……………………………………… 67
《貝清江集》 ……………………………………… 67
陰、何詩集 ………………………………………… 68
《氂餘詩話》 ……………………………………… 68
《意林注》 ………………………………………… 68
《國榷》 …………………………………………… 69
《隸續》 …………………………………………… 70
《小綠天庵吟草》 ………………………………… 70
《金姬傳》 ………………………………………… 70
《青瑣高議》 ……………………………………… 71
《太和正音》 ……………………………………… 72
《萬曆辛亥京察記事始末》 ……………………… 72
殘經 ………………………………………………… 73
《欽定宮中現行則例》 …………………………… 74

《醉里耳餘錄》……………………………… 74
朝鮮人著作 ……………………………… 74
圖書館收書之法 ………………………… 75
《北戶錄》………………………………… 75
《內外服制通釋》………………………… 76
《淳化閣帖》……………………………… 76
《姜氏秘史》……………………………… 77
《印旨》…………………………………… 77
《圭美堂集》……………………………… 78
《九經通借字考》………………………… 78

卷四

《柳仲塗集》……………………………… 79
《人海記》鈔本 …………………………… 80
《國朝典故》……………………………… 80
《鮚埼亭集》批本 ………………………… 83
《孟子外書》……………………………… 83
《內典文藏》……………………………… 85
《穆天子傳》……………………………… 86
《學易》…………………………………… 87
《華陽國志》……………………………… 87
《不得已》………………………………… 88
《禮緯含文嘉》…………………………… 89
《小爾雅》………………………………… 89
《毛詩名物圖說》引《字說》…………… 90
《棗林外索》……………………………… 90
《義墨堂宋朝別號錄》…………………… 91

《郭西小志》 …… 91
《韻語陽秋》 …… 91

卷五

《南遷錄》 …… 95
《弔伐錄》 …… 96
《野處類稿》 …… 96
《唐李推官披沙集》 …… 97
《金陵新樂府》《獨秀峰題壁詩》 …… 97
《說郛》 …… 97
《四庫》南三閣 …… 104
《四庫》出自《大典》者 …… 105

卷六

《離騷圖》 …… 117
"九經"巾箱本 …… 117
《春秋經傳集解》 …… 118
崇正書院刊《兩漢書》 …… 118
高郵王氏父子書板 …… 118
《硯箋》 …… 119
《太上感應篇傳贊》 …… 120
殘書 …… 121
《廣韻》 …… 121
《說文解字五音韻補》 …… 122
《五音類聚》 …… 122
《大廣益會玉篇》 …… 123
《類編年月集要克擇一覽》 …… 124
《新編陰陽足用選擇龜鑑前後集》 …… 125

《算法全能集》…………………………………… 125
《紀死節》………………………………………… 125
《孟子集説啓蒙》………………………………… 126
《文章軌範》……………………………………… 126
《五倫詩内外集》………………………………… 127
《讀書録》………………………………………… 127
《豫章熊先生家集》……………………………… 128
《後村居士集》…………………………………… 128
《選詩補注》……………………………………… 128
《涓吉成書》……………………………………… 129
《大明高皇后傳》………………………………… 129
《崇禎縉紳録》…………………………………… 130
《釋氏要覽》……………………………………… 130
訂老 ……………………………………………… 132
"十三經"刊本 …………………………………… 135

卷 一

清内閣書

清内閣書，自宋至明皆有之。予所見可據以爲證者：宋則有《仙源譜系》，黃綾裝，朱絲欄寫本。此必汴都淪陷後，爲金人載以北去之物也。明則有南宋刊《水經注》"渭水"注文，與《永樂大典》本校，不差一字，而校之吴琯刊本則大異。故知《大典》當時，即據是本鈔入，鈔畢即藏之内閣也。此兩書最爲確證，其他證物，不一而足。蓋金載汴梁之圖籍北行，歷元至明，徐中山平定燕雲，復載而南。成祖北都，又自南徙北。清入關因而不易。然四五百年間，遷徙不常，散失殊甚。中間又無人爲之整理，任其湮没塵埃之中，鼠嚙蠹食，遂至不可究詰，此真典籍之浩刼也！

清乾隆時，修《四庫全書》，其書皆採自各省。内閣之書，近在目前，置而不顧，當由失散已多，不符成案，一言清理，將興大獄，故無人敢議及此也。《四庫》書成後，其各省呈進之本，私家者盡皆發還；官購進呈者，皆發翰林院儲藏。故有清一朝圖籍，善本皆藏天禄琳瑯，餘則悉歸翰林院，内閣中未嘗更藏一書。發翰林院者，亦以《四庫》底本爲多，書面皆蓋有翰林院印。辛亥之際，無人顧問，散失以盡。獨《永樂大典》尚存二百餘册，悉爲陸鳳石先生輦歸私第。陸其時任掌院學士。後屢追詢，乃以六十餘册歸京師圖書館收藏。其餘諸册，今恐亦散佚盡矣。

清代藏書凡三處：一、天禄琳瑯，在内廷，凡宋元善本多在焉。乾嘉之後，時有内璫竊出私售，故流佈人間者亦多。戊申之間，曾經朱艾卿先生輩清理。今自故宫博物館成立後，不知存者幾種？二、翰林院，院址在今新華門迤南，書已盡散。三、内閣，清末設立京師圖書館，從張之洞等之請。内閣之書，盡歸館有。補殘剔蠹，出之塵埃之中，今圖書館所存宋元善本，皆是物也。全者絶少，惟卷帙不多，僅一二册者，或有全璧，然不知此書有已歷四朝之久者矣。内閣歸圖書館者，尚爲成册之書。其不成册者，堆積一室中，高與梁齊。民國八年，歷史博物館請而清理之。塵土尺餘，紙不可揭，所得者《孟子》數卷，其餘皆殘篇也。自此之後，清廷之書畢矣。

《永樂大典》

《永樂大典》成書後，凡抄三部：一貯南京，二貯北京，其後悉毁於火。今所見者，嘉靖時重鈔本也。朱絲畫欄，黄綾裝，向藏翰林院。清初已有缺卷，不甚多。當時補之或尚易，事積不理，至庚子聯軍入京，遂大散佚。時盡歸獄於聯軍，英公使至有照會聲明，外兵並未攜取，李鴻章亦遂不暇過問。其實，即追問亦不可得矣。然聯軍當時未盡取則爲實事，不取，則遁詞也。自此之後，海外各國遂亦有此書矣。前七八年，且有友人自海外購歸二册者，非其證乎？

《大典》修輯及卷數、册數，予前所編《京師圖書館善本書目》中詳記之。其書以韻分類,每韻何字,即下收種種書籍及典故。如"水"字則《水經》全書盡抄在內,凡"水"字在首一字者皆收之。雖若駁雜,然無所去取,不似《四庫》先立一格,合格者留,不合格者去也。保存古籍之功,較爲詳備。今通國所存,恐不過四五百冊矣。予所見則以《水經注》爲最,前後完整,今涵芬樓得其半,李氏得其半其後均歸涵芬樓。

"小四庫"

《四庫》七閣,今存其四。文淵向藏內廷,後歸內務部保管,今不知是否屬故宮博物館。文溯向爲熱河行宮之書,後歸京師圖書館保管。文津向爲盛京之書,曾運至北京,聞後復運歸奉天。北方四閣,僅文源一閣,向貯圓明園者,與園俱毀。南方三閣:文滙在揚州,文宗在鎭江,洪楊之役悉毀;文瀾在杭州,毀十之七八。杭人丁松生先生,據坊間刻本補鈔,未竣。癸亥,予復募私家之款二萬金,派員至京,據文溯鈔補。其丁鈔書卷帙與閣本不符者,亦校正一二,今成全璧矣。

文淵匣架皆紅木,文溯、文津楠木,餘皆不得而知矣。紙皆開化榜紙,書之尺寸亦寬大,迄今百餘年,完好如新。惟集部用灰色綢裝,已脆裂。經、史、子,黃、紅、綠三色,書面及束書之帶,依然無恙也。文瀾書本較小,紙亦不佳,想當時南方三閣皆同。文溯寫成在嘉慶時,書首已鈐"太上皇帝之寶"矣。文淵鈔寫較精,文溯、文津脫誤至甚。最精者莫過於"小四庫"。蓋《四庫》卷帙太繁,不便常置內廷,乃擇其中需要諸書重錄之,以供內書房之用。因日夕繙閱之書,故鈔校皆精,不敢苟且。然種數不多，内廷名曰"四庫彙要"。世人以其節擇《四庫》諸書而不備，且裝潢與《四庫》無別，故以"小四庫"目之。民國四五年間，廠肆間有售者，蓋皆内璫竊出私鬻之物也。或者不知，遂疑爲北方三閣之書已有散佚，實則内書房中之"小四庫"也。然自此之後，"小四庫"究存若干種，無從稽考矣。

由《大典》輯書

《四庫》修書時，《大典》散佚不多，故從《大典》輯出之書，十居三四。今《大典》亡而《四庫》存，尚可存《大典》一斑也。然《四庫》修書之時，其弊甚多：一、去取不精。因人廢言，因言廢書之處，不一而足。二、苟且充數。此弊經部、史部最甚。如日講解義、各省通志之類，卷帙繁冗，無關宏旨。三、不載書之所自出。每書提要，僅叙作者姓氏出處及書中大義。至據何刻本、鈔本，不盡道及，使後人不知其來源。四、擅改卷數字句。曾見翰林院所藏一舊書在廠肆中，僅存一册，爲《宋僧詩》。前三卷已缺，原標曰卷之四，墨筆改爲卷一，蓋此書即當時輯入《四庫》之底本也。前缺之卷，漫不復究矣。予時與錢念劬先生同見之，相與抃掌，欲購則已有主矣。其他卷數有與通行本不同者甚多，既未叙書之來源，其不同之故，遂不可問。《潛邱劄記》中，凡錢牧齋諸條，悉改題他人，或改"朱竹垞"，或改"或曰"，不一而足。蓋《四庫》所收之《潛邱劄記》，尚爲吳刻本，非後來刻本並全條而刪之也。五、書前《提要》，各閣不同。現在刻本《提要》，竟不知其據何閣所刻。故據刻本《提要》以攻閣書之誤,尚非定讞也。總之,紀文達爲博覽聰明之詞臣,而非考據精詳之宿學,故取巧集事,迎合帝王,致有此失。

《四庫》有目無書者兩種

　　《四庫》有目無書者兩種:一《日講詩經解義》,一《老學庵續筆記》。目錄中載之,即各閣分架圖中,亦載此二書。然啓其匣,則《日講詩經解義》爲空匣,《老學庵續筆記》附於《老學庵筆記》中,而匣内藏《老學庵筆記》外,更無半寸餘地可容《續筆記》者。匣面固刻之曰《老學庵筆記》、《老學庵續筆記》也。《詩經解義》初疑爲書成在後,目錄中則早列入,至是書是否編成,尚不可知。其後侍朱艾卿先生,偶道及。先生入宮之暇,留意訪察,則此書凡鈔成二十餘部,皆在内廷,乃知書成在後之説不虛。蓋寫成已在乾隆崩後,竟未發閣也。至《續筆記》世無是書,學者尤所渴望。想係當時搜求未獲,而目錄架匣竟不更正耳。每閣皆有分架圖,經、史、子、集各以類次。每架若干匣,匣何書,匣面標字,圖皆備載。蓋書有多寡,匣有大小,恐不易覓,故復繪圖也。文瀾架、匣皆毀,補鈔既竣,予亦囑堵申甫弟畫一圖歸。後之君子,倘能更募款項,據此造架造匣,則文瀾真復舊觀,了無遺憾矣。《老學庵續筆記》世無是書矣,惟明鈔《説郛》第四卷中,尚載十七條。

敦　煌　寫　經

　　敦煌石室,在甘肅敦煌縣。室甚穹,地下鋪鵝卵石子,厚一二尺,有友人知縣事者游之,爲道如此。歸裝載石子甚富,蓋亦好事者。予丐其一,歸予敦煌片羽之匣。室內外皆無記載,其起迄年月不可知。據其所藏之物斷之,則始晉而終五季也。予所見晉寫經二幅,皆不全。予所藏殘經尾一頁,後書同光年號。其他凡見數千卷,六朝者、唐者,而唐爲多,故世有唐人寫經之名。最初發現者法教士,車載而西,英人繼之,載去不少。官其土者,視若無睹也。清政府知之,始電甘撫索是物,學部派員至甘運取,交通部以運輸爲名,亦派員助之。始至,土人居奇,由政府捐三千金修文廟,方許運。董其事者,甘藩也。藩署中一盜,沿路賄交部之員以金,醉學部之員以酒,私啓其篋,復盜之,卷遂割裂不全。至京,準尺寸,錄起迄字,編一目錄,歸圖書館庋藏,今目錄與經仍在。自此之後,惟江瀚長館時,曾取數卷贈人憶係贈張季直者,目錄上親筆批記,其他則未嘗遺失。然大抵皆經,且無全者,數卷相合,方可成全璧。石室自此空矣。今世間所見者,皆當時偷取之卷,或割裂之物,但亦有不出於石室者。蓋甘省地高土燥,唐、宋間又事佛極誠,故往往寫經置罈中埋地下,數百千年完好如故。後人發之,以爲古物也。予曾見西夏寫經一部於同年邵伯絅處,首尾完整,亦罈中物也。至今掘地者尚時有所獲。當石室初發時,所藏實不止經,兼有《唐韻》、《老》、《莊》等書,惜皆爲西方人取去。流傳中國者惟經,間有雜事如狀疏、捐疏、菜帳、捐册之類。畫則有佛像、金剛之類,五彩繽紛,頗近藏畫,或純用朱筆繪之,然皆不精。書則有極精者。晉人寫經,用筆絕類鍾太傅《戎路帖》,同年陳季侃所藏二紙皆然。據云曾見一全卷,亦然。六朝則類龍門《妙香尼像》者爲多。唐經有中楷者,絕似顏平原《多寶帖》,小楷工者類褚河南及《靈飛經》，間有小行草，不多見。其所書之物，用墨、用硃、用血；所書之紙，黃麻、白麻、棉紙。棉紙極薄，不多見，黃白麻最多。有一種黃麻似用蠟制者，性脆易裂，極光滑，凡書之工者，皆用此紙。經之形狀，卷子者，仿竹簡形者，厚紙闊約二寸，長約六七寸，兩面朱絲界綫，四周留邊，首空寸許，穴一孔，蓋用以穿綫也。蝴蝶裝者厚紙三四頁或六七頁，對折，以鐵絲貫其折中，與今西裝書無異，特粗劣耳。此蓋宋蝶裝所自仿。但簡形之經，字皆較小，蝶裝之經，字極不精。而卷子爲多。經之包手，綾也，錦也；經之籤，磁青紙，金書也；經之標，綾也。然標易失，包手易脫，綾錦之壽又不及紙，故今之所見者，皆紙而已。綾標錦卷首泥金籤，皆不易見其全也。在中國者皆經，經之中十六七，皆《無量壽經》。世之人求利者，求名之士笑之；求名者，求壽之士笑之。求壽者，熊經鳥伸，吐故納新，世且目爲有道之士，猶以爲不足，寫經祈佛，思所以延之。嗚呼，貪心一也，奈此求壽之人何！

書不亡於秦火

秦火不亡書，昔人已論之，書之亡蓋由於兵燹、好尚也。《左傳》所引，不見於《詩》、《書》者多矣，此秦以前所亡書也。秦漢之際，天下大亂，讀書者少。蕭何入關，收秦圖籍，所收者何書也？以鄭侯出身吏胥，終其身亦不聞一語及學問，意必戶口、法律、制度之書爲多矣。秦之法至嚴至酷，自商君以來，已如是矣。漢初輕族人，承秦法也。顧秦法嚴酷，必且毛舉細故，煩苛異常，勒爲成書，以詔吏民。自漢以來，乃不見秦法律之書，則漢法行而秦法廢矣。禮樂制度，無一不然。蓋秦號暴虐,雖用其實,不敢顯然襲其名,此秦書所以亡也。武帝表章儒學,百家之說,幾於皆廢。然《春秋》五傳,猶亡其二。漢世讖緯之書,與經並重,後竟不傳。由此觀之,書之存亡,與秦火何關哉!

書之傳世分三期

書之傳世,大要可分三期:一、竹簡漆書,難寫而易壞;二、紙墨皆備,流傳較廣,然鈔寫之際,訛奪亦多;三、印刻,自此傳佈始遠矣。自竹簡以至刻印,歷年久遠,屢經兵火,毀亡之迹,世所共知。至若篆之化隸,隸之變楷,古字少而假借多,因是致訛,世不能詳。故自書籍傳世之後,字體變,紙墨變,以迄於剞劂,書之能不失真者幸矣,其功臣則劉中壘也。天祿校讎之後,世乃知讀書之法,世乃有可讀之書,惜乎繼中壘之後塵者少也。自漢至宋,所傳鈔寫之書,僅存石室卷子,校讎之事,僅記雌黃手迹。然予所見唐人寫經,未嘗有校改者,有脫則於欄上大標一"脫"字或省標一"兑"字而廢之。故宋以前古書,不可考矣,惜哉!

刻　　書

刻書起於馮瀛王,然唐時實已有之。予所見有佛經殘頁二紙,字體大近六朝。予又收得佛像一卷,棉紙印,所刻佛像,闊寸許,高倍之,連貫排比,諸像一律。紙之背面,墨筆書天寶年號。二者皆出於敦煌石室。則知刻字之術,唐已有之,特施之佛經，未刻他書耳。馮氏始刻經籍，至宋而大盛。南渡後，浙、閩、贛、蜀，所刊尤多，於是流傳天下，家誦户習，得書易矣，此真宋人莫大之功也。然予於宋人有遺憾者數事：宋人去古未遠，所見皆爲鈔本，一刻之後，鈔本廢矣。則刻時宜搜集數本，詳爲讎校而後刊，今不聞有此舉也。蜀刻、浙刻，同一書而或字句不同，可見疏忽，此一病也。讀書者研精詞章，從事理學，惟恐已名之不傳，古人著作僅供材料之用，能以古籍爲念而加以校訂者，僅尤延之、趙明誠二人。遂初堂之書早散；易安居士南渡後，趙氏之書亦蕩然以盡，可傷也。此二病也。學者風尚如此，書鋪射利，專刻當代名公巨卿之集。歐陽文忠、蘇文忠、朱晦庵諸集，大字精槧，屢刻不一。而周秦漢魏諸子之書，則不甚注意，此三病也。

明承宋習，武斷尤甚，移並卷帙，竄改字句，不一而足。張佳胤刻《華陽國志》，第十卷中原本每讚二句、下列小傳，張氏讚併爲一，讚完然後羅列各傳，已失原本之意；而讚之結文二句，又未剔出，混入傳内，讀之遂不可通。此其一例也。刻書不得善本，已爲可惜，至刻書而妄改原書，不如不刻之爲愈矣。晦庵《大學》已開其例。

注書當先聚異本

胡三省注《資治通鑑》"秦使大良造伐魏"，其下考證數百字，"大良造爲秦官，其時任此官者爲衛鞅。秦不能使官伐人國，必脱衛鞅二字無疑"云云。胡本刻於臨海，自元至洪武初，取其板藏南京國學，至成化後，傳印不絶。清嘉慶二十一年，胡克家翻刻之，印行最盛。然所據並非兩宋古本也。其實宋刊本有"衛軮"二字也,胡氏所見本偶脱耳。雙鑑樓百衲本有此二字。近丁氏著《輿地叢鈔》浙江書局刊內有《洛陽伽藍記》"宋生西域求經"考證云"據其回在神龜二年,則出使當在元年秋"云云,亦數百字。其實如隱堂本《伽藍記》有出使時日也。由此觀之,欲注書當先聚此書刻本,盡校讎之,然後下筆,庶不妄費心力。

書板之保存

《通鑑綱目》宋板,至清初尚在浙江。王氏《玉海》宋板,至明末亦未毀。故二書流傳最多,然皆三朝補板本也。由此觀之,刻板能保存合法,壽亦五六百年。但多印則易刓,不印則易朽,年印三四十部,擇通風高燥之處藏之,斯善矣。武英殿板,當時選材甚精,每板厚至寸餘,皆紅心棗木也,乾隆之後不復顧問,乃為侍衛蘇拉冬日禦寒薪火之用,犖哉!

釋藏凡四

釋藏凡四,正藏、續藏、嘉興藏、龍藏也。正、續藏已有鉛印流通;龍藏板尚存直隸一廟中,極宜保存;嘉興藏自明至清初相繼刊刻,全藏之數世無知者,今惟北京北城嘉興寺有一部,寺以此名也。予主京師圖書館時,曾派人至寺,寫一目録藏館中。此秘藏也,天龍八部人等,宜共愛護。後在重慶華巖寺,見零册中有目録,全。

《論語》

《論語》"未若貧而樂，富而好禮者也"，日本五山本作"未若貧而樂道，富而好禮者也"，《古逸叢書》中即刻此本。如此則可通矣。貧而能樂，不問所樂者何事，即可勝於無諂乎？

《兩都賦》

班氏《兩都賦》"游士擬於諸侯，列肆侈於姬姜"，游士、列肆並舉，不可解一也。列肆侈於姬姜，豈女閭乎？不可解二也。予見唐時日本寫《兩都賦》，則云"列女侈於姬姜"，此真通矣。蓋誤以行草"女"字爲"四"字，又自"四"字變"肆"字也。然各宋刊《文選》，無不作"肆"者，知"肆"之誤久矣。故知舊鈔之可貴，禮失而求諸野，亦不可忽也。

北宋刻《文選》

予所見北宋刻李善注《文選》，字勢古拙，疏密隨意，北紙，此真可寶，惜僅存數卷。前主京師圖書館者，竟置之雜書堆中，不加裝訂，屏不錄入善本，可笑也。予至即薰沐出之塵垢之中，登之選部之首。蓋凡書所目爲北宋者，十九"紹興"，惟此本當北宋之名無憨耳詳見《善本書目》。

茶陵本《文選》

茶陵本《文選》,槧精印良,刀鋒秀挺,墨色光潤,在宋刊中亦屬上乘,故各家書目多標宋刊,其實元槧也。陳仁子,元人,前有大德二年陳叙。書估射利,多抽去此叙,以冒宋名。今明刊《文選》有自此本出者,陳叙尚存,可以爲證。

《吹劍錄》

俞文豹《吹劍錄》首錄成於淳祐三年八月,即自叙所云:"予以文字之緣,漫浪江湖者四十年。今乃倦游,索居京國。掩關守泊,條理故書。以昔見聞,與今所得,信筆錄之。莊子云:'吹劍首者,映而已。'映,許劣反,謂無韻也。"其後成續錄,及己身已與正錄合刊不分,今世通行之《吹劍錄正集》是也。亦有自叙説明之。《知不足齋叢書》中所刊《吹劍錄外集》,則四錄也。予得其三錄,自叙云:"陳忠肅公瑩中,好讀書,至老不倦。每觀百家之文及醫卜等書,開卷有得,則片紙記錄,粘於壁間。環坐既遍,即合爲一編,前後凡數十册。文豹是編之續,至再至三,亦猶是也。淳祐戊申中和節,書於堪隱堂,且爲四集張本。"云云。戊申,淳祐八年也。《外集》叙不贅錄。其自叙明白如此。而《四庫》編目時,僅得《正錄》、《四錄》,不見《三錄》,遂並其自叙之文,置之不顧,强名之曰"外集",武斷可笑。《三錄》爲一鈔本,舊僅標名曰"吹劍錄,宋俞文豹撰",不分三、四也,予鈔校一過,始知此亦世間佚書也。俞氏之《錄》,至此全矣。有好事者並而刊之，亦一佳事。《吹劍録》又有更名爲《唾玉集》者，前有叙云："世有《説苑》、《説林》，又有《叢説》、《世説》，嗚呼！説而不根諸理，横潦耳。俞君文豹，余慶友也。一日以其所萃之説，名曰'吹劍'，其庶乎根於理者。予披閲顛末，觀其學粹甚，味其文瑩甚，殆無一疵可指，因易其名爲《唾玉集》，識者或有取於斯。撫卷太息，喜而書之。景祐二年春山翁。"云云。又俞氏自叙曰："頃編是録，名爲《吹劍》，聊適興耳。或者遂僭名爲《唾玉集》，豈予本心哉！知我罪我，以俟賢者。"則更在後矣。此不甚重要之書，及身數刻，更可證予前言。

《法言》三刻

揚子《法言》，予所見宋、元、明三刻，板心、行款皆相同。宋刊字體亦不精，與元本無別，視明本爲佳。半頁十一行，行大字二十一，小字二十五、六、七不等。前有景祐三年二月著作佐郎知尤溪縣事宋咸叙表。宋、元之別，在五聲十二律圖中白文"徵"字，宋本缺末筆，他本否。然白文涂改極易，須留意辨之。書估亦有抽去此圖，以元充宋者。蓋坊刻本之書，最難辨別也。

《雲谷雜記》

《雲谷雜記》，宋張淏清源撰，《宋藝文志》、《文獻通考》、《直齋書録解題》皆不著録。明《文淵閣書目》載一册，不詳卷數。今世所傳四卷本，乃乾隆時自《大典》本輯出，都一百二十四條，似最詳矣。後得明鈔本《說郛》，第三十卷亦載是書，計共四十九條，與《大典》本同者二十九條，而"壽山艮嶽"一條，首尾完善，較《大典》本爲勝。其餘"臚句傳"、"玉帳"、"《月令》字誤"、"太祖達生知命"，《大典》本亦有此條，略而不詳。"上祭於畢"、"登聞鼓"、"無置錐地"、"劉歆、顏游秦有功於《漢書》"、"檄書露布所始"、"魚雁傳書"、"《黃庭經》第二條"、"竹之異品"、"佛書"、"燕脂"、"五大夫"、"二洪崖先生"、"阿堵"、"酒名齊物論"、"蔗字"、"避忌諱字"二十條，《大典》本中皆未見。不知《大典》所錄爲別本，抑輯《大典》本時遺之也。既無《大典》本可證，《說郛》所收又非全書，更無可考，真恨事也。然《說郛》在《大典》之前，則所據之本，自較《大典》爲古，此可斷言。至陶珽所刻《說郛》，以"壽山艮嶽"一條，別列一書，標名"艮嶽記"，已覺不合，然尚署爲張氏撰也。其他"聯句所始"、"人事物"、"蒜髮"、"關羽印"、"無置錐地"、"稱臣呼卿"、"稱萬歲"、"崔豹"、"斷屠"、"有功《漢書》"、"露布所始"、"竹之異品"、"佛書"、"刀耕火種"、"鐘鳴漏盡"、"孝宗聖德"、"二赤松"、"謚號"、"五大夫"、"禮部韻"、"堯九男"、"二洪崖先生"、"阿堵"、"後漢人亦有二字名"、"酒名齊物論"二十五條，竟別標書名曰《東齋記事》，撰人曰許觀，妄人妄事，此爲極矣。據《大典》本張氏原跋"秋樹雨聲"云云，今各本皆未見，則知此書尚有逸文也。

《猗覺寮雜記》

予前鈔得《猗覺寮雜記》，嘗跋之云：右《猗覺寮雜記》二卷。上卷二百零八條,其中補目者二,補目、補文者一;下卷二百四十六條,其中補文、補目者二,應刪者一,都凡四百三十三條,與叙所云四百三十五則者不合。《聚珍板叢書》本"唐人用平仄不同"條、"東坡所獲石砮記"條、"李虚中靈於人不靈於己"條皆分爲二,"戚姬"、"女稱"二條合爲一,"無王旦"一條、"男女皆不可以美稱"一條,又删去下卷"游夏不能措一詞"條,凡四百三十三條,與叙所云四百四十四條者亦不合《聚珍本》洪邁叙作凡四百四十則。《知不足齋叢書》本叙與此本同,"唐造茶與今不同"、"唐茶用臼用煎"兩條,"漏天"、"天公憒憒"、"天形"三條,"韓退之文章"、"劉杜譽韓處皆實録"兩條,"戚姬"、"女稱"兩條,"當用稻字"、"骰子"、"渾化酒悲"三條,皆合爲一。"唐人用平仄不同"條、"用字出處"條、"李虚中靈於人不靈於己"條,亦合爲一。"游夏不能措一詞"條不刪。全書計三百三十一條。三本條數,無一同者,皆非定本可知。然知不足齋本又移下卷卷首三十六條附上卷卷末,又著"論史"二字,似尤疏矣云云。蓋下卷三百三十六條,不專論史也。

《易林注》

《易林注》,世皆以爲宋本。絳雲樓有此書,樓災,世皆以爲佚矣。各家目録,舉如此説。《邵亭知見書目》亦恨絳雲之火,而此書遂亡。其實全者尚有毛氏影寫本,不全者京師圖書館尚有刻本八卷。予主館時,曾借毛本影鈔,配成全書其時毛本在蔣君孟蘋處。攜之北上者,錢念劬先生也。首有東萊人費直字長翁叙,靈越五雲溪王俞聖唐會昌景寅歲周正五日叙。各繇辭下有書"無注"者，有書"未詳"者。其有注者，一注數見，極不精確。玩其刻字刀法，在元、明之際。白口，半頁八行，行十六字。獨卷七第三十七頁，半頁十行。卷十一"'益'之'旅'"三十三頁繇辭曰："鹿在澤陂，豺傷其麛，泣血獨哀。"注曰："鹿，獸名。按《韻府羣玉》：'千年爲蒼鹿，又百年爲白鹿，又五百年爲玄鹿。麛，鹿子也。'"云云。引陰氏《韻府羣玉》入注，則注者非宋人明矣。注書非宋，書乃宋刻，斷無是理。先輩未見其書，遂沿襲致誤耳。然其繇辭與通行各本《易林》，大有異同，亦可寶之書也。

隱秀篇

《文心雕龍・隱秀篇》，嘉靖本亦與通行本相同，不得明以前本，恐無從證其爲闕爲僞也。

東萊孤本

予於乙未冬影鈔得宋本《東萊先生詩集》一、二及十一三卷。前有乾道二年四月六日贛川曾幾叙。首行題東萊先生詩集卷第幾，下題江西詩派。白口，上標字數。第一魚尾下標東萊幾；第二魚尾下標頁數，下標刊工姓名。左右雙綫。半頁十行，行二十字。卷十一書估挖改作第三卷，叙後目錄已佚，補以空白，亦係書估之罪。又《外集》三卷。卷首有目錄，無叙。目錄第四頁第十三行墨釘未刻，查《集》中則《即事》一詩也。目錄後一行云"慶元己未校官黃汝嘉增刊"，款式同前。卷首第二行低十格，標"吕本中居仁"五字。持校現在二十卷本《紫薇集》，則《外集》第三卷中所收諸詩，二十卷本中多未見也，真孤本之足珍者。

《洛陽伽藍記》校記

《洛陽伽藍記》最舊本爲如隱堂，其後照曠閣、綠君亭刻本亦佳，至吳若準集證本，幾於大備矣。《漢魏叢書》本似無足輕重，然事有極相反者。予校此書叙中南面有四門，諸本四皆作三，蓋指開陽、平昌、宣陽也。原叙曰："次西，曰宣陽門，漢曰津陽門，魏晉曰津漢魏本作宣陽門，高祖因而不改。"從如隱、綠君，則上文"宣"字，亦應改爲"津"字，文理方順。如漢魏本，則津陽、宣陽一門也。然則四字當正爲三乎？曰：非也。讀本書第三卷龍華寺條"宣陽門外四里，至洛水上作浮橋，所謂永橋也"云云，同卷高陽王寺條"在津陽門外三里御道西"云云，是宣陽、津陽確爲二門也。集證本有圖，南面東頭第一門曰開陽，次西曰平昌，又西曰宣陽，類若以平昌爲中門。然宣陽北對閶闔宮門，南通永橋，則爲正南中門無疑。於是宣陽、開陽之間爲平昌，而宣陽迤西，竟無門矣。案《太平寰宇記》曰："南面凡三門，開陽門在巳上，次西漢有小苑門，在午上，晉改曰宣陽門。引《述征記》曰：'謻門，即宣陽門也。'引畢延雋《洛陽記》曰：'即漢之宮門，次西，漢曰津門，在未上。'"云云。則是宣陽門漢名小苑門，不名津陽，而津門，漢又另是一門，非即宣陽門也。蓋《寰宇記》所記者，爲南頭三大門。而《伽藍記》所記，則並午、巳之間小門，平昌亦記之。然《寰宇記》後人之書也,今更證之同時者。酈道元《水經‧穀水注》卷十六"穀水又南東屈徑津陽門,又東徑宣陽門南,又東徑平昌南,又東徑開陽門南"云云,則洛陽南面四門,明白如畫矣。叙中宣陽門下蓋有缺文,各家不參照本書三卷之文,又不詳考各書,見其僅有三門,則改四爲三,以遷就之。漢魏本尚不敢率改,似疏實善。予爲此説,倘他日得遇古本,闕文具在,則此説又等於胡氏之考大良造矣,一笑。

《水經注》大典本之祖本

《水經注》通行世間者,凡兩支:大宗北宋刊,小宗南宋刊。北宋刊在元祐時,今不得見。所傳者僅陸孟鳧影鈔本,及吴琯刻本,皆大宗出也。南宋刊即《大典》本之祖本。戴、趙二氏書皆宗《大典》,則小宗盛而大宗衰矣。南宋刊尚存十二卷,自内閣佚出,歸袁克文氏,今又易主矣。袁氏跋云:"酈道元《水經注》殘本,存卷十六至十九,又卷三十九、四十,凡六卷,首尾完者四卷。此書自明以降,考訂校勘,皆出自陸孟鳧影鈔宋刊本柳大中,若宋刊,則無聞焉。此殘本出清内閣庫中,實希世之秘籍,字畫整健,當出北宋。卷中如'桓'、'構'諸字,皆有剔痕,決非刻時缺避,蓋南宋時所摹印也。陸鈔後有宋刻跋云:'《水經》舊有三十卷,刊於成都學宫。元祐二年春,運判孫公始得善本於何聖從家。以舊編校之,才三分之一耳。乃與運使晏公委官校正,募工鏤版,完缺補漏,比舊本凡益一十有三,共成四十卷。其篇帙小大,次序先後,咸以何氏本爲正。元祐二年八月初一日記。'錢遵王所見,即此鈔本,且以後人無翻雕者爲惜。觀此，則此殘本即元祐刻本無疑，信人間之鴻寶也。丙辰三月十八夜，記於玉泉山下。寒雲。"予按此殘本與《大典》本校，絕無異同，則爲《大典》祖本無疑。蓋當時修書既竣，即歸內閣儲藏，歷四百餘年而又重見於世也。持校吳琯本，則"渭水注"大不同，此非元祐刻本明矣。且宋人刻書，避諱缺筆，皆在刊時。未聞後來重印，復剔前書之字，而缺筆又實未有剔痕可尋。尋其字體，類浙贛而非蜀，疑紹興刊本，決非元祐舊本也。此爲珍籍孤本，世所共知，必欲強南入北以爲重，袁氏未爲達也。白口，左右雙綫，魚尾下標水經幾，下標頁數，最下列刻工姓名。半頁十行，行二十字。予所影寫者，自袁氏六卷外，尚有五至八、三十四、三十八，六卷。第五卷首缺二十六頁。其餘十一卷缺字甚多，蓋奪之蠹魚之口，零星破碎極矣，板心尤甚，刻工姓名無一全者。否則按刻工姓名以求南、北，更一確證矣。

《水經》單經本

《水經》無注本，予所見最古者爲正德刊本，分爲三卷。自河至湛水爲上卷，濟水至膠水爲中卷，沔水而下爲下卷。書之首行標水經卷第幾，次行標水名，下空六字，標桑欽撰。白口，中標上幾頁、中幾頁、下幾頁。半頁八行，行十四字。後有正德戊寅夏季上浣錫山筠谷道人盛虁題識，大略云："右《水經》三卷，撰於漢桑欽氏，而校輯於升庵楊先生。有先生爲之表章，而欽之著述始顯。縱覽之餘，繕本而梓之。"云云。案《水經》單行無注本，各家未見著録，宋刻本，經，注亦分。自後刻者,經、注不分。讀者不見善本,始有戴、趙之案。使早見是書,不且渙然冰釋耶?

《全宋詩話》

予鈔得《全宋詩話》十三卷,清嘉慶丁丑退庵鍾廷瑛輯。自叙略云:"予既有宋詩分體之鈔,因得窮覽宋人詩話,及一切説部總類之書。剟而摘之,遂成巨編。爰仿《全唐詩話》之體,以人爲次,逐條彙入。復遵漁洋、竹垞兩先生之式,各注書名於下。其有不可專屬者,别爲雜掇總序數卷,以盡其餘。都得□□卷,缺處爲書估挖去,填"十三"二字。蓋亦已多矣。而東省藏書頗少,尚有十餘種應入者,未得披閱,殊爲歉然。採摭既繁,不無重複,擬於歸耕之暇,細加删潤,以遣餘齡。"云云。原書第一卷自太祖至儀王仲湜,王室一部完全無缺。第二卷自范質起,十三卷至徐介止,蓋仁宗以後諸人皆缺矣。覈其全書,當有二三十卷。予所見者爲稿本,蓑衣式,逐條尚未脱落。其中所收如第一卷"太祖"條,《蔡寬夫詩話》載晏元獻《庚庚大橫兆》一詩,自當入"晏元獻"條下,而乃歸之"太祖"條下。第九卷"宋綬"一條,復見於"方慎從"條下,此皆原叙所云當細加删潤者。然全唐有詩話,而全宋獨無,此書亦可貴也。他日有暇,當搜輯成之。

《崇禎忠節錄》

《崇禎忠節錄》三十二卷,清嘉興高承埏撰。卷一至四,爲正祀、附祀、已郵、未郵、甲申四方聞國變殉難諸臣民傳。卷五起至三十二，爲各省殉難臣民傳。其中十一卷原目爲常州、無錫乙酉殉難，江陰乙酉殉難，宜興乙酉殉難，靖江乙酉殉難，徽州府乙酉殉難，寧國府乙酉殉難，涇縣乙酉殉難，池州府乙酉殉難，太平府乙酉殉難，廣德州乙酉殉難，杭州府乙酉殉難。二十五卷原目爲山西甲申以前殉難。此兩卷已佚。高氏成此書，年已八十餘，其戚譚有年宰江寧，曾爲刻之。未半而高氏卒，刻遂中止。稿本極難辨認，後得何銀臺聳之記室盛文臢清，始傳於世。此書可爲他日修正《明史》之一助。

建文二年會試錄

《皇明會試錄》一卷，《殿試登科錄》一卷，建文二年庚辰會試錄也。第一場"四書"義三道，《易》、《書》、《詩》、《春秋》、《禮記》義各四道；第二場論、詔、誥、表各一道，判語五條；第三場策五問。殿試錄一甲三名：胡靖、王艮、李貫；二甲吳溥等三十七名；三甲李敦等七十名。自一甲三名至二甲前二名，皆江西籍也。三甲吳琬，福建邵武府建寧縣民籍，由國子生任湖廣漢川典史，下注福建癸酉鄉試第二十六名，湖廣鄉試第二十三名，爲不可解。

《建文年譜》

《建文年譜》二卷，明東萊趙士喆撰。首有錢謙益、張遺及趙氏自叙三篇。趙氏，蓋遺民也。自洪武十年師生，至正統五年師歸京師，卒於西內，凡六十四年。其附錄則自正統七年楊士奇請修建文實錄起，至崇禎四年李若愚請復建文帝廟諡終。削紀元，無諡號，此千古未有之事，而且窮搜內外者十餘年，師卒隱而不見，莫非命也。鄭濟後以黃冠終，今杭州東岳廟道士其姓程者，相傳濟之裔也。

《嵇中散集》校記

《嵇中散集》，《隋書‧經籍志》十三卷，《唐書‧經籍志》、《新唐書‧藝文志》皆十五卷，《宋史‧藝文志》、《崇文總目》皆十卷，鄭樵《通志‧藝文略》十五卷，晁公武《郡齋讀書志》、陳振孫《直齋書錄解題》、馬端臨《文獻通考‧經籍考》皆十卷，焦竑《國史經籍志》十五卷，錢曾《述古堂藏書目》、《四庫全書總目》皆十卷，嗣後各家書目皆十卷，無十五卷者。《隋志》十三卷，注云"梁有十五卷，錄一卷"，《唐志》十五卷，豈隋佚而唐世復見耶？《通志》疑據《唐志》記載，而焦氏《國史》則又沿《通志》者，《讀書志》、《書錄解題》皆親見其書，而《宋史》、《崇文總目》又皆作十卷，是十五卷本早不可得而見矣。十卷本傳世者，首推明嘉靖乙酉黃省曾南星精舍刊本。莫邵亭《知見書目》以爲仿宋本，其實校宋鈔本也。次爲程榮本、汪士賢本、《百三名家》一卷本、《乾坤正氣集》本，大致不及黃本。自記載所得，則黃氏之前《中散集》蓋無刻本，故黃蕘圃、陸心源皆推尊吳匏庵鈔本，蓋可以證黃刊之誤也。《皕宋樓藏書志》已列舉黃刊之脫誤，予得叢書堂鈔本，復校出數條，因錄之如下，以廣流傳。各條皆舉其大者，至於片詞只字，多不勝數，乃知此本之可貴,實嵇集之孤本,使世人眼目,不盡爲黃刻所掩者,賴有此也。

卷一《酒會》詩"猗猗蘭藹"一詩下,尚有四首:"淡淡白雲,順風而回。淵淵綠水,盈坎而頹。乘流遥邁,自躬蘭隈。杖策答諸,納之素懷。長嘯清原,惟以告哀。""抄抄翔鸞,舒翼大清。俯眺紫辰,仰看素庭。凌躡玄虛,浮沉無形。將游區外,嘯侣長鳴。神原缺一字不存,誰與獨征。""有舟浮覆,彿纚是維。栝檝松櫂,有若龍微。津經險越,濟不歸原缺一字。思友長林,抱樸山岨。守器殉業,不能奮飛。""羽化華岳,超游清霄。雲蓋習習,六龍飄飄。左佩椒桂,右綴蘭苕。凌陽贊路,王子奉轺。婉孌名山,真人是要。齊物養生,與道逍遥。"《雜詩》"微風輕扇"一章下,有五言詩三章:"人生譬朝露,世變多百羅。苟必有終極,彭聃不足多。仁義澆淳樸,前識喪道華。留弱喪自然,天真難可和。鄙人審匠石,鍾子識伯牙。真人不屢存,高唱誰當和。""脩夜寂無爲,獨步光庭側。仰首看天衢,流光曜八極。撫心悼季世,遥念大道逼。飄飄當路士,悠悠進自棘。得失自己來,榮辱相蠶食。朱紫雜玄黄,太素貴無色。淵淡體至道,色化同消息。""俗人不可親,松喬是可鄰。何爲穢濁間,動摇增垢塵。慷慨之遠游,整駕俟良辰。輕舉翔區外,濯翼扶桑津。徘徊戲靈岳,彈琴詠泰真。滄水澡五藏,變化忽若神。姮娥進妙藥,毛羽翕光新。一縱發開陽,俯視當路人。哀哉世間人,何足久托身。"

卷四《答難養生論》"故不殊於榆柳也"下,有"然松柏之生,各以良殖遂性,若養松於灰壤"十七字。

卷五《聲無哀樂論》"樂不至淫"下,有"因事與名,物有其號,哭謂之哀,歌謂之樂"十六字。"無微不照"下,有"苟無微不照"五字。"而人情以躁静"下,有"專散爲應,譬猶游觀於都肆,則目濫而情放,留察於曲度,則思静"二十五字。"雖出於歡情然"下,有"自以理成,又非"六字。

《自然好學論》在第六卷。第七卷自《宅無吉凶攝生論》起,第八卷自《釋難宅無吉凶攝生論難》中篇起,第九卷自《答釋難》起。

卷九《答釋難》"復曰成命耶"下,有"且冒一諸錯"五字。"爲卜無益也"下,有"若得無恙爲相敗於卜"九字。"未若所不知"下,有"者衆此較通世之常滯然智所不知"十四字。

卷十《家誡》"其有衆人"下,有"不當獨在後"五字。

卷　二

王仲瞿遺書

　　王仲瞿曇,禾人,居秋涇,署其樓曰"烟霞萬古"。嗜奇好學,終不得志,邑邑以没,世傳其佚事甚多。平生著作,有《詩文集》、《西夏書》、《讀竺貫華》、《鴻範五事》、《官人書》、《歷代神史》、《居今稽古之録》、《隨園金石考》、《帉縭集》、《魚龍變傳奇》、《遼蕭皇后十香傳奇》,各若干卷。又《經解》三卷,《史論》三卷,《傳家六法》一卷,《歸農樂傳奇》九齣,《玉鉤洞天傳奇》四十八齣,《萬花緣傳奇》四十八齣。今刊行於世者,爲錢梅溪、陳雲伯二先生所輯文六卷,詩選二卷,餘皆不可問。張玉山先生鳴珂極嗜先生之文,至刻印曰"王仲瞿私淑弟子"。予在禾四年,玉山適宦游,未及訂交。辛亥之後,匆匆一面,承録近作相貽。嗣客春明,每遇禾友,必詢玉山先生安否,及所搜輯仲瞿先生之書,得如干卷。後聞玉山謝世,其手鈔書甚富,即馳書禾友沈稚巖兄,託其設法爲嘉興保存,如不能保,則手鈔書予願得之。蓋仲瞿先生遺著,或可因此得其一二也。旋得報章,書已盡散,無可謀者,忽忽不樂。壬戌南還,晤孟芷舫兄,復詢遺書,則亦以散佚告。惟出《繡齪圖》一書見示,玉山有叙云"將付石印",其實未果,因亟録之,蓋回文也。凡錦名三十二,而失其一名。詩辭之體,有國風、小雅、柏梁、漢魏、六朝、三唐、歌謠、讚銘各種。自第二十九"四時錦"後,九錦無文釋,蓋未成之書也。仲瞿先生距今百年耳,玉山先生求之,予復求之,墓誌所載之著作,百不獲一仲瞿葬虎邱。所得者僅此不全之書,可慨也！己巳冬,金甸丞先生欲刻禾郡叢書,徵書於予。予以此書及高氏《忠節錄》兩種應之。乃未及興工,甸老復故,真不幸之甚！仲瞿好讀兵家奇遁之書,其文章或曰得力於秦會之。按會之集各家皆未著錄,獨遂初堂有《奏議》一種,蓋因人廢言久矣。然會之少年氣節才華,亦自可觀,其爲文必不在嚴氏《鈐山堂》之下。仲瞿或真得其集,如蔡邕之得《論衡》乎？

楊利叔遺文軼事

在咸、同之間,禾人以文名者,有楊利叔先生象濟,放浪怪誕,或過於仲瞿。雖游於曾、李之幕,卒以狂放。利叔先生好龜,到處尋訪,充塞庭户,後得一大龜殼,以爲床,署其室曰"龜巢"。嗜湯圓,能盡百枚,不問鹽甜,聚一器中,搗之爛,傾桌上,俯首就食之立盡。在湖北見一家掃墓,堅指墓中人爲其至友,非發冢運柩回不可,其實鄂人也。今遺文吾鄉蔣氏爲輯而刊之,尚在《濂亭集》之上也張裕釗《濂亭文集》,亦蔣氏所刻。予曾得其草稿《晴川閣弈叙》一篇,叙吾鄉陳子儶先生在湖北弈事,其文集中未見,蓋利叔先生亦無後人爲之搜輯遺文,故散佚至多也。

《趙氏家藏集》

《趙氏家藏集》八卷,明趙文華撰。每卷首云"探花及第中極殿大學士大冢宰徐階閱選",次云"賜進士第少保兼太子太保大司空奉敕督師蕩寇建城加爵世蔭盡瘁事國致仕歸里没而諭祭諭葬賜謚襄成慈溪趙文華著"。按史,文華敗在嘉靖三十六年九月,其年四月奉天、華蓋、謹身三殿灾,至四十一年五月嚴嵩敗,九月三殿成,始更名曰皇極、中極、建極。是華亭任中極殿大學士時,不獨趙敗,嚴亦敗矣。華亭,巧人也,嵩之敗,實主其謀。既敗,而復爲罪人之黨、上所震怒之人選閱文集,肯乎?《明史》文華未没黜爲民,没後追贓,至萬曆十一年猶未已,至成其子慎思。則所謂"諭祭諭葬、賜謚襄成"者,何所本也?然此爲家集,決非烏有子虚之事,豈當時有此,史官惡而削之乎?詩文不及鈐山堂遠甚,以其無刻本,故志之。

孫淵如不及黄蕘圃

莊刻《淮南》,孫淵如以爲出道藏本。今道藏在北京白雲庵,取校莊刻,卷數皆不同,則孫氏當時蓋未見道藏原本也。昔人校書,最精確者,無過黄蕘翁,不敢參以己意,一筆不苟,真後生楷模也,他人皆不及。校書而率意妄改,最爲大病。

書 之 裝 潢

書之裝潢,自卷子而蝴蝶,自蝴蝶而今之綫裝,弊盡矣。卷子讀時、檢時皆不便,蝴蝶裝版心之字易損壞,且不易重裝。釋道書皆旋風裝,翻閲時遇風,抽檢時偶不慎,皆易損書。故綫裝行而其他諸法可廢也。中國書之善甚多:一、紙之壽命最長，今所見晉唐之紙，仍堅紉如故；二、可以屢裝；三、質不甚重，在手披閱，久亦不疲。其病獨不能豎藏耳。然疊藏而書尾能標字，檢閱亦至便。即使抽檢不慎，所傷亦僅在書之護頁，與書無傷也。予昔與錢念劬先生戲言，安得世界奇書，皆以中國紙印之，中國裝裝之，俾之長命，相與附掌大笑。

《清詩別裁續集》

《清詩別裁續集》不分卷，不知何人輯。自李馥起至查初揆止，全仿沈歸愚之例。袁、蔣、趙諸大家皆在，無刻本，倘有好事者，自嘉慶後更續輯之，則別裁之案結矣。

《世說新語》三卷本

《世說新語》三卷本，各家目錄未見，《經籍訪古志》謂爲王羲慶真本，未經後世增損者，字句、卷數校之元、明本，夐然不同。其說誠然。今此書歸日本宮内省圖書寮，每卷首有"秘閣圖書"之章，及"帝室圖書"之章，下有"金澤文庫"行書墨記。字刊古拙，宋諱自"桓"字以上皆缺筆，蓋北宋刊也。其歸日本亦久，故有金澤文庫之印。半頁十行，行大小字均二十。其分卷自"德行第一"至"文學第四"爲上卷；自"方正第五"至"豪爽第十三"爲中卷；自"容止第十四"至"仇隙第三十六"爲下卷。日本自唐代以來，購求典籍，宋刊之書，中土所無者，保存至多，不獨"佰宋"東行，足以增其聲價也。蓬萊縹緲，真海上神山哉！

宋本《鮑照集》

《鮑照集》十卷,宋本。首行"鮑照集叙",次行"散騎侍郎虞炎奉敕撰"。叙後接"鮑氏集卷第一",次行空五格爲目録。半頁十行,行十六字,小字不等。"殷"、"朗"、"讓"、"貞"、"筐"、"樹"、"亙"、"恒"皆缺筆。

陶淵明《讀山海經詩》

陶淵明《讀山海經》詩:"精衛銜微木,將以填滄海。形夭無千歲,猛志故常在。同物既無慮,化去不復悔。徒設在昔心,良辰詎可待?""形夭無千歲",宋人筆記詩話載之甚多,大率以爲"刑天舞干戚"之誤,蓋五字形皆相近,因而致誤也。亦有以爲義本可通,字實不誤者。予按全篇皆詠精衛,以微禽短命,而欲填塞滄海,此"形"字即形贈影之"形"也。言形雖易夭,無千歲之壽,而填海之志則仍在也,何誤之有?若言刑天口銜干戚而舞,則與精衛事既不類,與下文亦不聯接矣。予見宋本《東坡和陶集》四卷,正作"形夭無千歲"。此書余影寫後曾約朱功甫兄同刊於北京,後其板售歸傅沅叔先生。又以板資刻金本《李長吉歌詩》,即以予影本上板。今其板存功甫兄處,出京七八年,又一滄桑,不知尚存否。

《封氏聞見記》

《封氏聞見記》十卷,晁氏《讀書志》作五卷,與《唐書》、《宋史》同。元明以來，此書無刊本，清乾隆中，盧氏據虞山陸敕先所錄孫伏生家本，刊入《雅雨堂叢書》，爲是書刊本之祖。孫本爲吳岫方山舊藏，錄於正德戊辰，不言所出，孫氏又假秦酉巖別本校勘。秦本則朱良育依唐子畏、柳大中兩本，先後各鈔五卷者，有至正辛丑夏庭芝跋，蓋元鈔也。盧氏後，有江都秦氏刊本，據丹徒蔣氏所藏舊鈔，於盧本多所訂補，然第七卷"視物近遠"、"海潮"、"北方白虹"、"西風則雨"、"松柏西嚮"、"石鼓"、"絃歌驛"、"高唐館"諸條皆闕，"蜀無兔鶻"一條皆不全。予所得莫邵亭藏舊鈔本一，末有記云："隆慶戊辰借梁溪吳氏宋鈔本錄。"是在盧、秦兩刊所據本之前矣，然第七卷缺處亦相同，則此書全本恐非五卷本，不得見矣。但五之析爲十，不知何時？《世說新語》尚有三卷本可見，此則既無刊本，當更難矣。其闕文見王說《唐語林》者，如"北方白虹"、"西風則雨"、"石鼓"三條皆在，"蜀無兔鶻"亦首尾完備。又俞氏《海潮輯說》，"海潮"一條亦在，獨其他四條無可考耳。此鈔本校盧刊本，勝處甚多。如卷二"石經"條，盧本自"後漢明帝"云云起，此本首有"初太宗以經籍多有舛謬，詔顏師古刊定，頒之天下。年代久，傳寫不同。開元以來，省司將試舉人，皆先納所習之本，文字差原缺一字輒以習本爲定；義或可通，雖與官本不合，上司務於收獎，即放過。天寶敕改《尚書》古文，悉爲今本。十年，有司上言，經典不正，取舍無準。詔儒官校定經本，送尚書省並國子司業張參共相驗考。參遂撰定五聲字樣，書於太學講堂之壁，學者咸就取正焉。又頒字樣於天下，俾爲永制。由是省司停納習本云"一百六十餘字。卷三"制科"條"六曰員外郎中不入"下，有"七曰中書舍人給事中不入，八曰中書侍郎中書令不入"二十二字。卷四"尊號"條"開元天地寶聖文武"下，有"應道肅宗號光天文武，代宗號寶應元聖文武，今上號聖文武神"二十五字。卷五"燒尾"條"問吏部船何在"上，有"吏部船爲仗所隔，兵部船先至，嗣立奉觴獻壽上"十九字；"圖畫"條"使數十人吹角"下，有"擊鼓百人齊聲噉叫，顧子著錦襖錦纏頭，飲酒半酣，繞絹帖走"二十四字。卷七"溫湯"一條，乃"溫湯"、"高唐館"二條合成一條，蓋"溫湯"條缺尾，"高唐館"條缺首也。五卷本既不得見，此鈔本出於宋，又較刊本爲善，倘再將《唐語林》、《海潮輯說》各條輯入，亦可爲善本矣。

高麗本《遺山樂府》

《遺山樂府》三卷，高麗刊本。後有弘治紀元之五年壬子重陽後一日都事月城李宗準仲鈞跋，前有元遺山自叙。黑口。半頁十行，行十七字。字體古拙，極可寶玩，蓋泥模活體排印之外，此爲高麗最善之刻矣。元叙中引陳去非樂府，云："'高詠楚詞酬午日，天涯節序匆匆，榴花不似舞裙紅。無人知此意，歌罷滿簾風。　萬事一身傷老矣，戎葵凝笑墻東，酒杯深淺去年同。試澆橋下水，今夕到湘中。'讀之悵然。戊辰五月五日。"

宋本《周曇詠史詩》

《周曇詠史詩》三卷，此書傳世，除宋刊本外，無他本。白口，四周雙綫。第一魚尾下標周詩上中下。第二魚尾下標頁數。首行標"經進周曇詠史詩卷之上"，次行低七格標"守國子直講臣周曇撰進”，三行標“唐虞門”，下一魚尾，魚尾下標“吟叙”。每半頁十二行，行大字二十，小字三十。首載《吟叙》、《閒吟》二首以代叙。下爲《唐堯》，而“唐虞門”三字，則標於“吟叙”之上，不知原書如此，抑刊者如此標識也。所分門類，自唐虞門起，至隋門止。所詠之人，自唐堯起，至賀若弼止。詩極不工，一詩之下則有小注，注亦不精，不知當時何以傳也。書首、尾、副頁，各有“五福五代之寶”、“八徵耄念之寶”、“太上皇帝之寶”，書首頁有“天禄繼鑑”白文，“乾隆御覽之寶”朱文，末頁有“天禄琳琅”朱文，“乾隆御覽之寶”。又首有“季振宜藏書”朱文小章，末有“泰興季振宜滄葦氏珍藏”行書一行，蓋季氏舊藏而歸於内府之物也。民國七年，此書復流落人間，予因假得影鈔一册，爲其無傳本故也。

《百一山房集》

《百一山房集》十卷，其中前三卷古體詩，後四卷今體詩，又詞一卷，駢文二卷，海寧應時良著。先生字虞卿，號笠湖，與同時鍾箬溪<small>大源</small>、徐壽魚<small>紹曾</small>、朱半塘<small>恭壽</small>、周梅坪<small>思兼</small>諸先生相唱和。詩仿張得天，畫梅學金冬心。咸豐辛亥貢生，與修州志。以書畫所入，觴詠遣興。畏遠游，故少臨眺登陟之作。咸豐七年卒，年七十三。其集彌甥鍾蓬庵觀察<small>肇立</small>刻於蜀中，有錢鐵江保塘及蓬庵叙。<small>錢亦海寧人官蜀中者。</small>予見一寫本，爲黄君溯初所收藏，不分卷，僅一册，非全璧也，因請益於業師費景韓姑丈，據云：蔣姻伯子貞先生處前見寫本，有楊芸士<small>文蓀</small>叙，刻本不載，而《海寧州志稿》則未載鍾叙云。

溫州學術

溫州學術，至宋始盛。皆自金華傳入處州，處州傳入溫州，遂有永嘉一派。然其間亦有自台州傳入者，雖在宋前，皆禪宗也。當宋時讀書最多，年富力強者，無過水心葉氏，《習學紀言》一書，可以知其所造矣，宜乎中原學者，畏此後生也。自宋之後，闃然無聞。至明有張孚敬氏，其聰明博識，亦復過人，惜乎急於功名，學問上遂無立足之地，閱其《遺集》，惟奏議堪稱耳。樸學不倦，可與乾嘉老輩爭席者，惟孫仲容先生詒讓，有父書可讀，有父業可守，徘徊書城中，一生別無他好，所著如《周禮正義》及《墨子閒詁》，雖失諸繁，究近世巨作也。仲容先生每日讀書，必以一燭燼爲限，寒暑不間。予在清季，在杭州有一面之識。至溫州即訪其遺書，則二書之外，皆零星散佚，不可收拾，即玉海樓所藏，屢思一撫摩之，而其子姓皆未敢允。問之瑞安人士，則云封鎖既久，鼠嚙蠹蝕，蓋極棼亂，故託詞以謝觀客也。囑瑞人設法爲編一目，將來庶有所考，亦久而不成。聞所藏漢晉磚兩架，年久架壞，碎其大半。以磚推書，不知所屆矣！在溫僅交其弟子劉君次饒紹寬，樸學不求聞達，所修《平陽縣志》，詳備可誦，然亦皤皤老矣。甚恨孫氏之學失傳，而其書且亦消磨於禁錮之中也。

《范氏奇書》

《范氏奇書》，明萬曆時兵部侍郎范欽、光禄署丞范大沖父子刻，共二十一種。以《穆天子傳》、《竹書紀年》兩種爲最善，出自宋本，然二十一種全者絕少。相距三四百年已耳，其書已不多見，且各家著録者亦少，豈當時印行不多，而板又早毀之故耶？書之剞劂形式，亦非十分精美，半頁九行，行十八字，白口。予在北見十餘種，天地頭皆短，竹紙，質脆色黃。在南於友人張君詠霓處見《乾坤鑿度》二卷、《穆天子傳》六卷、《乾鑿度》二卷、《竹書紀年》二卷、《周易古占法》二卷、《潛虛》一卷附《潛虛發微論》一卷、《麻衣道者正易心法》一卷、《素履子》三卷、《郭子翼莊》一卷、《廣成子解》一卷、《三墳》一卷、《孔子集語》二卷，共十二種，皆天地頭寬大，白紙。或以爲白紙非通行之本，當時印以贈人者。以《古逸叢書》皮紙證之，或者此說可信也。

天一閣書保存最久

天一閣書，自明至清，歷三四百年，保存最久。今則偷鬻不少矣。

李蒓客書歸北圖

李蒓客先生書，今盡歸北京圖書館貯藏。聞手校本甚多，而精者絕少。

《羣經音辨》

《羣經音辨》存第三、四兩卷，宋紹興壬戌汀州寧化縣刊本。半頁八行,行十五、六、七,大小字不等。左右雙綫,小黑口,下刻工姓名。避宋諱至"觀"字。向爲唐六如物,後歸汲古閣,復售諸潘稼堂,繼入天禄琳琅,世間遂不得見,故諸家著録,僅有影本,不載原本。其後此書流入人間,爲鬱華閣清宗室盛昱。所庋藏,民國後歸袁抱存氏,今不知又在何處。張氏《澤存堂五種》中,此書曾向毛氏假宋本,僅得影本,在人間已爲善本矣。然持校此兩卷,脱誤之處多至七十餘字,如"日",此本"人實",張刻作"人質";"月",此本"央人",張刻"於機"之類甚多。即非全書,亦至寶也。

圖 書 分 目

圖書分目,成爲大事。悉照西法,則扞格不通之處至多;盡取舊法,則違心之舉亦夥。譬如經類,《春秋》、《尚書》皆史部,《論語》、《孟子》皆子部,若因先哲遺著,非尊之以經名,列之在首選,不足以示尊崇。則此皆儒書也,自漢以來,儒家秉政,故標此名。萬一道家、法家、墨家當國,又將以《道德經》、《商君書》、《墨子》等書入經類乎?經,常也,言此爲常道也。經類諸書,皆人生常道,故列之爲類也。然春秋二百餘年,弒君弒父,由儒家之説律之,變亦極矣,所以紀之者,以垂戒也。變也,非常也。由此以言四部之分,經類之不妥明矣。分經入史入子,經之價值仍在;別子別史爲經,經之價值未有增高。《道德》五千言,亦名爲經;《莊子》,道家亦名爲《南華真經》。究之治老莊者,因其爲老莊而研究乎,因其爲經而研究乎?故以諸書爲經類而別之,此司馬遷列孔子於"世家"之見也,私見也。公則書目總綱,當分史、子、集三門,而以《易》類列子類儒家之首,《春秋》列史類編年之首,餘可類推。總綱既定,再分細目,亦可包括一切,似不必多分門類,轉至迷樓而難出也。

《文選》開後世文勝之弊

《文選》不載羲之《禊序》,昔人以爲"絲竹管絃"四字之故,然淵明《桃花源記》、《閑情賦》亦不載也。在昭明雖所選極嚴,然實開後世文勝之弊。自唐以降,但事文藻,浮言夸詞,以文其陋,甚至一韻傳誦,即成大名,互以此相推尚。而集部汗牛充棟,子部絕響矣。若柳柳州《集》中,猶有《封建論》數篇,此真鳳毛麟角矣。

《刑統賦疏》

《刑統賦疏》一卷,八韻,宋律學博士傅霖撰,元沈仲緯疏。前有至元五年洛陽令俞淖、至正元年賜進士會稽楊維楨二叙。仲緯爲郡府掾,疏中分直解、通例二種。通例者,皆取元一代條例爲之證,於法律之學甚深。然沈氏疏,元、明諸家書目皆未載,豈秘笈之出有其時耶,抑以爲無足輕重而略之也?傅氏原賦,括唐律以成。沈氏疏則多引元法,獨惜第四韻有闕文。原賦云:"又若親姑被出,亦是親姑;繼母改嫁,即非繼母。責其已越,則未過重乎未度;矜其稍遠,則不舉輕乎不糾。故屏服食,論以鬬殺;貿易官婢,同於和誘。併贓累併法也,而法兼於贓;本部如本屬也,而屬尊於部。詐傳制書,情類詐訛;私造兵器，罪加私有。"云云。今書中"故屛服食"至"情類詐訛"五條，賦文疏義皆缺。

《刑統賦解》

《刑統賦解》二卷，宋左宣德郎律學博士傅霖撰，東原郄氏韻釋，益都王亮增注。前有延祐三年集賢殿學士資德大夫趙孟頫叙。傅氏或作元人，惟據晁公武《讀書後志》著錄云："皇朝傅霖撰，或人爲之注。"則霖爲宋人明矣。至注者何人，不復可考，然決非郄氏及王亮也。郄氏何名，書中原缺，而趙叙亦僅稱郄君，故不可知。此書分上、下兩卷，四韻、八韻後各有缺文，蕘夫先生已爲補全。至其解語及增注，則無從訂補矣。今錄黃跋二於下："此書載《讀書敏求記》，云《刑統賦》藏本有二：一是延祐丙辰刻本，東原郄氏韻釋，趙孟頫叙；一是至正壬辰鈔本，鄒人孟奎解，沈維時叙，蓋此鈔即從元本出也。然趙叙但云郄韻釋，而王亮之增注不詳，似又一本矣。《記》又云復有李方中《韻釋刑統續賦》，乃楊淵著，當在傅霖後矣。《述古目》三書亦載之，也是園固盡有之矣，何今日不一見耶？古書之湮沒可知已！蕘夫。""查氏藏本，已歸常熟張月霄。予得沈氏《刑統》，復向張處借歸，鈔此副本。賦文此本脫者，賴沈疏本足之。竊思《唐律疏義》及《洗冤錄》元本，俱經孫伯淵刻以行世，此沈氏《刑統賦》亦古書也，談法家典實者，可不一寓目乎？思刻此《賦》，輔孫書以行，未始非美事也。令工人寫樣，志數語以記緣起云。道光壬午中春望後一日。蕘夫。"讀此二跋，是此書黃氏曾擬刻而未果也。後黃氏原書，歸常熟朱氏。

《粗解刑統賦》

《粗解刑統賦》一卷，鄒人孟奎解。前有至正庚辰孟奎文卿自叙，至正壬辰前鄉貢進士沈維時題記。第八韻"至士庶饋與猶坐於去官"條下，缺"親故乞索，不論於挾勢，噫！吏之於法也，知非艱而用維艱，宜盡心於議刑之際"數句，而接以別本《刑統賦解》一卷，缺首二韻。自第三韻"觀夫首從之法，有正而有權"起，至卷終。卷首既缺，不詳撰人姓氏。書中所引律例，亦元法也。其實兩書，不知何氏合作一册，瞿氏《鐵琴銅劍樓目》中，亦不細察，爲之分析。按黃蕘圃《跋刑統賦疏》云："又按藥師跋云：按明洪武中，江西泰和蕭岐，字尚仁，嘗取刑統八韻賦，引律令爲之解，合爲一集，今其書失傳。"云云。則此書豈即蕭氏所著者耶？别無他證，不能斷定也。刑法之制，簡則不能馭萬物之變，必多法外之例，例開，而法之效失矣，援引輕重，惟吏胥之上下其手；繁則比附之間，輕重各異，一出一入，惟其所引，故亦有弊。然自漢約法三章，未幾即變爲九章，又漸增爲三百五十九章，後代滋至一千五百三十七章。則知情變日多，法文不能簡者，勢也。與其例多，不如法繁。

端木子彝遺書

端木子彝先生國瑚，號太鶴山人，青田人。以戊午科舉人，選授歸安教諭，道光十年以改卜壽陵，特授內閣中書，秩滿，歸寓瑞安。遂昌吳世涵迎致其家，疾卒，卒年六十五，葬湖州仁王山。所著《周易指》四十五卷,《太鶴山人詩集》十三卷,及《周禮葬說地理元文注》皆梓行於世,《文集》四卷未梓。予在甌海任時,屢訪其遺著,竟不可得。子孫亦式微無聞人。後得其族兄弟詩鈔一本,不分卷,首尾殘缺,無可整理。距今僅百年耳,文獻之不足徵,已復如此,可懼也。

劉基遺書

劉誠意卜居青田九宮山,合族居山上,今尚數百家。予詢其遺書,皆無有。據云:當時襲封者守其書籍,南都淪亡,即攜書入海,依鄭氏以居,所有遺書不藏青田,故族中無復片紙隻字存者。

《刲灰錄》

《刲灰錄》六卷,不著撰人姓名,題"珠江寓舫偶寄"。尤西堂以為少司寇馮嵩庵著,近本遂加"臨海馮甦"四字於"珠江寓舫偶寄"六字之上。今按是書自敘有"正月冠春王,大統不因偏安改其例;乾侯書公在,乘輿豈以遠狩貶其文。憫宗社之云亡,摭遺聞於掌故。仰法麟經,希風狐史"云云,是著者為永曆遺臣,事後搜羅掌故,筆之成書,以寓亡國之恨,非嵩庵明甚。且嵩庵上書,《明史》開局,皆在康熙三十一年之前,而此書敘末署年,則為"壬申秋杪"三十一年,更非嵩庵可知。李香引以為"壬申"乃"壬寅"之誤,實康熙元年。按永曆之崩,雖在元年四月,李定國之卒,亦在其年六月,然書中《沐天波傳》記至康熙四年,《王祥傳》皮熊抗節事,亦在四年,《李定國傳》孫可望襲封王爵,一代後降爲公,更在四年之後,則"壬申"之非"壬寅"明矣。惟此書自叙如此,而書中叙事,又與自叙之義不合,豈後人忌諱改竄,故不相符合耶? 抑原書或不名《刦灰錄》,亦未可知,但無從證實矣。書中書"永曆元年復梧州"、"二年復全州"等云云,或係原文,漏未改正者。

宋刊《釋名》

《釋名》八卷,漢劉熙撰,宋刊本。叙後空二行,有記云:"右《釋名》八卷,《館閣書目》云:'漢徵士北海劉熙字成國撰。推揆事源,釋名號,致意精微。'《崇文總目》云:'熙即物名以釋義,凡二十七目。'"臨安府陳道人書籍鋪刊行。四行,行十五字。余所影者,爲明翻宋本,行款皆同,亦難得之本也。

《僞齊錄》

《僞齊錄》二卷,從政郎楊堯弼撰。陳振孫《書錄解題》作:"《逆臣劉豫傳》一卷,楊堯弼、楊載等撰。"《四庫》入《存目》,作:"《僞豫傳》一卷,楊克弼撰。"是一書而有三名矣。自宋言之,豫,逆臣也。自歷史上紀之,豫建國亦有年所,且書中所記,有政治,有法令,如戒令農桑詔、牒官册、修什一稅法詔、諭士民榜等。非劉豫一身事迹,實齊一國之事迹。既僞矣,亦已足矣。削其國號,未足以示貶,適失實而示人不廣耳。然陳氏宋人,猶可說也,至《四庫存目》所標,尤爲不通之名。僞者,非真也。

齊因其依虜建國，非真國，尚可僞，豫則真豫，特叛宋耳，何僞之有？《四庫目》喜擅改書名，此亦其一。故是書名雖三，而《僞齊錄》之名實最當。雖改題兩次，終仍其舊，可見名之貴得其實也。又《四庫目》稱："傳中載豫阜昌八年，遣宣義郎楊克弼乞師大金，克弼他辭，乃改差韓元美。"又稱："其自序以豫逆臣，不當稱僞齊，故削其國號而名稱之。"今此本傳中，無先差楊克弼文，"元美"皆作"元英"，亦無叙文，不知《四庫》所據何本也。至楊氏之名，則各本皆作"堯弼"，惟《四庫》作"克弼"，恐《四庫》誤也。

《酌中志略》

《酌中志略》二十四篇，不分卷，明宦官劉若愚撰。若愚即崇禎二年欽定逆案中首逆同謀六人中之一也。爰書謂刀筆深文，朋奸害衆，辟刑次等，具載爰書。元年六月，擬決不待時，復奉旨改秋後。二年夏，復改擬絞。此書則成於崇禎七年。按自叙自《憂危竑議》起至《自叙》，凡二十三篇。而刊本則分爲三卷，更名曰《皇明宮闈秘典》。自《憂危竑議》至《正監蒙難》爲上卷，《逆賢亂政》至《内府職掌》爲中卷，《大内規制》至《自叙》爲下卷。此鈔本"第十五"一篇，本爲《逆賢羽翼》，而又重出"十五"一篇，題曰《黑頭援立技倆》，專記馮涿州銓入閣事。原鈔本諸篇，先後紊亂異常，今依刊本次第之。而《黑頭援立》一篇，則附於卷末。此書著時，已在若愚得罪之後。縲紲之中，多所諱避，必屢經刪改，《黑頭》一篇，當係原稿所有，後乃刪去。故叙中僅有二十三篇，而此鈔本則據尚未刪去之本錄出,故獨多此一篇,亦可寶也。各篇字句,與刊本出入之處甚多。惟鈔本"奴"、"虜"等字皆缺,刻本則否。刻本稱"熹廟"、"烈廟",鈔本則稱"先帝"、"今上"。是鈔本所據之本較先,而傳鈔者則爲清初時人。刊本雖有題記,標名"江東禿首丁耀紫芳氏題於寄生庵中",或係託名。蓋叙中既稱"崇禎戊寅冬北轅得見此書而刊之",而書中則已稱"烈廟"矣,且"奴"、"虜"不避,尤足證爲明之遺民也。

《東林黨人榜》

《東林黨人榜》,係天啓五年十二月乙亥朔魏忠賢矯旨頒示天下者。自李三才起,至何吾騶止,計三百有九人。惟恐其不盡也,則有《東林朋黨錄》、《東林點將錄》、《東林同志錄》以網羅之。崇禎時欽定逆案,出於次輔錢龍錫之手,其後袁崇煥既敗,御史高捷遂劾錢與袁同謀,下獄論斬,黃石齋等救之得免。

《天啓宮詞》

《天啓宮詞》爲常熟秦徵蘭秀才楚才所作,同里陳次杜惊攘爲己作。

宋刊《隋書·經籍志》

《隋書》存《經籍志》四卷,全,宋刊本。首標志第幾,下標隋書幾，次行低三字，標"太尉揚州都督監修國史上柱國趙國公臣長孫無忌等奉敕撰"。半頁十四行，行大字二十五，小字三十。板心處已盡不成頁，不見板口刊工姓名。此書想原爲蝶裝，故有此弊。此刊相傳子部雜家應有《童子》一書，監本、毛本、殿本皆脫，今此本亦未見，想在蠹食之中矣。

《遐域瑣談》

《遐域瑣談》一卷，椿園七十一著。上卷記平定新疆各部落，下卷記西域及附近西域諸國部落。其所記大小和卓木之役，與乾隆《聖製敘》頗有出入。和卓木墨特生二子，長曰布拉敦，亦曰布拉伊敦，《聖製敘》作"亦名波羅泥都"。和卓木墨特死，二子仍在伊犁準噶爾，慮其生事，不肯放入回城。乾隆二十年，大兵平定伊犁，將軍班第始將布拉敦、霍桑占弟兄釋放，使歸葉爾羌故地，招聚回人，同沾王化。布拉敦、霍桑占即至葉爾羌，其祖父之心腹黨羽，及耆舊親屬，雲集響應，椎牛宴會，共相勞苦云云。而《聖製敘》則云："我師既定伊犁，乃釋其囚。以兵送大和卓木歸葉爾羌，俾統其舊屬。而令小和卓木居伊犁，撫其在伊犁衆回。乃小和卓木助阿逆攻勤王之台吉宰桑等，阿逆賴以苟延。及我師直入，阿逆逃入哈薩克，而霍桑占亦收餘衆，竄歸舊穴。"云云。以下叙事，皆《叙》文略而此書詳，且較得其真。《聖製敘》蓋不足恃，後來修史者宜知之《聖武記》多從《聖制叙》。

《中朝故事》

《中朝故事》一卷，南唐尉遲偓撰。《四庫》本作兩卷。上卷記君臣事迹，朝廷制度；下卷雜記神怪，爲小說體。予所鈔之本，爲一卷本，半頁九行，行一十八字，蓋從宋本出也。此書乃先主李昇命述唐宣、懿、昭、哀四朝舊聞，奉敕撰記者。舊本跋記，"昇"字皆誤分爲"曰弁"二字，可笑也。

《丁卯集》

《丁卯集》二卷，唐許渾撰。予得高固叟銓文衡補遺本，因寫定之。今録其題記如下，以見此書之原委，且可證予今寫定之本，爲此集最完之本也。"《丁卯集》二卷，唐郢州刺史許渾字用晦著，丹陽人，居丁卯澗，故以名集。詩凡三百餘篇，錢遵王《讀書敏求記》云：'暇日校用晦詩，元刻增廣者，校宋板多詩幾大半，宋元刻不得見，未知篇目多寡視此如何。'然以予所知用晦詩，如《送人絕句》云：'勞歌一曲解行舟，紅樹青山水急流。日暮酒醒人已遠，滿天風雨下西樓。'又《送客歸蘭溪》云：'花下送歸客，路長應過秋。暮隨江鳥宿，寒共嶺猿愁。衆水喧嚴瀨，羣峰抱沈樓。因君幾南望，曾向此中游。'皆膾炙人口，而是編獨不載，則遺逸者多矣。庚子春二月，文衡記。"宗祥案：此爲高固叟第一跋。所云元刊者，即大德祝氏本也。而固叟補遺之意，已見於跋尾矣。

"右五、七言詩並自叙，從《寶真齋法書贊》中録出。《贊》

爲宋岳肅之珂所撰，輯録前賢真迹原文，各繫於贊跋，梓行於世。玆用晦詩亦是用晦手書墨迹，詩凡一百七十一篇。余舊藏汲古所刊《丁卯集》，嘗病其簡略，今得岳書，取以對勘，凡有異同，悉注於上下。除已有外，得逸詩六十三篇，即鈔之以補其缺。戊申九月二十七日記，文衡。"

"前據《法書贊》補録詩六十三章，辛亥春，偶於書肆中見一鈔本，前題'增廣音注唐郢州刺史丁卯集'，爲信安祝德子訂正，有大德丁未金華王塘希古一叙。叙稱：'郢州自紀篇目，多至五百，今書肆板行者才逾一半，同志之士，每恨莫窺其全。信安祝得甫好學不倦，得《郢州類藁》若干卷，復旁搜遠紹，幾足五百之數，其勤摯矣。'云云。是此書爲祝氏所增廣，較他本爲備，因假歸對勘一過。除已有外，又得逸詩六十五篇，即録一稿本，藏之篋笥，久不省覽。今老矣，閉門寂處，日以整理殘書爲消閒計，得此册遂手謄以增入。雖未滿五百，然較之原刻，已增多詩至一百二十餘篇，亦可謂之苟完矣。《四庫》聚珍板本惜未得寓目。道光丁酉秋八月，固叟記。時八十有四。"宗祥案：固叟所見鈔本，即大德祝氏本也。固叟之補許詩止此。

右《丁卯集》二卷，唐許渾撰。渾字用晦，丹陽人，故相圉師之後。太和六年進士第，爲當涂、太平二縣令，以病免，起潤州司馬。大中二年，爲監察御史。歷虞部員外郎，睦、郢二州刺史。潤州有丁卯橋，渾別墅在焉，因以爲名。

汲古閣原刊本，凡七言詩一百九十首，五言詩一百又六首。高固叟據《法書贊》鈔補者七言詩十六首；五言詩四十六首，據鈔本鈔補者五言詩六十七首，内《赴京師蒜山津送客還荆渚》與《法書贊·將赴京師津亭別蕭處士》第一首同；《送李秀才》與《陵陽送客》一首同；《贈高處士》與《題李元之幽居》一首同，實得六十四首。合原刻共得詩四百三十二首。固叟校補本，爲陳仲恕兄所藏。丁巳十二月，借鈔一册，鈔畢後，復取《全唐詩》用墨筆校對一過。《全唐詩》所未收者，七言有《宣州開元寺贈惟直上人》一首，五言有《茅山題徐校書隱居》一首，皆見固叟據《法書贊》補錄中。《全唐詩》所載，而是集未收者，凡七言詩六十三首、五言詩四十三首，復爲鈔補於後。內《晚投慈恩寺呈俊上人》一首，與《法書贊・暝投靈智寺渡溪不得緣口路》一首實相同，惟結聯有異。《全唐詩》兩收之，故亦補之。合計詩數蓋五百三十有八首，較固叟所補又爲完備，而與用晦自敘五百之數，亦復相合云。丁巳十二月初三日，海寧張宗祥記。

丁巳十二月十八日，取《唐音統籤》重校一過，補七絕一首，統計得詩五百三十有九。此《集》以大德本爲最善，《統籤》即據之收入，《全唐詩》復據《統籤》增益成書。《送隱者》一絕，則收入杜牧詩中。今此《集》既較大德本增詩約百篇，復較《全唐詩》增二篇，此真可以自豪矣。十九日燈下。宗祥記。

今案汲古閣所刻書，集部最精。而此集宋本詩數獨少，轉不如大德本之多。知汲古據刻之本，必在祝本之前。然《宋志》載《丁卯集》十二卷，豈三百餘篇能析爲十二卷之多耶？此本世無傳者，不知所載詩篇多寡如何也。據其自敘，所云"端居多暇，因編集新舊五百篇，置於几案"云云，則此集五百之數，即可稱全璧矣。

卷 三

《野菜博録》

《野菜博録》三卷，明新安鮑山在齋編。卷上、卷中爲草部，都三百十六種；卷下爲木部，都一百十九種。前有天啓壬戌自叙，後有程大中、趙洪二跋。每種有圖，極精。據其自叙，此四百餘種皆親嘗試之。所收視王西樓《野菜譜》爲多爲確，每種後附食法，此中國奇書也。我國學者，向以儒家爲宗，啓口説王道，下筆效經傳，獨日用之物，草木之類，漫不注意。此所以誇詞日多，實際日少也。向在北京，無意中購得鈔本書一册，閲之則《小雕蟲》也，專以蟲名，作成賦體，而詳注其下。譚志賢見之，知爲其遠祖著述，且搜訪半生，未獲見者，歡喜無量，急爲梓行。今此書説菜蔬尤翔實可喜，真不多見。

《武經七書》

《武經七書》，存《六韜》六卷，《黄石公三略》三卷，《孫子》三卷，佚四種，宋刊本。半頁十行，行二十字。左右雙綫，白口。第一魚尾下標書名，第二魚尾全書皆殘缺，不知有刊工姓名及字數否？中有補板數頁，字類元刊。三書皆僞書。《太公六韜》，《隋志》作五卷；《孫子》，《隋志》有一卷本、二卷本，無三卷本。《武經》爲當時武舉必讀之書，此書向爲清內閣物，今原本不知流落何處。予借影得一册，後頁有"晉府書籍"朱文方章，清內閣書有晉府章者甚多，皆明晉邸舊藏也。

方志兼載方言

劉心蔘《太倉州志》"風俗"條內，兼載方言。近余楫江同年霖輯《梅里備志》，《風俗門》中末附市語一條，亦志中罕見也。明陳弘緒《寒夜錄》云："揚子云撰《方言》十三卷。又王孝孫有《河洛語音》之作。國朝幅員遼闊，四方語音不同，須敕縣令凡志書俱備入方言一款，悉著土音之異者。此書既成，一以便官府之聽斷，一以佐文士之稽考，以備關津之譏察，所系正非鮮小。"云云。乃知古人已有作此想者，但事實上決不能辦到。且"關津譏察"云云，是欲使巡吏究音韻之學，談何容易！

《東坡七集》

《東坡七集》，端陶齋刊。刊工湖北陶姓，字體似拙而實巧，去宋甚遠，然在近世已難得矣。初印精本，皆用六吉綿料。陶齋歿後，板即不全，可惜也。所收東坡詩，此爲最富矣。然放翁叙《梅聖俞別集》云："蘇翰林多不可古人，惟次韻和陶淵明及先生二家詩而已。"今和陶詩數十章，《集》中具在，且宋時刊有單行本；和梅詩，則散逸不可收輯矣。

《廣異記》中摩頂松

《廣異記》二十卷,唐校書郎守饒州録事參軍譙郡戴孚撰。其二十卷中,載玄奘一條云:"玄奘往西域,見其松,以手摩其枝曰:'吾西去求佛教,汝可西長。吾歸即東回,使吾弟子輩知之。'既去,松枝年年西指。一年忽東回,弟子曰:'教主歸矣。'果還。至今謂之'摩頂松'。"今《西游記》中載其事,即本此。

《諸子辨》

《諸子辨》一卷,明宋濂撰。首《鬻子》,終《程子》,後有至正戊戌秋七月丁酉朔日《記》一篇,蓋元季避兵時之作也。今節其可備考證者如下。其他諸子,僅論其學術者,皆略不載。

《鬻子》十四篇,出祖無擇所藏。《崇文總目》謂八篇已亡。其書頗及三監曲阜事,蓋非熊自著,或其徒名政者之所記。

《管子》二十四卷,經劉向所定,凡九十六篇,今亡十篇。自《牧民》至《幼官圖》九篇爲"經言",《五輔》至《兵法》八篇爲"外言",《大匡》至《戒》九篇爲"内言",《地圖》至《九變》十八篇爲"短語",《任法》至《内業》五篇爲"區言",《封禪》至《問霸》十三篇爲"雜篇",《牧民解》至《明法解》五篇爲"管子解",《臣乘馬》至《輕重庚》十九篇爲"管子輕重"。予家又亡《言昭》、《修身》、《問霸》、《牧民解》、《輕重庚》五篇,止八十一篇。題云"唐司空房玄齡注"。是書非仲自著,疑戰國時人採綴仲之言行,附以他書成之。不然,"毛嬙"、"西施"、"吳王好劍"、"威公之死"、"五公子之亂",事皆出仲後,不應預載之也。

《晏子》十二卷,《漢志》八篇,但曰《晏子》。《隋志》七卷,始號《晏子春秋》,與今書卷數不同。《崇文總目》謂其書已亡,世所傳者,蓋後人採嬰行事而成。

《關尹子》一卷,頗見之《漢書》。自後諸史無及之者,意其亡久矣。今所傳者,以"一宇"、"二柱"、"三極"、"四符"、"五鑒"、"六匕"、"七釜"、"八籌"、"九藥"爲名,蓋徐蒇子禮得於永嘉孫定,未知定又果從何而得也。

《曾子》,《漢志》云十八篇,《唐志》云兩卷。今世所傳,自《修身》至《天圓》凡十篇,分爲二卷,與《唐志》合,視漢則亡八篇矣。

《慎子》一卷,慎到撰,趙人,見於《史記》,《中興館閣書目》乃曰瀏陽人。瀏陽在今潭州,吳時始置縣,與趙南北了不相涉,誤也。《漢志》云四十二篇,《唐志》云十卷,不言篇數,《崇文總目》言三十七篇。今所存者,唯《威德》、《因循》、《民雜》、《德立》、《君人》五篇。

《墨子》三卷。上卷《親士》、《修身》、《所染》、《法儀》、《七患》、《辭過》、《三辨》七篇,號曰"經"。中卷《尚賢》三篇,下卷《尚同》三篇,皆號曰"論"。共十三篇。考之《漢志》七十一篇,《館閣書目》則六十一篇,已亡《節用》、《節葬》、《明鬼》、《非樂》、《非儒》等九篇,比今書則又亡多矣。

《孫子》一卷,自《使計》至《用間》十三篇。《藝文志》乃言八十二篇,杜牧信之,遂以爲武書數十萬言。魏武削其繁剩,筆其精粹,以成此書。按《史記》,闔閭謂武曰:"子之十三篇,吾盡觀之。"其數與此正合,牧言非是。

《尉繚子》五卷,二十四篇。較《漢志》二十九篇,已亡其五。

《公孫龍子》三卷,《迹府》、《白馬》、《指物》、《通變》、《堅白》、《名實》凡六篇。《漢志》六十四篇,其亡多矣。

《玄真子》兩見《唐志》,一云十二卷,一云兩卷。予所藏者,外篇三卷。計必有內篇,而此非全書也。

《宋典雅詞》

《宋典雅詞》十四種,照宋本鈔,半頁十行,行十八字。《西麓繼周集》陳允中衡仲,《燕喜詞》曹冠宗臣,《拙庵詞》趙磻老渭師,《碎錦詞》李好古,《雙溪詞》馮取洽熙之,《袁宣卿詞》袁玉華宣卿,《文簡公詞》程大昌泰之,《澹庵長短句》胡銓邦衡,《章華詞》缺作者名,《篔崿詞》劉子寰圻父,《阮戶部詞》松菊道人,《知稼翁詞》黃公度師憲,《龍川詞》陳亮同甫,《孏窟詞》侯寘彥周。其中《章華詞》一卷,汲古閣有影宋本,卷首數頁亦缺,故撰人姓名無考。其他《雙溪詞》、《文簡公詞》、《澹庵長短句》、《篔崿詞》、《阮戶部詞》、《龍川詞》、《孏窟詞》,皆缺頁甚多,因少傳本,故鈔之。

《酒 經》

《酒經》三卷,宋大隱翁撰。大隱翁者,朱肱翼中也,隱西湖,政和中起官爲博士,後坐書東坡詩,貶建州,繼以宮祠還。見宋李保《續北山酒經篇》,李氏記題政和七年正月。此本爲宋刊本。半頁十行,行十八字。左右雙綫,白口。第一魚尾下標"酒經"上、中、下，第二魚尾下標頁數、字數。後有錢牧齋跋云："《酒經》一册，乃絳雲未焚之書。五車四部書，爲六丁下取，獨留此經，天殆縱予終老醉鄉，故以此轉授遵王，令勿遠求羅浮鐵橋下耶？予已得修羅採花法，釀仙家燭夜酒，視此經又如餘杭老媼家油囊俗譜耳。辛丑初夏，蒙翁戲書。"

《范文正公別集》

《范文正公別集》四卷，宋刊本。左右雙綫，白口，兼有黑綫口。第一魚尾下標書名卷數，第二魚尾下標頁數、刊工姓名。半頁十二行，行二十字。第四卷末有題記云："鄱陽在江左，號古郡，昔之爲守者固多，以賢稱者僅九人。而傑出於九賢之中，又止唐之顏魯公、本朝之范文正公，可謂難得也已。二公名氏在史官，大節在天下。至於文章，散落人間。雖筆端游戲之餘，而典雅純實，可以經世而出治，垂久而行遠。蓋其所養，得天地之正氣，故文亦如之。然是邦實二公舊治，獨無墨本，而間見於他處，誠闕典也。翊攝乏此來，首訪而得之，鳩工鏤板，以傳不朽。斯人之眷眷二公，雖不繫於文集之有無，然使學士大夫家有其書，如潮人之於退之，柳人之於子厚。因書以致其師仰敬慕之意，不猶愈於甘棠之思乎！乾道丁亥五月既望，邵武俞翊謹識。"宗祥案：此爲江西第一刻本，當時蓋與《魯公集》同刻者。今《魯公集》北宋宋敏求本，南宋留元剛本，皆不可得見，推明嘉靖錫山安氏本爲最善。而《文正集》尚存宋本，未始非幸事也。《天祿後目》有乾道本。

第二跋云："番陽郡齋州學有文正范公文集奏議，歲久板多漫滅，殆不可讀。判府太中先生嘗謂此郡太守名德如日月之照，終古不泯者，在唐則顏魯公，本朝則范文正公。文正之《集》，士大夫過郡者，莫不欲見，其可不整治乎？於是委屬寮以舊京本《丹陽集》參校，且捐公帑刊補之。又得詩文三十七篇，爲《遺集》附於後。其間尚有舛誤，更俟後之君原脫一字，當是"子"字。訪善本訂正焉。淳熙丙午十二月日，郡從事北海綦煥謹識。"宗祥案：此爲淳熙本，江西第二次修刊之本也。《文正集》原名《丹陽集》，前有蘇軾叙文，至江西刻行，始改名《文正集》。計《正集》二十卷，《別集》四卷。考綦跋有刊補之語，則行款仍乾道之舊可知。然綦刻僅有《遺集》，即所云詩文三十七篇也。《別集》之名，更在三次重修之後。綦跋後復有三行，一行云"嘉定壬申仲夏重修"，二行云"朝奉郎通判饒州軍州兼管內勸農營田事宋鈞"，三行云"朝請大夫知饒州兼管內勸農營田事趙舊橚"。宗祥案：此爲第三次嘉定重修本，即此本也。後元天曆戊辰，歲寒堂范氏家塾即依此本重刊，其裔孫能濬復輯《補編》五卷附之，亦名《二范集》。蓋與忠宣范純仁文集合刻，而"歲寒堂"則范氏家塾之名也。由此觀之，自乾道而淳熙，而嘉定，實一刻而再修。天曆亦從此出。《文正集》傳世者，自《丹陽集》之外，蓋皆江西刻矣。張君詠霓己巳冬得一全刻，其《別集》四卷，校予影本，斷板爛字，皆相符合。

《西溪叢語》

《西溪叢語》二卷，宋姚寬撰。予得一本，有復翁題記云："此予手校三本之《西溪叢語》也。始因於友人處見錢遵王手校舊鈔本，欲臨之，苦無津逮中刊本。後晤張韌庵，知有鶡鳴館刻本，而並爲吳枚庵手校者，遂藉兩家本勘之。知錢校之鈔本，即從鶡鳴館刻本出，而行款不盡同。其所校則別一本，不言所自出，而以吳校證之，知亦出鈔本也。余謂書經校勘，已失真面目，故先以鶡鳴館刊校之，再以錢校覆之，三以吳校參之，可謂精審矣。復翁記。"云云。余得此書，鈔定後整理之，知鶡鳴館本上卷凡缺三條，吳、錢兩家皆據舊鈔補入，即《東湖叢記》所云影宋鈔本多一叙，三條後有錢曾跋語者也。今記其闕條如下：一、"海上人云蛤蜊文蛤"條下，缺"凡木一歲生一節，來歲復於節上再長也"一條。二、"宣和貴人家有寫《唐會要》一軸"條下，缺"《樹萱錄》引杜詩云'虯須似太宗，色映寒夜春'，又云'子章髑髏血模糊，懷中瀉出呈大夫以下缺'"一條。三、卷末缺"詩人用字各有所宜，梅言橫，松言架。何遜詩云'枝橫却月觀，花繞凌風臺'，江淹詩云'風散松架險，雲鬱石道深'，杜甫詩云'南望青松架短壑'"一條。此三條，第二、第三皆非全文，豈宋本當時已缺耶？其他片字只語，佳者甚多，亦足珍也。此書《四庫》本三卷。

《蘆浦筆記》

《蘆浦筆記》十卷，宋劉昌詩撰。予所鈔本據黃蕘圃、吳枚庵、陳仲魚三先生校正舊鈔本寫定。有吳跋二，黃、陳跋各一。吳跋僅云鮑本有誤。黃跋云："郡中吳枚庵先生多古書善本，皆手自鈔錄或校勘者。久客楚中，歸囊尚留數十種，此《蘆浦筆記》其一也。余欲借校鮑氏新刻本，久未得閒。適張韌庵來談及近見一舊鈔殘本，內八卷文有'起立行伍'句，上多'趙'字，較鮑本爲勝。因檢此本乙'起立'爲'立起'，文似順矣，然初不知原文爲'趙立起行伍'也，遂動校勘之興，並憶舊藏穴硯齋鈔本宋人說部有數種，此書在焉。取勘是本，所得實多。其最勝者乃卷五'趙清獻公充御試官日記'中文多幾行也。卷四"巴丘"條亦補九字，較鮑刻爲勝。觀鮑本跋語，於此書讎勘至數四，而尚有脫誤，信乎古書之難覯，而校勘之不易也。惜鮑淥飲已作古人，不能語原缺二字。之，爲一大恨事，只好與枚庵共爲賞析爾。黃丕烈。"

陳跋云："余於乾隆四十七年正月，從鮑淥飲君借《蘆浦筆記》，觀於小桐溪館，命門人傳錄一本，手自勘正。後十餘年，淥飲又得舊本，校讎數過，刻入《知不足齋叢書》，世稱善本。今年九月過吳門，適黃君蕘圃獲見舊鈔，並以其向藏穴硯齋鈔本，合校於吳君枚庵舊鈔本上，枚庵復跋之而歸諸余。余亟以鮑刻重勘，正誤甚多。既補第五卷所缺之九行，又補得劉昌詩後跋一篇。計是書先後三十年，歷經名家，屢有補正，惜淥飲已不及見是本，猶幸予與枚庵、蕘圃之得見也。嘉慶十九年九月十一日，陳鱣記。"案此書蕘圃先生校者，宋諱皆缺筆。卷五所缺者，爲御藥院錄白中書剳子進士以下等第云云，此爲第一行，在呈進士卷子二道行後。編排進士諸科等卷子，此爲第二行。賜食酒果第三行，九日清明雨，第四行。奏乞送焆字卷重詳定，第五行。封彌閱詳定五號奏取旨，第六行。御藥院關奉，第六行。聖旨看詳定奪，靮纊觫觡蚋五號等第，第八行。賜酒食果子。第九行。共計九行。

劉跋云："右日記一卷，予家寶藏，蓋清獻趙公手書也，公時爲右司諫。直孺則翰林學士賈公黯，貫之則侍御史知雜事范公師道也。按嘉祐六年，昭陵在宥已有四十春，而猶垂意科選，親屈翠華，以次臨幸。雖上巳、寒食休暇之辰，孜孜不廢，且訓敕勞賜，無日無之，可謂至誠不息者矣。嘗考國史，大中祥符元年書："帝遍至幄次，諭李宗諤等，各務精詳，勿遺賢俊。"四年書："帝遍至考官幕次。"天禧三年又書："帝幸考校官幕次，撫問久之，出七言詩賜晁迥等。"今日記所書幸考校所者二，幸覆考所者四，幸詳定所者二，幸編排所者一，是皆恪守孫謀，而又皆詳焉。於戲，盛哉！宜乎天佑生賢，名臣輩出，坐致太平，而又留爲奕世不窮之用。近時御試幕次在集英殿門之前，不復在殿後，而駕幸之儀敻無有知之者。蓋其廢已久，則此記所補，豈獨文字之間而已。因備錄之。"云云。案：此書傳刊本不多，知不足齋本已爲至善，然闕文尚在不免，故詳載之，以便參考。

《林和靖詩集》

《宋林和靖先生詩集》四卷，林逋撰。予所鈔者爲明翻宋本，前有皇祐五年六月十三日太常博士梅堯臣叙。半頁十行，行二十字。卷一爲五言律，卷二、三爲七言律，卷四爲五、七言絕句。末附拾遺：計五古一篇，點絳唇詞一闋。和靖詩傳本極少，呂晚村刻《宋詩鈔》，始爲表章。

《雪翁詩集》

《雪翁詩集》十四卷，明遺民魏白衣先生耕撰。先生慈溪人,《海東逸史》、《慈溪縣志》皆有傳,《鮚埼亭集》有《雪竇山人墳板文》。《慈溪新志·藝文志》作《息賢堂集》十五卷。此本爲先生裔孫仲車同年_{友枋}家藏稿本,書名、卷數悉與《縣志》不同,自當以此稿本爲正。惟此本第一卷《游天竺寺寄會稽姜廷梧》詩下有脱簡,而第十二卷七言律篇幅又特多,不知是否有誤,疑其尚非定本,苦無他本可證矣。張君詠霓欲刊《四明叢書》,力勸之將此集刊入。

《南陽集》

《南陽集》六卷,清錢大昕竹汀撰。前五卷詩,後一卷詞。此書久佚,戊午在京師鈔得此集,與念劬先生相與欣賞,蓋念老久覓此書而不得者也。今念老墓有宿草矣!回憶三十年前,予年十九,單君不庵介念老至舍,在念老喜訂忘年之交,在予屢獲師承之益。豈知老成既殂,不庵亦隨之以去耶,念之愴然。

《趙寶峰集》

《趙寶峰集》二卷,元趙偕著。錢唐汪氏曾有刻本,予過錄自舊鈔本。後有嘉靖甲寅六世從孫趙文華跋,刻本無之,想惡其人而棄之也。

《貝清江集》

《貝清江集》三卷、《續集》一卷,明貝瓊撰。明萬曆時刊於桐鄉，校刊者儒學訓導李詩也。悉文而無詩。清江先生以詩名，歿葬海鹽橫山。康熙己亥，桐鄉金氏刊本爲十三卷，詩文皆備。《四庫》所收，則爲詩集十卷、文集三十一卷，最足之本矣。

陰、何詩集

《陰常侍詩集》一卷，《何水部詩集》三卷，從抱經堂寫校本錄出。《陰集》不多見，《何集》則尚有八卷本詩文合集。此三卷本，蓋自晉天福本出也。

《髦餘詩話》

《髦餘詩話》十卷，海寧周松靄先生春撰。先生生雍正，卒嘉慶，著此書已在嘉慶十四年，年八十一矣。當代名人，多相還往，所載文獻，信而可徵。予此書錄自郭溪葛滓南氏舊抄，中有錢笘倦先生振常手書一通，並附校勘記一紙，蓋當時擬刊而未果者。笘倦先生原書，後歸念劬先生收藏，予則錄副書後。同時鈔得者，尚有周耕崖先生廣業《冬集紀程》一卷，亦葛氏舊鈔本，後附《俞貞女綉經叙》一篇，及詞四章。《冬集紀程》已有刊本，而詩話有關掌故更多，乃竟再無蔣生沐先生其人爲之梓行，可慨也。

《意林注》

癸亥秋，邵生次公瑞彭攜耕崖先生注《意林》鈔本見示。先生此書,最爲用力,獨惜所據者非六卷本,仍止五卷而已。

《國榷》

《國榷》八十三册,不分卷,明海寧談孺木先生遷撰。前有崇禎庚午正月新建喻應益叙、天啓丙寅三月談氏自叙。叙後跋云:"此丙寅舊稿,嗣更增定。觸事淒咽,續以崇禎、弘光兩朝,而叙仍之。終當覆瓿,聊識於後。遷又跋。"叙後爲《義例》,《例》後題"江左遺民談遷孺木識",則史之編在國變前,史之成在國變後也。史例紀年,蓋仿《長編》之例。前有《大統》、《開聖》、《天儷》、《元潢》、《各藩》、《興屬》、《勛封》、《戚畹》、《直閣》、《部院》、《甲第》、《朝貢》十二篇,蓋提挈綱領,有類志、表者。本史自太祖起,至永曆止。世所傳本,以崇禎一朝分爲十卷,蓋非全書也。書中所紀,有與《實録》不同者,皆注明於後。此孺木先生一生用力之書也。雖不分卷,然七八十頁後必另起,蓋未填卷數,非漫無起訖也。此書予假蔣氏舊藏鈔本過録。蔣氏書,生沐先生別下齋所藏,皆毁於洪楊之際。《別下齋叢書》、《涉聞梓舊》二書之板亦被焚。所存者獨別齋三間老屋而已。其時生沐先生避難桐木村,聞信嘔血,不久下世。其從弟所藏者,買巨舶載之,轉徙長江中,事平卒得保全。今三傳矣,尚世守勿失。若宋刊小字本《晉書》、《沈石田集》鈔本,卷帙頗繁,後有停雲館文氏跋語,皆足珍賞。而此書亦其一也。甲子至甌海,承借攜行篋中,因得全鈔。中有一二白頁。丙寅、丁卯,流寓滬上,頗思借劉翰怡兄處所藏明歷代《實録》,一爲校定,悠忽至今,竟未著手。以視先哲,愧悚奚似!所望他日更得查伊璜先生《罪惟錄》等書，滙而校定，刻行之。不獨鄉先哲之遺著得以流行，亦爲明代多一信史也。

《隸續》

《隸續》七卷，影元刊本。左右雙綫，白口。第一魚尾下標卷數，第二魚尾上標頁數。半頁十行，行二十字。卷三末有一行云"泰定乙丑寧國路儒學重刊"。卷四亦然。前四卷爲碑文，五、六兩卷爲碑圖，卷七爲碑式。

《小綠天庵吟草》

《小綠天庵吟草》兩卷，海寧釋六舟達受撰。前有戴文節熙等題詞，後附遺詩目及磚銘。又六舟《山野紀事詩》一卷。皆丙寅年鈔得。六舟姓姚，海寧石井村人。幼即茹素，祝發於城北白馬禪院。學詩於焦山借庵，學畫於南屏傳法師松光。尤好金石，與几谷爲畫友。道光辛卯，曾偕游天台、雁蕩，作雁山雙錫圖。後得逸少《清晏帖》及懷素小草《千文》，因題其樓曰"墨王"。所著有《祖庭數典錄》一卷、《六書廣通》六卷、《兩浙金石志補遺》未分卷，皆毀於洪楊之役。卒年六十有八。

《金姬傳》

《金姬傳》一卷，明楊儀撰。記章丘李氏女，處張士誠軍中，以占易見寵而不失身。其末所記，則士誠二子爲姬母所育,皆冒李姓,籍章丘,洪武末,其季子且領山東鄉薦。真異聞也。

《青瑣高議》

《青瑣高議》十卷,《後集》十卷,《別集》七卷,元劉斧撰。予所鈔者,有復翁數跋。云:"甲戌孟夏,友人收得《青瑣高議》下冊,乃《後集》十卷完具者。先以書名告予,予曰:'為何時鈔本?'友人云:'楮墨古拙,是為前明朝鈔。'因遣足取之,手校於臨寫張訒庵本上,實有勝是者,且疑張藏鈔本亦出自前明朝鈔本,特傳錄時又多一番脫誤校改耳。書以最先者為佳,信然。復翁。""所收舊鈔本覆校至再,可云精審。向有朱墨兩筆校字,茲悉標記。其不標記者,皆舊鈔本字,而非由校改也。朱墨校殊不足信,茲皆就其文理優者標記之。候讀者領會之斯可耳。原本多方格闕疑字,按文義似無闕,不知所據云何?古書無舊刻,但從鈔本作證,究未可臆定也。""此本雖止後集一種,然所獲良多,不僅在補闕數條也。不經見之書,見非一本,殊自幸耳。説部舊本難得,即如《青瑣高議》,世鮮傳者。客歲玄妙觀前冷攤獲此藍格棉紙舊鈔本,卷尾有'正德年間鈔錄'字,且為松崖惠先生藏本,惜已歸友人處,遂借歸分手錄之。此《別集》乃又一人錄也。復翁。"據此三跋,則知此書係集鈔集校而成,而所據之本,則皆明鈔也。此書僅見士禮居收藏,其他絕少概見。予辛酉在北京,曾見明刻本十一卷,自十至二十,係張夢錫校刊者。其次叙則第十卷即前集之末卷,後十卷即《後集》也。而十八、十九、二十三卷,其標題仍作"青瑣高議後集卷之幾"，蓋張氏並前、後集刊成一書，而此三卷標題漏未刪去，尚存原書之舊故耳。但佳字甚多，且此書刻本難得，故予鈔之，有暇當細一勘校也。刊本半頁十行，行十九字。

《太和正音》

《太和正音》兩卷，明丹丘先生涵虛子編。僅有洪武刊本，予此書即影洪武本者。凡分樂府體式、古今英賢樂府格勢、雜劇十二科、羣英所編雜劇、善歌之士、音律宮調、詞林須知、樂府八門。古今羣英樂府格勢，起元馬東籬至明唐以初，至所收雜劇元五百三十五種，明三十三本，又古今無名氏雜劇一百一十本，可謂多矣。伶人名色，有正末、付末、狙、孤、靚、鶻、猱、捷、譏、引戲數種。正末者，當場男子，則今之生末，皆屬之矣。付末者，古謂蒼鶻，故可以捕靚，靚者狐，似今之正生。狙者，猿之雌也，今省曰旦。孤者，當場粧官者，今之外是也。靚者，付粉墨獻笑供詔者也，似今之大、二、三花矣。鶻與猱今無專角，捷、譏亦二、三花也。引戲，院本中狙也，今則改用付末矣。所有雜戲，流傳至今者甚少。至樂府則有四聲而無樂譜。然詳其所著，實我國言戲曲之善本矣，後乎此者不可必，前乎此者未之見也。

《萬曆辛亥京察記事始末》

《萬曆辛亥京察記事始末》八卷，明周念祖編。未見刻本。

所採皆當時奏疏揭帖，匯編成書。

殘　　經

　　殘經數節。第一篇前缺，尾有"喻第二"三字，論"世間唯有一神。一切萬物，皆一神所造"，中有句云"從波斯至拂林"云云。第二篇首似不缺，末題"一天論第一"，經中反復證明人爲一神所造，有"飛仙"、"惡魔"等言，而末有"四天下"之稱。第三篇首題"世尊布施論第三"，中亦有"此並是一神所有"句。第四篇首缺，末題"一神論卷第三"，中亦有"自嚮拂林"云云。又有云"世尊喻，如自父不禮拜，乃嚮惡魔禮拜，有不净潔處，意憘取汝處分於黑闇地獄發遣"云云。又云"唯有世尊，情願具足，欲此諸王等聖主，誰嚮拂林，誰嚮波斯，並死亦是惡律法於所著者爲怛索到不堪處，以一切拂林，如今並禮拜世尊，亦有波斯少許人被迷惑，行與惡魔鬼等所作泥素形像禮拜者，自餘人物禮拜世尊"云云。又云"嚮五蔭身六百四十一年"云云。又云"誰依直心道行者，得上天堂，到快樂處，無有盡時。所有萬識，一神直道，嚮好經，不行亦不取，一神處分作罪業者，於惡魔、夜叉、諸鬼所禮拜者，嚮地獄共惡鬼等一時隨入地，常在地獄中住"云云。此經亦自敦煌出土，爲唐寫經之一。陳援庵兄得之，因借録副本。此非釋教經典也。佛教未東行之前，已拜偶像，不主一神。東行之後，未聞西漸，則波斯、拂林何關焉？此實舊教經典，以一神爲主，世間萬物，皆一神所造，一神之外，皆爲魔鬼，一一與經符合。且屢言波斯、拂林，蓋東行之漸，"飛僊"即天使，其中最惡者爲拜偶像。然不稱"天主"，而稱"世尊",且有"夜叉"等名,則譯經者承用釋典之名故也。經中"六百四十一年",即貞觀十五年,耶穌降生後之年數也。

《欽定宮中現行則例》

《欽定宮中現行則例》四册,自康熙至道光。內分訓諭、錢糧、歲修、太監、門禁、處分、名號、玉牒、禮儀、宴儀、册寶、典故、服色、宮規、宮分、車輿、鋪宮、遇喜、安設、進春、謝恩二十一門,制度甚備,修清史者所當知也。

《醉里耳餘錄》

《醉里耳餘錄》十二卷,清陳西堂銘撰。西堂,嘉興人,乾隆間老諸生,與沈確士德潛相往來。此書搜羅遺逸甚富,無刊本,倘《嘉禾叢書》有欲繼甸丞之志者,此亦當刊之一也。

朝鮮人著作

朝鮮人著作,流入我國者不少。予於己未正月,鈔得《國朝五禮叙例》五卷。前有"成化十一年六月,輸忠協策靖難同德佐翼保社炳幾定難翊戴純誠明亮經濟弘化佐理功臣大匡輔國崇禄大夫議政府領議政兼領經筵藝文館春秋館弘文館觀象監事禮曹判司、高靈府院君臣申叔舟等進書"箋,據箋文,所進尚有《五禮儀注》八卷及此書。箋後爲"成化十年夏五月上澣,推忠定難翊戴純誠明亮佐理功臣崇政大夫行兵曹判書兼知經筵春秋館事晉山君臣姜希孟叙"文一篇。首頁有"宣賜之記"方印,"佐伯文庫"長印。是此書曾爲日本所藏也。吉、賓、嘉、軍、凶各爲一卷,自鐘簴以至棺主,皆有圖説,極詳備。禮失而求諸野,是書之謂矣。

圖書館收書之法

中國書籍,多不勝藏,圖書館大宜注意搜羅之法,斷不可漫無限制。在一鄉者,首一鄉先哲之著作,次乃本縣,有餘力再多購他種書籍,至尋常子、史,則在所必備。在一縣者,首一縣先哲之著作,及歷來縣志。推之一省,亦應先本省之志書,及先哲之著作。如此,則各自搜求,或少湮沒之患。今各處圖書館無款購書者多矣,略有微款,購書之時,又不注意,隨便收買,此極可惜。倘能照以上辦法,每年在省圖書館中開一會議,將一年中各縣、各鄉收得之書,或有未刊之本,認爲重要者,由省圖書館備款刻行,至若宋刊元槧,則歸國立或特種圖書館收買。如此,則功分而事易成矣。私家圖書館,不在此限。

《北戶録》

書以最先刻爲佳,固已。然所傳或有别本,則刊本雖早,流傳之舊鈔,亦至足寶也。予前所記《嵇中散集》即此類。今復得《北戶録》三卷,此書以陸刊本爲善,蓋出自宋本,而復加校訂者。鈔本如通犀條後"年輒解也"、"戴之用也",皆同宋本，有異陸校其他類此者，多不勝數，今舉其例，則知此本亦自宋出。然注中往往多音注及另作某字等處。如通犀條"小而不櫠"下，多"音妥。櫠，一作堪食"七字；又"犀角表表"下，多"表，一作遠"；"有光因因"下，多"因，一作者"。原文"其焙焙"下，多"一作烘"三字小注。諸如此者，不一而足，決非崔龜圖原注，乃後人增入注中，且係校語，此則無可疑者。惟究據何本，不得而知。所可知者，此《北户錄》宋刊一種之外，尚有別本，則斷然無疑也。

《內外服制通釋》

天台車經臣先生垓著《內外服制通釋》九卷，極詳備，以《朱子家禮》爲宗。然此書除元刊本外，無他刻本。

《淳化閣帖》

自《淳化閣帖》後，叢帖日多，考訂平則之書，亦相隨而起。究之《閣帖》所收，僞者十三，誤者十一，真迹所存，十之五六而已。《閣帖》考證諸書，亦純駁互見。最精確者，無過姜堯章夔所著之《絳帖平》，所辨僞帖，如蒼頡、夏禹、仲尼、史籀、李斯、程邈諸家之書，皆精審，在黃長睿、王順伯諸家之上。惜此書原爲二十卷，以"日月光天德，山河壯帝居，太平何以報，願上登封書"分卷。《絳帖》東庫本分卷字號爲卷數，今所存者，僅前六卷耳。

《姜氏秘史》

建文在位，高祖舊時勛臣，非罪死則病歿，無一存者，所與謀者，不知兵之書生，迂闊守古之儒者耳，本非燕敵。成祖既定南京，削其年號，屠戮至慘，亦太甚矣。故凡紀遜國之事者，無不右建文而絀成祖，《姜氏秘史》亦其一也。此書後有萬曆乙未信天緣生跋云："姜氏不知何名何里，所著《秘史》，但歷數建文君仁厚好古，死難諸臣視死如歸。則知當時亦無難可靖，金川門誠爲失守矣。"云云。按姜氏名清，字源甫，弋陽人。正德辛未進士，官考功司郎中，歷尚寶少卿，非無聞者，跋蓋諱之也。又程濟從建文出亡，以道裝終，凡紀靖難一役者，皆載其人，事實至多，決非盡出臆造。獨弘光時追贈壬午靖難諸臣官號謚法，無程濟、史仲彬二人，朱竹垞先生遂以爲實無其人，此說未可信也。是書撰於正德時，亦列程濟事實。

《印　旨》

予昔爲劉次饒兄先人所刻印譜題一律詩，首四句云："龍泓開浙系，金罍任心裁。海上泥封盛，人間玉石灾。"云云。蓋印刻自文三橋、何雪漁以降，徽式成矣。至丁氏始力追秦漢，一變積習。浙派八家，惟撝叔間用石如之法，其他皆確守丁氏規模，不敢稍失。近世海上吳昌碩輩，以蒼古相號召，蒼古之後，繼以剝蝕，剝蝕之後，繼以斷爛，追摹數千年前破爛模糊之刀筆，以相炫耀，庸詎知古印當年之不如是耶！以石仿金，已非舊制，更仿斷爛，復何所取？昌碩中年，尚有極佳之作，其依附末光者，無昌碩之學之力，而學其貌似，其實非漢印，大類泥封耳，浙派由是衰矣。此種印刻，與陶心雲、李梅庵之書正同，可慨也。予鈔得程彥明遠《印旨》一冊，雖非大全，聊可醫俗。

《圭美堂集》

《圭美堂集》，存卷十九至二十三五卷。前兩卷爲《字學札記》，後二卷爲跋，末一卷爲書後。清徐用錫撰。用錫字畫堂，宿遷人，康熙己丑進士，官翰林院編修。全集二十六卷：詩十卷，文十六卷。族子鐸、門人周毓侖校刊。《四庫》入存目。此五卷原鈔本，封面題簽出翁大年叔均手，當時蓋已難得全書矣。畫堂從李光地學，作文樸淡，工書，故《字學札記》精確處甚多。

《九經通借字考》

《九經通借字考》十四卷，與《十經文字通正書》大致相似，而《十經》本較詳。錢獻之先生坫撰。包世臣撰《坫傳》及江藩《漢學師承記》均不載此書。向藏八千卷樓，今歸南京龍蟠里圖書館。

卷 四

《柳仲塗集》

《柳仲塗集》十五卷,宋柳開撰。有義門跋云:"《河東先生集》鈔本,多譌謬。第一卷卷首仍缺半葉,他本遂並失去第二篇矣。其清先生偶以此本見示,其每行字數近古。前有張景叙,又止作十五卷,因留之。與予家所傳四明黃太冲家本,又借虞山毛氏所傳叢書堂本互勘焉,改正、添補共二百餘字,稍可讀矣。此本'通'字皆缺末筆,乃避明肅父諱。疑亦出於北宋刻云。康熙五十年辛卯春日,何焯記。"又一跋記陸氏不輕借書。又陸心源跋云:"右曙戒軒鈔本《柳仲塗集》十五卷,以影宋鈔本校之,卷十補殘缺《表》一首,計五百七十餘字。《在滁州陳情表》一首,計五百四十餘字。是集乃成全璧矣。"云云。是陸氏過何校於曙戒軒鈔本上者。書在清末陸氏送國子監,今歸京師圖書館。原鈔脱誤頗多,不知所據何本。審其字畫,清初帝諱,有避有不避。而十卷首數頁,則紙色不同,更爲後人鈔補無疑。柳氏此集,雖《四庫》收錄,而《提要》中頗有貶辭:一則曰其人實酷暴之流,再則曰王士禛《池北偶談》譏開能言而不能行,非過論也云云。予按仲塗自託於儒家,然儒家者流,自唐以來,往往高談周孔之道,而不求周孔之道之所寄。須知儒之所重在禮,舍禮即失其本。五倫之間,過不及者,皆以禮節之。孟子闢楊墨,惡楊朱爲我,不合於養老慈幼;墨子兼愛,不合於親疏等級故也。戰國儒家,無闢老子者,老子固知禮之精者也,且孟子若專指闢楊墨一事,即可爲大儒乎?韓文公文章信有可取,其所得乎儒者淺矣,仲塗肩之,可謂舍本逐末者矣。當五代之季,綺麗纖弱,相尚成習,仲塗獨爲散文,眞無佛處稱尊耳。

《人海記》鈔本

《人海記》刊本有吳氏、查氏,皆無大出入。予録一鈔本,末多一條,云:"南海淀今爲御苑,設甲兵守之。間遇上元,以此放煙火,則縱都人往觀,餘不得入。"此條各本皆未見。

《國朝典故》

《國朝典故》一百十卷,前有嘉靖壬寅春正月魯宗臣當泗叙。卷一《天潢玉牒》。卷二《皇明本紀》。卷三《剪勝野聞》。卷四《國初事迹》。卷五《國初禮賢録》。卷六《平吳録》。卷七《北平録》。卷八《平蜀記》。卷九《聖政記》。卷十《滁陽王碑》。十一至十四《奉天靖難記》。十五《壬午賞功録》。十六《北征前録》。十七《北征後録》。十八《北征録》。十九《建文遺跡》。二十至二十五《革除遺事》。二十六《宣宗御製官箴》。二十七《宣宗御製詩》。二十八《正統臨戎録》。二十九《李侍郎北使録》。三十《否泰録》。三十一至三十四《野記録》。三十五《宸章集録》。三十六《敕議或問》。三十七《大狩龍飛録經》。三十八《大狩龍飛錄緯》。三十九至四十二《立齋聞錄》。四十三《三家世典》。四十四《周顛仙傳》。四十五至四十七《三朝聖諭錄》上、中、下。四十八《天順日錄》。四十九《燕對錄》。五十、五十一《損齋備忘錄》上、下。五十二《陳石亭畜德錄》。五十三至六十《瑣綴錄》。六十一《王文恪公筆記》。六十二《前聞記》。六十三、六十四《清溪暇筆》上、下。六十五、六十六《寓浦雜記》上、下。六十七《病逸漫記》。六十八至七十一《蓬軒類記》。七十二《彭文憲公筆記》。七十三至八十三《菽園雜記》。八十四《懸笥瑣探》。八十五《琅琊漫鈔》。八十六、八十七《日詢手鏡》上、下。八十八《朝鮮記事》。八十九《朝鮮賦》。九十《平夷賦》。九十一《定興王平交錄》。九十二《安南奏議》。九十三《安南事宜》。九十四《平蠻錄鈔》。九十五《東征紀行》。九十六至九十八《馬公三紀》。九十九、一百《平審始末》上、下。一百又一《雲中紀變》。百又二《使琉球錄》。百又三《日本考錄》。百又四、百又五《星槎勝覽》前、後。百又六《瀛涯勝覽》。百又七、百又八、百又九《後鑒錄》上、中、下。百一十《華夷譯語》。目錄所載如此。其實《平吳錄》、《北平錄》、《平蜀記》、《聖政記》、《滁陽王碑》、《奉天靖難記》之第四卷、《宣宗御製官箴》、《宣宗御製詩》、《正統臨戎錄》、《李侍郎使北錄》、《否泰錄》、《宸章集錄》、《敕議或問》、《大狩龍飛錄經》、《大狩龍飛錄緯》、《菽園雜記》六、七、八、九、十、十一、《朝鮮記事》、《朝鮮賦》、《平夷賦》、《馬公三紀》一、二、三、《平審始末》上、下、《雲中紀變》、《使琉球錄》、《日本考錄》、《後鑒錄》上、中、下、《華夷譯語》諸書，皆未見，不知是否缺奪？而第十五卷《壬午功臣爵賞錄》後，又多《別錄》及《靖難功臣錄》兩種，有書無目。且於《靖難功臣録》下，標"國朝典故十六"原書皆大題在下，而《北征前録》下則標"國朝典故十七"，《革除遺事》後，又多《備遺録》一書。《天順日録》目作四十八，而書之大題標"五十二"，且書有六卷，至五十七方止。《星槎覽勝》目作百又五，而書之大題標"一百二十四"，末有《皇明傳信録》六卷、《石田雜記》一卷，皆目所未載。是《國朝典故》一書，是否爲一百十卷？目中所載之書，是否原有後缺？目中未載之書，是否漏載？皆無可證。此書之待整頓可知矣。予鈔得後有記云："是本在清代不著録於《四庫》。《明史·藝文志》有《國朝典故》數家，俱非此本。此本爲魯宗人當㴐所輯，雖不著録於《四庫》，而《四庫提要》每涉及此書，傳記類存目三《靖難功臣録》下云：'《千頃堂書目》有此書，而缺其卷數。此本爲明嘉靖中魯藩宗人當㴐編入《明朝典故》者，止此一卷，未知爲完書否也。'又小説家類存目一《明朝典故輯遺》下云：'雜記洪武至正德十朝事。前有自叙，作於嘉靖三十二年，自稱"東吳逸史"，又附載魯宗人當㴐叙一首。當㴐本輯有《國朝典故》，疑此即從《國朝典故》採掇而成。'云云。明代叢書，《四庫》著録不少，未知此本何以不收。張宗祥記。"又跋云："《提要》於《靖難功臣録》，既稱爲《國朝典故》所收之本，又稱爲左都御史張若溎家藏本，則《國朝典故》全帙當即在張若溎家。今考《國朝典故》中各書，已收入明代各家叢書者什九，其未見於他叢書，就此本所有者計之，僅得八種，其中《皇明傳信録》一種，不著録；《奉天靖難記》、《立齋閒録》二種，卷帙較繁，或另有刊本，故一稱汪啓淑家藏本，一稱天一閣本；其餘數種，皆稱張若溎家藏，疑即同出於此本也。次日又記。"今按不見叢書者，一《滁陽王碑》，二《奉天靖難記》,三《壬午賞功録》,四《建文遺跡》,五《安南奏議》,六《東征紀行》,七《立齋閒録》,八《皇明傳信録》。

《鮚埼亭集》批本

謝山先生著《鮚埼亭集》,專注意於明末遺民逸事,窮探苦搜,用心至矣。壬戌,予將赴浙,在傅沅叔先生娛萊室中,見一批本,詳細考訂,密字小注幾滿,或引證他書,或即據原書,糾正辨訛,多不勝舉,此真謝山諍友也。惜匆匆即行,不及借過,至今爲憾。謝山此書,本欲爲明史張本,今得是批,尤精確矣。

《孟子外書》

《孟子》一書,趙臺卿存內篇七,其外書四篇,舍而不尚,以是之故,傳者寢寡。惟《四家孟子注》後有《外書》,四家者,揚子雲、韓文公、李習之、熙時子也。熙時子相傳即公非先生劉貢父。後人皆以此四家之注爲僞,遂並《外書》忽之。予此本鈔自拜經樓,前有馬廷鸞題記,後有涪翁晁淵、武原胡震亨二跋。復有吴兔牀先生跋云:"右《孟子外書》四篇,後一篇闕而不全。歲己亥冬,周大令春從海鹽故家廢籍中檢得,亟手録之。卷尾題跋尚多,以楮墨斷爛,莫可盡識。故僅存晁、胡二跋而已。明年春,予與陳君鱣復就大令借鈔,於是傳寫遂廣。按《外書》四篇,自爲趙氏所不尚,寖致湮晦。宋以來如晁子正、王伯厚、馬貴與諸家簿録中,雖皆著四篇之名,而未列其書。惟劉昌詩《蘆浦筆記》云:'嘗見新喻謝氏有《性善辨》一帙,疑即《孟子外書》,旋亦無傳。其視此本,竟不知何如也。'竊惟古今典籍,後出者頗多,若《古文尚書》顯於劉宋據程廷祚《晚書訂疑》,《子夏易傳》傳自李唐,其他尤不勝更僕數,世固未嘗盡廢之。是編雖不無可疑,要其文義亦有不容終泯者。爰爲授梓,以備逸書之一種云。乾隆辛丑夏仲,休寧吳騫槎客氏書。"按吳氏刻本,傳者絶少,予於甲辰之秋,因傳鈔一册,此實爲予鈔書事業之首。自鈔此書後,又十年,始日事鈔校。至戊辰春,積卷二千,兩眼花甚,遂不能影寫。其終止之書,則《太和正音》也。己巳之冬,眼又重明,變花爲近,天其或者憐予别無嗜好,故復許我鈔書耶!此册極草草,然爲鈔書發軔之始,故亦攜之行篋,未嘗偶離。計書凡四篇,《性善辨》第一,凡十五章。《文説》第二,凡十七章。《孝經》第三,凡二十章。《爲正》第四,凡八章。第四篇後有缺文。予當時跋云:"《漢書·藝文志》:《孟子》十一篇。《風俗通》曰:'孟子作書中、外十一篇。'是知有《外書》四篇無疑矣。以趙氏故,不行於世,雖博覽如亭林,猶憾未見。然輾轉流傳,今所刊本,亦非完璧。《史記》伍被對淮南王安引《孟子》曰:'紂貴爲天子,死曾不若匹夫。'揚子《法言·脩身篇》引《孟子》曰:'夫有意而不致者有矣,未有無意而致者也。'《梁書·處士傳叙》引《孟子》曰:'今人之於爵禄,得之若其生,失之若其死。'《廣韻》'圭'字下注引《孟子》曰:'六十四爲圭,十圭爲一合。'凡此數節,今皆未見。則闕文之慨,正不徒盡在第四篇八章以下也。古人不可復作,九原蒼茫,徒付浩嘆。豈獨秦火、湘東,爲斯文厄哉!"云云。孟子,尊之者謂其闢楊墨,道性善;非之者,謂其説齊梁之主以王道,而不尊周。要之,孟子戰國之説士,而學於儒者也。以儒家律之，其純駁正與荀子相類，而好辯則過之。自宋以前，多荀、孟並稱，古人之見，勝於後人矣。予獨怪趙氏既取內篇，則外篇所述，亦無大異，不知何以摒之，使此四篇，湮沒不傳也。

《內典文藏》

錢牧齋湛深內典，人知之矣。有功釋教之作《內典文藏》一書，各家皆未著錄，至爲可惜。予得一錢氏手稿，因影寫之。首頁有"錢曾之印"、"遵王"白朱二方章，"賢者而後樂此"白文長方章。首標"內典文藏卷第一"，次行標"敬佛篇第一"，三行接敘文，云："此文集錄，專爲歸敬三寶。首《敬佛篇》，仿《弘明·佛德第三》也。次《弘法篇》，仿《弘明·法義第四》也。次《尊僧篇》，仿《弘明·僧行第五》也。有三寶，不可以不知付囑，故受之以《付囑》；有付囑，不可以不知匡正，故受之以《匡正》。蓋《弘明·正理》、《辨惑》二篇，括於此矣。福智取其二嚴，故受之以《嚴福》；行解資其兩足，故受之以《淨業》；義解非信無行，故受之以《歸信》；非禪不慧，故受之以《禪悅》。此則啓福之總相，法義之要津也。而慈濟、戒功、悔罪三科，亦騤騤於茲矣。祐標《法苑》，宣列《統歸》，佛云治世語言，《易》稱雜物撰德，故受之以《雜林》、《懸戒》終焉。吳江有清信士周生永肩，字安石，網羅羣籍，搜採內典文字，凡百餘帙，聞予結習，盡以相與。翻經餘晷，游目縱心，丹鉛甲乙，次第成集。採三桑於帝女，先問歐絲；伐千章於鄧林，敢忘棄杖。鉤玄纂要，非曰能之，如其折衷，以俟君子。"云云。敘後標"敬佛篇第一之一",下列目録。第一篇爲《釋迦如來成道記》唐王勃,第二篇爲《佛記叙》沈約。蓋搜採歷代文字,以文之内容爲次叙,不以撰人時代爲先後也。《敬佛篇》凡三卷。後爲《弘法篇》,亦有小叙,列目録之首,凡五卷。後爲《尊僧篇》,凡八卷。後爲《付囑篇》,凡五卷。後爲《匡正篇》,凡目存三卷。蓋皆目録也。《匡正篇》以下,當有《嚴福》、《净業》、《歸信》、《禪悦》、《雜林》、《懸戒》六篇,其叙文可證也。至尚有若干卷,則目佚不可考矣。由前推斷,必在百卷左右,方成全書。惜目録亦佚,否則書雖亡尚可據目補成也。此書首叙未署名,然可斷定爲牧齋之書者,有四證焉:文字體裁,明、清之間,獨牧齋如此,一證也。字體爲牧齋行書,二證也。周安石爲牧齋禪友,三證也。《付囑篇》首叙稱"未有如我太祖高皇帝",四證也。此書殘卷,南京圖書館尚存一二,因其無首尾,故標爲不知撰人姓名。予獲此册,不獨知一逸書,且可知爲牧齋所編,幸矣。

《穆天子傳》

《穆天子傳》,以范欽刻本爲善,今亦鳳毛麟角矣。予壬戌夏得一鈔本,半頁九行,行二十字。首行標"穆天子傳",下空一格,標"總六卷";空一格,標"古本";空一格,標"荀勖叙"。次行低二格,標"侍中中書監光禄大夫濟北侯臣勖"。三行標"領中書令議郎上蔡伯臣崎言部"。四行標"秘書主書令史譴勷給"。五行標"秘書校書中郎張宙"。六行標"郎中傅瓚校古文穆天子傳已訖,謹並第録"。七行頂格標"叙"字。八行以下爲叙文。蓋即張金吾《藏書志》所載之本也。取范刻校之,乃知范本尚不及此本之精。下有校文,從略。

《學易》

《學易》四卷,清李塨恕谷撰,一宗顏氏之學。《直隸志》及《塨傳》皆未載此書,予此書抄自原稿。恕谷曾游毛奇齡之門,而無毛氏才辨凌人之習,洵純儒也。

《華陽國志》

予向有校定《漢魏叢書》之願,以戰國諸子之後,言學術者,此爲盛時,而是書所收,已得其八九故也。然善本難得,迄未卒業。所見諸本,僅《伽藍記》、《華陽國志》爲最多。《伽藍記》前已記之。《華陽國志》通行本以廖刊爲精,以其所據者爲孫淵如所藏宋嘉泰四年李㙉刻本之過錄本也,刊時又經顧澗薲校正。故李本雖不得見,此本亦可稱善本矣。然李氏刊本,當時自叙已云:"凡一事而先後失叙、本末舛逆者,則考而正之。一意而詞旨重複、句讀錯雜者,則刊而去之。或字誤而文理明白者,則因而全之。"是知李氏所見《華陽志》已非善本、全本。而今日所見之出於李本之廖本,更經李氏刪刊而非古本矣。廖氏刊行之後,澗薲又曾復校是書於馮氏空居閣鈔本之上,前乎此者,何焯、吳翌鳳;後乎此者顧觀光,皆有校本。觀光用力尤勤,搜輯逸文,從事補綴。凡此諸校,予皆錄之。至若刻本,則吳琯本、張佳胤本,予皆校之。合諸校諸刻勘訂成書,寫定後又加校語,視廖刊似過之,然第十卷終非全璧也。

嘉靖張刊本，得之頗難，世所推重，其實最爲草率之本，第十卷中以各贊並成一處，各傳亦並成一處，既失一贊一傳之舊，而贊語或有疏漏，竟至混入傳中者，此書徒負舊刻之名，實無足取。漢魏本即自此本出，而又佚其前半，故有傳無贊，可笑也。予向求明鈔《說郛》，竟成全功。此書非得見呂大防刊本，恐終無完全之望。但各家著錄，未見呂本，懸望數年，此願未償，安得亦如《說郛》之終獲奇遇耶！

《不得已》

曆法自明季改從西算，當時主之最力者，爲徐尚書光啓。自明迄清，康熙帝殫精算學，深究其旨，不以爲忤。而學者如梨洲先生輩，亦有《回回曆假如》、《西洋曆假如》之作。蓋學術爲世所公共，但求其是，不必因其來自外國而非之也。新安楊光先於康熙三年上疏闢教，兼攻天算，著《不得已》一書，分上、下兩卷，予鈔得之。有竹汀跋云："向聞吾友戴東原說，歐羅巴人以重價購此書，即焚毀之，欲滅其迹也。今始於吳門黃氏學耕堂見之。楊君於步算非專家，又無有力助之者，故終爲彼所詘。然其詆耶穌異教，禁人傳習，不可謂無功於名教者矣。己未十月十九日，竹汀居士錢大昕題。時年七十有二。"又有蕘圃一跋，錢綺二跋。按書中講天算處，皆極陳腐，而闢教諸篇，亦僅得其皮毛，較昌黎闢佛，尤爲可笑。中國學者，往往容易下筆，自發議論，此實通病。楊氏此書，所幸在康熙中年之前，若值其已研曆算之後，恐不值帝之一笑矣。至闢教諸篇，則雖不能直抉其弊，要所謂心有餘而力不足者也。此書傳本不多，戴氏之說果可信，則當時歐羅巴人程度亦可知矣。此書雖無可研究，而湯若望實因此案以死，歷史上關係亦巨。

《禮緯含文嘉》

《禮緯含文嘉》，分《天鏡》、《地鏡》、《人鏡》三卷。《天鏡》載日月灾異，《地鏡》載地動草木禽獸之變，《人鏡》載人類變異譌言好尚之類，而城邑宮屋，亦列其中，且雜以任將、兵權、占軍氣、占暴兵、黃石公神符經等篇兵家之言。目錄後有記曰："已上《天鏡》、《地鏡》、《人鏡》，皆萬物變異，但有所疑，無不具載。天、地、人此乃三才之書，共六十篇。易名《禮緯含文嘉》，三卷。此經可授老人傳寫，勿爲易得而妄授非人，慎之戒之。紹興辛巳年十一月二十九日，東南第三正將觀察使張師禹授。"據此，則此書之名，係宋人所改，原書何名，不可知矣。各條下或有注文，皆引漢以來史事以證，灾異所引史事，至宋初止，別有硃筆注語，則皆明末灾異也。此書本極雜亂，又復改易書名，至爲可笑。然爲宋人書則無疑。

《小爾雅》

《小爾雅》，《漢書·藝文志》已著録。宋咸注而不詳，清錢唐莫栻字右張，著《廣注》四卷，博引經傳，至爲詳備。有原注者引申之，無者補之。至《廣衡》一篇，皆引戴東原氏之說，以駁原注之誤。

《毛詩名物圖説》引《字説》

《毛詩名物圖説》九卷，清徐鼎撰。其第八卷"松"下引王安石《字説》云："松，百木之長，猶公，故字從公。"第九卷"柏"下引《字説》云："柏，爲百木長，猶伯，故字從木從白。"《字説》一書，今不可見，散見宋人筆記者，如"以竹鞭馬爲篤"、"以竹鞭犬，有何可笑"、"波乃水皮，坡爲土皮"、"詩者，法度之言"、"侍者，法度之人"、"峙者，法度之山"、"痔者，法度之疾"，大率引爲笑資。然窮其歸，要爲專重形意，流於穿鑿。戊辰八月，單不庵兄下榻滬寓，相與暢談，頗思爲《字説》輯逸，此願果遂，亦一有味之舉也。同時議及者爲許、高《淮南》注一案，予成《高注三書異同》，訂一書，不及一月，不庵嘆爲神速。《字説》見於往籍者，予所憶若《毛詩名物解》二十卷，安石壻蔡卞所撰；《周禮詳解》四十卷，宋王昭禹撰，皆多引《字説》。而《考工記解》則更爲鄭宗顔輯安石《字説》所補之書，所苦滬寓無書，竟未著手。而己巳之冬，不兄竟謝世矣。他日書成，誰更相與共話甘苦耶？

《棗林外索》

談孺木先生《棗林雜俎》，已有刊本，《棗林外索》僅有傳鈔本。據其自叙，乃積累而成，未加整理。叙成於順治甲午秋七月，蓋十一年也。今檢此書，雖不分卷，然裝成三冊，冊各有目，似爲三卷。其中叙事有稱"明"者，有稱"國朝"者，前後不一,當是自明至清逐漸積成之稿本,並未刪改者也。所採事至元而止,而以"倪迂"一條終。先生之心,蓋可見矣。

《義墨堂宋朝別號錄》

《義墨堂宋朝別號錄》,存上卷。此書無叙文,首標"義墨堂宋朝別號錄上",凡裝二册。首尾無他題記,僅第二册末有《記》云:"天啓丙寅夏編,臘月十九日止。南屏山人鬱逢慶叔遇甫識。"又一行云:"除副章記臺百伍十二張。"所載人名,起張方平,止彭龜年。末有王旦、寇萊公二條,則係後人加入者。此書當爲鬱氏所著而未成者,亦逸書之一也。

《郭西小志》

《郭西小志》十七卷,清錢唐姚丹甫禮著。雖分卷而無目,且諸條混亂,亦稿本待整理之書也。

《韻語陽秋》

《韻語陽秋》二十卷,予録得一鈔本。叙後較今刻本多題記一篇,云:"伯父侍郎登紹興八年進士第,入奉常爲博士,召試三館,掌南宫牋奏及西掖詞命累年。忤權貴人,斥不用。權貴人死,復召爲郎,爲宰吏部侍郎。晚年退休於寶溪之上,謂古今詩話多矣,要須引據詳贍,反覆議論,明白示勸戒,而後有益於世,因爲《韻語》二十卷,藏於家。其後欲之者衆,閩浙間遂各鋟板。鄒承乏臨川，一日與名士會集，出示此書，咸謂板漸圮，恐不足以傳示永久，因請再刻於郡齋。若夫平日以平色立朝，被聖天子眷知之深，文檄播傳，後學矜式。與夫立身行己之大節，則詳見家傳等書，茲不復敘。特述所以著書之意云。淳熙六年冬至日，侄朝奉大夫推知撫州軍州兼管內勸農營田事葛郯謹題。"按此書據武夷徐林葛氏自敘，皆在隆興時，而沈洵敘則在乾道二年八月。敘中有"公既歿，或請其書鏤板以傳世"云云，是第一次刊本為隆興，尚在葛氏生時，即鄒記中所云"閩浙間遂各鋟板"者也。第二為乾道本。淳熙臨川之刻，乃第三次本也。今通行本不知所自出。而此鈔本獨多鄒記，其為出自淳熙本無疑。書中與今本出入處甚多，摘其大者如下：

韋應物詩擬陶淵明而作者甚多，然終不近也。《答長安丞裴稅》詩云："臨流意已淒，採菊露未晞。舉頭見秋山，萬事都若遺。"蓋效淵明"採菊東籬下，悠然見南山。此懷有真意，欲辨已忘言"之句也。然淵明遺落世務，深入理窟，但見萬象森羅，莫非真諦，故見南山而真意具焉。應物乃因意淒而採菊，因見秋山而遺萬事，其與淵明所得異矣。

杜子美《西郊》詩云"世人競來往"，或云"無人與來往"，或云"無人覺來往"，"競"、"與"皆常談，"覺"字非子美不能道也。蓋煬者避竈，有道者之所驚；今者爭席，隱者之所貴也。

作詩在於煉字，如老杜"飛星過北白，落月動沙虛"，是煉中間一字；"地坼江帆隱，天清木葉開"，是煉末句一字。《酢李都督早春詩》云"紅入桃花嫩，青歸柳葉新"，若非"入"與"歸"二字，則與兒童之詩何異。

杜牧之詩，字意多用老杜，如《觀東兵》長句云"黑矟將軍一鳥輕"，蓋用子美"身輕一鳥過"也；《游樊川》云"野竹疎還密，巖泉咽復流"，蓋用子美"微雨止還作，斷雲疎復行"也。蓋其心景服之切，則下語自然相符，非有意於蹈襲。故其論杜詩云"天外鳳凰誰得髓，無人解合續絃膠"，豈非自以為得髓者耶？東坡《贈孔毅甫》詩云："天下幾人學杜甫，誰得其皮與其骨？前生子美只君是，信手拈得俱天成。"學杜甫而得其皮骨，鮮矣，又況其髓哉！

李白《月下獨酌》詩云："舉杯邀明月，對影成三人。"而賈島《玩月》詩亦云："但愛松傍月，我傍松為三。"

唐竇常、牟、羣、庠、鞏兄弟五人，四人擢進士，獨羣客隱毘陵，因韋夏卿屢薦始入仕，皆詩人也。牟晚從昭義盧從史，從史寢驕，牟度不可諫，即移疾歸東都，故其《秋夕閒居》詩云："葉葉辭巢蟬蛻枝，窮居積雨壞藩籬。"羣嘗為黔中觀察使，其詩云："佩刀看日曬，賜馬傍江調。言語多重譯，壺觴每獨謠。"而鞏詩中乃有《自京師將赴黔南》之作，所謂"風雨荊州二月天，問人初雇峽中船。西南一望雲和水，猶道黔中有四千"。此詩疑羣所作，而誤置鞏集中爾。常歷武陵、夔、江、撫四州刺史，所謂"看春又過清明節，算老重經癸巳年"者，得之武陵到松滋渡之所作也。庠書不多見，其《巡內》一絕云："愁雲漠漠草離離，太掖勾陳處處疑。薄暮毀垣春雨里，殘花猶發萬年枝。"造句亦可謂秀整矣。兄弟中獨羣詩稍低，又不得舉進士，而位反居上。鞏有《放魚》詩云："好去長江千萬里，不須辛苦上龍門。"豈非為羣而言乎？史載鞏平居與人言，若不出口，世號囁嚅翁，乃肯為是耶？

以上各條，今本自"韋應物"條"答長"二字下皆脫，而接以"唐寶常"條"豈非爲羣而言乎"云云，中間奪去四條有奇。卷八"荆公作商鞅詩"條，鈔本結處作"則知前篇有激而云然爾。世人不知，遂以爲荆公真取商鞅，可付一笑也"。較今刊本作："杜子美云：'舜舉十六相，身尊道何高。秦時用商鞅，法令如牛毛。'則知所去取矣"云云爲佳。卷十"陳澤奉親至孝"條，作"'種竹堂疑出冬笋，開池故合涌寒泉'，蓋不特詠堂前景物，而孝感之事實寓焉，出冬笋暗用"云云，而今本脫"開池"云云二十三字。卷十七"古今詩話"條，"是靈於人而不靈於己也"下有"小說載吳子季病瘧，而瘧鬼化爲黃鶴；張安病瘧，而瘧鬼化爲鵂鶹。其說雖涉怪誕，然韓愈有《譴瘧鬼》詩，孫樵有《逐瘧鬼》文，蓋有指而云也"五十三字。卷十九自"冬至一百有五日"條，作"特敕宮中許然燭一百六，在清明之前，寒食之後。是時店舍已無烟，而宮中然燭"云云，校今本自"許然燭"下多二十四字。而卷十八"王介甫、蘇子瞻皆爲歐陽文忠公所取"條後，今本有"郭子稱學作小詩"一條，此鈔本全奪。疑此鈔本蓋出自淳熙刊本也。

卷 五

《南遷録》

《南遷録》,金通直郎秘書省著作郎騎都尉賜緋張師顔撰,後有大德丙午良月浦元玠跋。跋中有云:"此大金秘書省文字。"又云:"後因《金國志》刊行,與此書較之,事語頗同。而人君年號,俱各殊異,未審其孰然。以元玠之管見,當時南遷,張秘書親隨乘輿,晨夕執筆侍側,而其所記之書,豈其差舛?《金志》非本國士於南官進宋之書,中間或有誤焉,未可知也。"云云。復有至正戊戌重録此書一跋。按書中所叙世宗三子:長允升,次允猷,次允植。允植爲二兄所害,遂立其子爲太孫,是謂章宗。被弑,立世宗子磁王允明爲皇太叔,於七月八日即位,十五日被弑,謚爲昭宗。立濰王允文,是謂德宗。死,立淄王允懷,是謂宣宗,遷都於汴。其世次與《金史》不同。趙與旹《賓退録》以僞攻之,一因其官爲"通直郎",虜無此階;二因其世系不符;三因其稱"忠獻王罕"、"忠烈王術",不稱"宗維"、"宗弼"。然金之無此官階,趙氏所據者爲《士民須知》一書,此係坊間雜用之書,未可據爲定論。稱小字不稱名,更難作爲真僞之確證。獨世系不符,頗屬疑問。陳振孫《書録解題》,亦斷爲僞作,且以爲華岳所作。《四庫》存目則亦引二家之説,而以世系一事爲最重要,且云:"今觀其書,所言亂金國者,章宗、大辨，皆趙氏所自出。又謂'大辨初生，其母夢一人乘馬持刀，稱南紹興主遣來'云云，蓋必出於宋人雪憤之詞，而又假造事實以證佐之，故其抵牾不合如此。"其上文又云："鄭王允蹈誅死絕後，不聞有愛王大辨其人。"今按此書果爲宋人雪憤之作，則敘述守燕、遷汴之事，不應如是詳盡。且二人雖宋女所出，然瀆亂宮闈，事實可恥，何憤之雪？況大辨結蒙古南侵，明楊循吉所撰《遼小史》卷七注中曾引之，注云："時璟殺愛王大父允蹈，允蹈之子辨，結蒙古人叛於和龍。"觀此，可見大辨非無其人矣。昭宗登位僅數日，《金史》成於異代，又安能詳耶？否則僞撰一書，何必多此枝葉，爲世人攻擊之資也。予故以浦氏之說爲近似，而諸家之說實不免於武斷。

《弔伐錄》

《弔伐錄》一書，係採天輔七年迄於天會，與宋、遼、楚、齊書問詔表彙合而成。其中"天會六年正月差劉豫節制諸路總管安撫曉告諸處"文字一篇，實爲封齊張本，《僞齊錄》中遺之不載，似嫌疏忽。

《野處類稿》

《野處類稿》，予錄一舊鈔本，後附集外詩十首：《寄題分繡閣》、《送制置使王剛中》、《車駕幸玉津園晚歸進詩》、《王龜齡王嘉叟木蘊之同過小園》、《用郡圃植花韻》、《送楊簡遷國子博士》、《朝天菊》、《與葉晦叔同考校諸生鎖宿貢院作》、《上清宮和朱子淵石柏詩》、《宣鎖》。凡此諸詩,《四庫》本所無也。

《唐李推官披沙集》

《唐李推官披沙集》六卷,宋刊本。前有紹熙四年十一月既望誠齋野客廬陵楊萬里叙,叙後一行云"臨安府棚北大街陳宅書籍鋪印行"。半頁十行,行十八字。此書向爲鄧氏羣碧樓所藏,與《碧雲》、《羣玉》二集,同其聲價。戊辰冬,鄧氏之書盡歸中央研究院收買,曾一摩挲,三集蓋收藏一匣中也。予影此書未及十年,而原書已易主矣,爲之三嘆。

《金陵新樂府》《獨秀峰題壁詩》

《金陵新樂府》五十首,江寧馬鶴船明經撰。《獨秀峰題壁詩》三十首,柳州舉人張戟臣撰。皆記洪楊時遺事,而《新樂府》記官軍之弊尤多,予鈔裝一册。

《說 郛》

《說郛》一百卷,明陶宗儀纂。今世通行本爲一百二十卷,乃清順治丁亥姚安陶珽編次,其中錯誤,指不勝屈。如《四庫目録》所載,《春秋緯》九種之後,別出一《春秋緯》;《青瑣高議》之外,別出一《珩璜新論》;周密之《武林舊事》分題九部;段成式《酉陽雜俎》別立三名;陳世崇之《隨隱筆記》詭標二目。又王逵《蠡海集》,其人於宗儀爲後輩;《雜事秘辛》出楊慎,而其書並列集中。凡此各條,《四庫》所言,已足證明非南村原本,而揉雜竄亂之,可笑矣。乾嘉前輩往往嘆息於《說郛》之亡,亡於剞劂,豈不諒哉！自民國八年冬,主京師圖書館事,得見館中殘本明鈔《說郛》,持校刻本,則《雲谷雜記》一種,刻本亦標三名：一標《雲谷雜記》；一以"壽山艮嶽"一條,標《艮嶽記》；一則以"聯句所始"等二十五條,別爲《東齋記事》,而云"宋許觀撰"。杜撰書名,僞標作者,則其他更何足言。由是發願欲還南村之舊,然非明鈔本則不足據,明鈔又不可多覯。既遇之矣,又皆非全帙,且錯簡脫文,不一而足,私心以爲必無望矣。然遇明鈔,則缺者必借鈔,重者必借校,閱今六年,竟成全書。其中字句,不敢臆改,非據善本,則必以鈔本校鈔本,擇其善者而從之。今已竣事,敢舉其大者,以告世之同好者。《事始》、《續事始》,世無傳本,一善也。此二種舉其大者,其餘小種尚多。《雲谷雜記》雖非全本,然較武英殿本,已多二十餘條。《意林》世所傳皆五卷本,此書所收爲六卷本,二善也。《老學菴續筆記》有目無書久矣,《四庫》各閣皆無,此獨有之,三善也。至於各子,佳字尤多。既還南村之舊,奚敢秘爲己物。爰付剞劂,用補先輩之憾云。海寧張宗祥記。

　　此書凡集明鈔本六種,始成完璧。一爲京師圖書館殘卷,第三、第四、第二十三至三十二。無年號,藍格白棉紙,書極高大,似隆萬間寫本。一爲江安傅沅叔先生藏本。沅叔先生之書,係彙明鈔本三種而成：一洪武間鈔本,一弘農楊氏鈔本,一叢書堂鈔本。書本不全,書估挖填割裂卷首尾,湊足百卷,凡予所鈔墨筆卷數,未經朱校,有與目錄所載不符者,皆是移上作下,移前補後,極割裂之能事矣。其中以洪武鈔爲最舊,書之前後各條，錯簡至多，推測可知係自南村稿本錄出。而稿本則必係褰衣式，脫落之後，後人隨便粘貼，故有此誤。洪武鈔與楊氏鈔本，書後皆有題記，叢書堂則板心有此三字，與通常所見叢書堂鈔本正同。一爲涵芬樓藏本，似係萬曆鈔本，未缺各卷，每數卷前有目錄。今之目錄，即從此本寫定者。至第二十二卷，第八十六卷至第九十六卷，則五種明鈔皆缺。聞孫仲容先生玉海樓中所藏亦有《說郛》殘卷，曾切訪之，不得要領，以爲此生難遇矣。壬戌秋，奉命督浙學。臨行，沅叔先生餞之娛萊室，案頭有書估攜來之明鈔《說郛》，檢閱一過，缺卷皆在。匆匆南下，不及借鈔。沅叔先生至浙觀潮，竟攜至南方見假，得成全書。盛情高誼，感何可言！壬戌冬，宗祥記。

　　此予印《說郛》時二記也。印成後，知台州圖書館尚有六十卷，亦明鈔本。王子莊先生曾爲題記，且目錄亦全，但未寓目，不敢斷定爲何時寫本。《說郛》一書，至此可以告一結束。然昔人有以此書爲僅七十卷者，據楊維楨敘則爲百卷，而予所見明鈔目錄亦百卷。則百卷之說，似無可疑。獨自七十一卷至百卷三十卷中，所收之書，與《百川學海》大半相同。昔人遂疑爲南村之書，僅止七十。七十而後，後人所益。以予考之，八十四卷中有《錢譜》，九十七卷中有《勸善錄》。《勸善錄》爲仁孝皇后所撰書，刊行於永樂時。《錢譜》中所收國朝寶鈔：一、洪武通寶，二、大明通行寶鈔，三、永樂通寶，計共三種，則此書成於永樂時矣，實與南村生卒年月不符。故七十卷之後，凡書三十卷，雖皆明鈔，予亦不能認爲南村原輯也。或者原書早逸，明人隨意取他書補綴，以成百卷之數乎？此重公案，何時再得剖明，非盡獲洪武鈔本則無望矣。

又《錢譜》世人以爲董逌撰者，亦誤。書中引董氏之説及引董氏《錢譜》者數見，蓋著者猶及見董氏之書而引用之，此譜則非董氏之譜也。以引用董語，誤爲董撰，真張冠李戴矣。

台州《説郛》王跋，嗣得其後人鈔寄。跋云："陶氏《説郛》諸家俱稱百卷，惟都印《三餘贅筆》稱本七十卷，後三十卷乃松江人取《百川學海》諸書足之。《四庫提要》疑印時原書殘缺，僅存七十卷。《簡明目録》直謂原書一百卷，後佚三十卷。宏治中，上海郁文博仍補爲一百卷。今案郁氏叙稱：'《説郛》百卷，余初未見。成化辛丑，借録於龔氏家。字多譌缺，兼有重出與當併者。'並無佚去三十卷，所見僅七十卷之説，且言：'已編入《百川學海》者六十三事，《學海》盛行於世，不宜存此，徒煩人録。於是以其編入並重出者盡删去之。當併者併之，字訛者正之，缺者補之，仍編爲一百卷。'是郁氏所見本有缺字，非缺卷。删去已見《學海》者，非取《學海》諸書足之。與都印之言適相反也。至順治丁亥，陶珽所編百二十卷本，已見《學海》者凡八十餘種，是雜取諸書增益，不第非南村原本，亦非郁氏訂本矣。近得汲古閣舊藏明鈔六十卷本，以百廿卷刻本校之，非僅卷數不同，即編次亦異。鈔本每卷有大題，有小目，小目則所採諸書之名，大題則撮舉諸書之名，而括以一二字也。如卷第一至十四《玉潤雜書》等四十種，皆題曰'叢書'。第十五、六《相鶴經》等十種，題曰'經'。第十七、八《諧史》等五種，題曰'史'。第十九至廿《却掃編》等七種，題曰'編'。第廿一至廿三《桐譜》等六種，題曰'譜'。第廿四至廿六《浩然齋意鈔》等五種，題曰'鈔'。第廿七、八《坦齋筆衡》等七種，題曰'筆記'。第廿九《游官紀聞》等五種，題曰'紀聞'。第卅《戎幕間談》等十種,題曰'談'。第卅一《行都紀事》等六種,題曰'紀事'。第卅二、三《隋唐嘉話》等十一種,題曰'話'。第卅四題'經子法語',乃洪邁摘集,其目則《易》、《書》、《詩》、三《禮》、《穀梁》、《公羊》、《孟子》。第卅五題'古典錄略',亦洪邁摘集,其目則《三墳書》等廿五種;又題'讀子隨識',其目則《晏子春秋》等廿四種。第卅六題'諸傳摘元',其目則《神仙傳》等廿二種。第卅七爲《商芸小說》、《孔氏雜說》,題曰'說'。第卅八、九爲《徂異志》等卅一種,題曰'志'。第四十至四十七皆題曰'記',然前二卷又題曰《墨娥漫錄》,蓋《風土記》等五十八種,皆據《墨娥漫錄》所載。至《西京雜記》以下十五種,其自採錄也。第四十八至五十八,皆題曰'錄'。然四十八又題曰'談墨',蓋此卷《明皇雜錄》等十六種,皆據《談墨》所載,其餘《東皋雜錄》等四十四種,則自採錄也。惟五十九爲《遂初堂書目》,六十爲《遂初堂藏書別目錄》,則無大題。其'叢書'中如《野客叢書》,如《廣知》,如《虞廷事實》,如《談選》,如《唐知》,如《桃源手聽》,如《東坡手澤》;'經'中如《促織經》、《打馬經》;'史'中如《塵史》、《盧氏逸史》;'編'中如《却掃編》;'譜'中如《漁陽石譜》、《宣和石譜》;'鈔'中如《浩然齋意鈔》;'筆記'中如《坦齋筆衡》、《夢溪筆談》;'紀聞'中如《松漠紀聞》;'古典略'中如《尚書大傳》、《五經要義》、《春秋漢含孳》、《春秋考異節》、《吳越春秋》、《九州春秋》;'諸傳摘元'中如《神仙傳》、《仙傳拾遺》、《王氏神仙傳》、《高士傳》、《高僧傳》、《名臣傳》、《烈士傳》、《扶風傳》、《杜蘭香別傳》、《韓詩外傳》;'志'中如《異物志》、《華陽國志》、《西域志》、《陳留志》、《名山志》、《博物志》、《續博物志》、《明道雜志》、《清波別志》;"記"中如《墨娥漫錄》

所採之《會稽記》、《秦州記》、《秦中記》、《齊地記》、《豫章記》、《襄陽記》、《西京記》、《廬山記》、《青城山記》、《嵩高山記》、《華山記》、《羅浮記》、《西征記》戴延之、《北征記》、《燕北雜記》、《述古異記》、《冥神記》、《玉箱雜記》、《洞冥記》、《東方朔記》、《法顯記》、《博物記》、《朝野雜記》。其自採者，如《西征記》羅襄、《朝野遺記》；'錄'中如《談叢》所載之《明皇雜錄》、《幽冥錄》、《紀異錄》、《使遼錄》、《談賓錄》、《談錄》、《胡氏見聞錄》、《異聞錄》、《松窗雜錄》。其所自採者，如《江南錄》、《江南別錄》、《靈怪錄》、《韓忠獻公別錄》、《劇談錄》、《北風揚沙錄》、《邵氏聞見錄》、《隨意漫錄》、《北戶錄》、《聞錟錄》、《雲仙散錄》，以及《經子法語》、《讀子隨識》等，皆百廿卷刻本所未載。至刻本有而此本無者，凡八百六十餘種。若撰人名氏之異同，如《讀書隅見》，刻本題'宋闕名'，而此作'宋鄭秉'；《愛日叢鈔》刻本題'宋葉氏'而闕其名，此作'葉適'；《碧湖雜記》刻本題'宋謝枋得'，此作'蔡采之'，注云'臨江人'；《商芸小説》刻本題'唐闕名'，此本作'齊殷芸'；《鷄林志》刻本闕名，此作'宋王雲'，似皆此本爲得其實。竊疑此乃陶南村原本，或是當日初稿，其後有所增益，廣爲百卷耳。惟俗手所鈔，誤字如麻，校過者僅數卷。其第廿卷有毛斧季朱書跋語，云：'此本《説郛》，與世行本迥異，所未詳也。其二十卷載《鷄肋編》，紕繆百出，幾不可讀。家藏有元人王元伯手鈔本，取而校之，改正如右。然挂漏尚多，未能盡除也。歲在庚寅重陽前四日，虞山毛扆識。時年七十有一。'其書後歸皖人馬玉堂，有笏齋藏本印章。同治間，復爲吾鄉王六潭太守所得，今歸九峰名山閣。予略閱一過，爲記其梗概。丁巳閏月。"

又朱修伯云："浙東有一舊鈔本，尚是南村原本，刊本不足憑。又明人有書帕本，往往刷印此書數十種，即稱其所刊，余嘗見《唐宋叢書》即是也。"又孫貽讓云："王子常購得汲古閣鈔本《說郛》六十卷，有毛斧季校語。予辛未在京寓見之，與俗本迥異。"

宗祥案：朱、孫二先生之言，皆指台州《說郛》，而王先生之跋，獨爲詳盡。是台本即爲汲古閣鈔本，而毛氏曾爲校訂者。就現在所見各種明鈔《說郛》而言，七十卷之後，所採者與《百川學海》相同至多。且一書兩收，一事重載，未刪未併，前後錯出，與郁氏叙文所云正相符合，而與郁氏刪併編訂之言，則不相類。蓋郁氏之本，當爲就南村原書重加編定者，故叙中有"仍編爲一百卷"之言。然郁本今不復見，予所見之明鈔，皆未刪未併，非郁氏定本，故與郁氏之言相抵牾如此也。《四庫目錄》之言，自不足信。都印疑後三十卷爲松江人所補，不舉《錢譜》、《勸善錄》二書，以時代爲證，而專指其與《學海》所收相同，亦未爲鐵據。至台州本，據王氏所跋，校其目錄，又與所見明鈔大不相符。如第一卷明鈔爲《經子法語》，而台本爲《玉潤雜書》等。十七、十八卷爲《希通錄》等，而台本乃列《諧史》等。《却掃編》在十四卷，而台本乃在十九。二十一至二十三爲《隋唐嘉話》、《清波雜志》、《賓退錄》等，而台本乃列《桐譜》。二十四至二十六爲《孔氏雜說》、《小說》、《宣政雜錄》等，而台本乃列《浩然齋意鈔》等。二十七、八爲《雲仙散錄》、《遂初堂書目》等，而台本乃列《垣齋筆衡》等。二十九《桃源手聽》等，而台本乃列《宦游紀聞》等。三十《蜀道征討比事》等，而台本乃列《戎幙閒談》等。三十一《紫微雜記》等，而台本乃列《行都紀事》等。三十二、三《遯齋閒覽》等,而台本乃列《隋唐嘉話》。三十四《春明退朝錄》等,而台本乃列《經子法語》。三十五《畵關錄》等,而台本乃列《古典錄略》。三十六《酉陽雜俎》等,而台本乃列《諸傳摘元》。三十七《揮麈錄》等,而台本乃列《商芸小説》、《孔氏雜説》。三十八、九《綠珠傳》、《侯鯖錄》等,而台本乃列《徂異志》等。四十至四十七爲《友會談叢》、《宣室志》、《山水純全集》、《宣靖妖化錄》、《禮範》、《錢氏私志》、《松窗雜錄》、《公孫龍子》等,而台本乃列《墨娥漫錄》等。四十八至五十八爲《聲隅子歔欷瑣微論》、《唾玉集》《識遺》、《豫章古今記》、《北邊備對》、《鈎玄》、《文子》《通玄真經》、《聖武親征錄》、《安雅堂酒令》、《鯨背吟集》、《江表志》等,而台本乃列《東皋雜錄》等。五十九、六十爲《史記法語》、《五代新説》等,而台本乃列《遂初堂書目》、《遂初堂藏書別目錄》。百卷本所收書計六百十餘種之多,而台本總計不及二百八十種,且所收各書,分卷無一同者。《遂初堂藏書別目錄》,百卷本實未見其書,則毛跋所云"與世行本迥異者",其説信矣。蓋毛氏所見世行本,雖非百二十卷本,要爲百卷本,可無疑也。台本鈔在百卷本之後,又以所收各書,分類標大題以別之。意必明人偶得不全之本,重爲編排,王氏跋謂南村原本之説,蓋未可信也。

《四庫》南三閣

《四庫》首僅文淵、文源、文津、文溯四閣,見乾隆四十七年七月皇六子多羅質郡王永瑢等進書表,同年月奉旨:"再繕三部,分貯揚州大觀堂之文滙閣,鎮江口金山寺之文宗閣,杭州聖因寺行宮之文瀾閣。"閣名皆仍其舊，故文宗獨異於他閣，不從水旁。後三閣發內帑銀僱覓書手繕寫，與前四閣凡謄錄者自備資斧、五年期滿給予議敘之辦法不同。四十九年二月，又有"將來全書繕竣，分貯三閣。如有願讀中秘書者，許其陸續領出，廣爲傳寫"之旨。然三閣告成，皆在嘉慶時矣，與文溯閣書皆鈐"太上皇帝之寶"不同，此可證也。全書凡三萬六千册。計經部十類，六百九十五部，一萬二百十四卷，二十架，九百六十函。史部十五類，五百四十六部，二萬一千三百五十九卷，三十三架，一千五百八十四函。子部十四類，九百三十部，一萬七千五百六十六卷，二十二架，一千五百八十四函。集部五類，一千二百八十部，二萬六千七百五十七卷，二十八架，二千十六函。

《四庫》出自《大典》者

《四庫》書自《永樂大典》輯出者，今列舉如下：《周易口訣義》六卷，唐史徵撰。《溫公易說》六卷，宋司馬光撰。《易學辨惑》一卷，宋邵伯溫撰。《讀易詳說》十卷，宋李光撰。《周易窺餘》十五卷，宋鄭剛中撰。《易變體義》十二卷，宋都絜撰。《易原》八卷，宋程大昌撰。《厚齋易學》五十二卷，宋馮椅撰。《周易詳解》十六卷，宋李杞撰。《讀易舉要》四卷，宋俞琰撰。《易纂言外翼》八卷，元吳澄撰。《易精蘊大義》十二卷，元解蒙撰。《易學變通》六卷，元曾貫撰。《乾坤鑿度》一卷，《周易乾鑿度》二卷，《易緯稽覽圖》二卷，《易緯辨終備》一卷，《易緯通卦驗》二卷，《易緯乾元序制記》一卷，《易緯是類謀》一卷，《易緯坤靈圖》一卷。右易類共一百六十六部,出《大典》者二十一部。

《洪範口義》二卷,宋胡瑗撰。《尚書全解》四十卷,宋林之奇撰。《禹貢指南》四卷,宋毛晃撰。《禹貢論》五卷,《後論》一卷,《山川地理圖》二卷,宋程大昌撰。《尚書講義》二十卷,宋史浩撰。《尚書詳解》二十六卷,宋夏僎撰。《禹貢説斷》四卷,宋傅寅撰。《五誥解》四卷,宋楊簡撰。《尚書精義》五十卷,宋黃倫撰。《融堂書解》二十卷,宋錢時撰。《洪範統一》一卷,宋趙善湘撰。右書類五十八部,出《大典》者十一部。

《慈湖詩傳》二十卷,宋楊簡撰。《續呂氏家塾讀詩記》三卷,宋戴溪撰。《絜齋毛詩經筵講義》四卷,宋袁燮撰。《毛詩講義》十二卷,宋林岊撰。《詩纘緒》十八卷,元劉玉汝撰。右詩類六十三部,出《大典》者五部。

《周禮新義》十六卷,附《考工記解》二卷,宋王安石撰。《周官總義》三十卷,宋易祓撰。《周官集傳》十六卷,元毛應龍撰。右禮類《周禮》之屬二十二部,出大典者三部。

《儀禮識誤》三卷,宋張淳撰。《儀禮集釋》三十卷,宋李如圭撰。右禮類儀禮之屬二十二部,出《大典》者二部。

《大戴禮記》十三卷,漢戴德撰。右禮類《禮記》之屬二十部,出《大典》者一部。

《春秋釋例》十五卷,晉杜預撰。《春秋傳説例》一卷,宋劉敞撰。《春秋辨疑》四卷,宋蕭楚撰。《春秋例要》一卷,宋崔子方撰。《春秋通訓》六卷,宋張大亨撰。《春秋考》十六卷,宋葉夢得撰。《春秋讞》二十二卷,宋葉夢得撰。《春秋集注》四十卷,宋高閌撰。《春秋左氏傳續説》十二卷,宋呂祖謙撰。《春秋講義》四卷,宋戴溪撰。《春秋集義》五十卷,《綱領》三卷,宋李明復撰。《春秋說》三十卷,宋洪咨夔撰。《春秋三傳辨疑》二十卷,元程端學撰。右春秋類一百十五部,出《大典》者十三部。

《孝經述注》一卷,明項霦撰。右《孝經》類十一部,出《大典》者一部。

《曾孟辨》三卷,《續辨》二卷,《別錄》一卷,宋余允文撰。《蒙齋中庸講義》四卷,宋袁甫撰。右四書類六十三部,出《大典》者二部。 《韶舞九成樂譜》一卷,元余載撰。《律呂成書》二卷,元劉瑾撰。右樂類二十一部,出《大典》者二部。

《切韻指掌圖》一卷,附《檢例》一卷,宋司馬光撰。右小學類韻書之屬三十三部,出《大典》者一部。

《舊五代史》一百五十卷,目錄一卷,宋薛居正等撰。《五代史記纂誤》三卷,宋吳鎮撰。右正史類三十七部,出《大典》者二部。

《中興小紀》四十卷,宋熊克撰。《續資治通鑑長編》五百二十卷,宋李燾撰。《建炎以來繫年要錄》二百卷,宋李心傳撰。《西漢年紀》三十卷,宋王益之撰。《兩朝綱目備要》十六卷,不著撰人姓名。右編年類三十八部,出《大典》者五部。

《東觀漢紀》二十四卷,漢明帝時修。《續後漢書》九十卷,元郝經撰。右別史類二十部,出《大典》者二部。

《咸淳遺事》二卷,不著撰人姓名。《汝南遺事》四卷,元王鶚撰。右雜史類二十二部,出《大典》者三部。 《讜論集》五卷,宋陳次升撰。右詔令奏議類二十九部,出《大典》者一部。

《魏鄭公諫續錄》二卷,元翟思忠撰。右傳記類名人之屬十三部,出《大典》者一部。

《慶元黨禁》一卷，不著撰人姓名。《京口耆舊傳》九卷，不著撰人姓名。《唐才子傳》八卷，元辛文房撰。右傳記類總錄之屬三十六部，出《大典》者三部。

《鄴中記》一卷，晉陸翽撰。《蠻書》十卷，唐樊綽撰。《江南餘載》一卷，不著撰人姓名。右載記類二十二部，出《大典》者三部。

《水經注》四十卷，魏酈道元撰。《治河圖略》一卷，元王喜撰。右地理類河渠之屬二十二部，出《大典》者二部。

《嶺表錄異》三卷，唐劉恂撰。《嶺外代答》十卷，宋周去非撰。右地理類雜記之屬二十九部，出《大典》者二部。

《河朔訪古記》二卷，元納新撰。右地理類游記之屬三部，出於《大典》者一部。

《諸蕃志》二卷，宋趙汝適撰。右地理類外紀之屬六部，出《大典》者一部。

《麟臺故事》五卷，宋程俱撰。《南宋館閣錄》十卷，《續錄》十卷，宋陳騤撰。右職官類官制之屬十五部，出《大典》者二部。

《州縣提綱》四卷，不著撰人姓名。右職官類官箴之屬六部，出《大典》者一部。

《宋朝事實》二十卷，宋李攸撰。右政書類通志之屬九部，出《大典》者一部。

《漢官舊儀》一卷，《補遺》一卷，漢衛宏撰。《大金德運圖說》一卷，金貞祐二年尚書省集議之案牘也。《廟學典禮》六卷，不著撰人姓名。右政書類儀制之屬二十四部，出《大典》者三部。

《營造法式》三十四卷,宋李誠奉敕撰。右政書類考工之屬二部,出《大典》者一部。

《直齋書錄解題》二十二卷,宋陳振孫撰。右目錄類經籍之屬十一部,出大典者一部。《寶刻類編》八卷,不著撰人姓名。右目錄類金石之屬三十六部,出《大典》者一部。

《經幄管見》四卷,宋曹彥約撰。《舊聞證誤》四卷,宋李心傳撰。右史評類二十部,出《大典》者二部。

《傅子》一卷,晉傅元撰。《戒子通錄》八卷,宋劉清之撰。《知言》六卷,附錄一卷,宋胡宏撰。《明本釋》三卷,宋劉荀撰。《少儀外傳》二卷,宋呂祖謙撰。《項氏家説》十卷,附錄二卷,宋項安世撰。《準齋雜説》二卷,宋吳如愚撰。《朱子讀書法》四卷,宋張洪、齊熙編。《家山圖書》一卷,不著撰人姓名。右子部儒家類一百十二部,出《大典》者九部。

《折獄龜鑑》八卷,宋鄭克撰。右法家類八部,出《大典》者一部。

《農桑輯要》七卷,元至元十年官撰。《農桑衣食撮要》二卷,元魯明善撰。《農書》二十二卷,元王楨撰。右農家類十部,出《大典》者三部。

《顱顖經》二卷,不著撰人姓名。《博濟方》五卷,宋王袞撰。《蘇沈良方》八卷,宋沈括撰。《脚氣治法總要》二卷,宋董汲撰。《旅舍備要方》一卷,宋董汲撰。《傷寒微旨》二卷,宋韓祗和撰。《全生指迷方》四卷,宋王貺撰。《衛生十全方》三卷,《奇疾方》一卷,宋夏德撰。《衛濟寶書》二卷,題東軒居士撰。《太醫局程文》九卷,不著編輯者姓名。《産育寶慶方》二卷,不著撰人姓名。《集驗背疽方》一卷,宋李迅撰。《濟生方》八卷,宋嚴用和撰。《產寶諸方》一卷，不著撰人姓名。《救急仙方》六卷，不著撰人姓名。《瑞竹堂經驗方》五卷，元沙圖穆蘇撰。右醫家類九十七部，出《大典》者十六部。

《周髀算經》二卷，《音義》一卷，《原本革象新書》五卷，元趙友欽撰。右天文算法類推步之屬三十一部，出《大典》者二部。

《九章算術》九卷，不著撰人姓名。《孫子算經》三卷，不著撰人姓名。《海島算經》一卷，晉劉徽撰。《五曹算經》五卷，不著撰人姓名。《夏侯陽算經》三卷，夏侯陽撰。《五經算術》五卷，北周甄鸞撰。《數學九章》十八卷，宋秦九韶撰。《益古演段》二卷，元李冶撰。右天文算法類算書之屬二十五部，出《大典》者八部。

《皇極經世索隱》二卷，宋張行成撰。《皇極經世觀物外篇衍義》九卷，宋張行成撰。《大衍索隱》三卷，宋丁易東撰。右術數類數學之屬六部，出《大典》者三部。

《李虛中命書》三卷，鬼谷子撰。《玉照定真經》一卷，晉郭璞撰。《徐氏珞琭子賦注》二卷，宋徐子平撰。《三命指述賦》一卷，宋岳珂補注。《星命總括》三卷，遼耶律純撰。《月波洞中記》二卷，原題老子撰。《玉管照神局》三卷，南唐宋齊邱撰。《太清神鑒》六卷，後周王樸撰。《人倫大統賦》一卷，金張行簡撰。右術數類命書相書之屬十四部，出《大典》者九部。

《寶真齋法書贊》二十八卷，宋岳珂撰。《竹譜》十卷，元李衎撰。《衍極》二卷，元鄭杓撰。右藝術類書畫之屬七十三部，出《大典》者三部。

《宣和北苑貢茶錄》一卷，附《北苑別錄》一卷，宋熊蕃撰。

《別錄》趙汝礪撰。右譜錄類"飲饌"之屬十部,出《大典》者一部。

《金樓子》六卷,梁孝元皇帝撰。右雜家類雜學之屬二十二部,出大典者一部。

《蘇氏演義》二卷,唐蘇鶚撰。《雲谷雜記》四卷,宋張淏撰。《甕牖閑評》八卷,宋袁文撰。《坦齋通編》一卷,宋邢凱撰。《考古質疑》六卷,宋葉大慶撰。《潁川語小》二卷,宋陳昉撰。《愛日齋叢鈔》五卷,不著撰人姓名。右雜家類雜考之屬五十七部,出《大典》者七部。

《風俗通義》十卷,附錄一卷,漢應劭撰。《呂氏雜記》二卷,宋呂希哲撰。《石林燕語考異》十卷,宋葉夢得撰,《考異》宇文紹奕撰。《常談》一卷,宋吳箕撰。《密齋筆記五卷》,《續筆記》一卷,宋謝采伯撰。《澗泉日記》三卷,宋韓淲撰。《琴堂諭俗編》二卷,宋鄭至道撰,彭仲剛續,元應俊補。《敬齋古今黈》八卷,元李冶撰。《日聞錄》一卷,元李翀撰。右雜家類雜說之屬八十七部,出《大典》者計九部。

《言行龜鑑》八卷,元張光祖撰。右雜家類雜纂之屬十部,出《大典》者一部。

《古今同姓名錄》二卷,梁孝元皇帝撰,唐陸善經續,元葉森補。《元和姓纂》十八卷,唐林寶撰。《竇賓錄》十四卷,宋馬永易撰。《古今姓氏書辨證》四十卷,宋鄧名世撰。《帝王經世圖譜》十六卷,宋唐仲友撰。右類書類六十七部,出大典者五部。

《金華子》二卷,南唐劉崇遠撰。《賈氏談錄》二卷,宋張洎撰。《東齋記事》六卷,宋范鎮撰。《珍席放談》二卷,宋高晦叟撰。《唐語林》八卷，宋王讜撰。《萍洲可談》三卷，宋朱彧撰。《高齋漫錄》一卷，宋曾慥撰。《張氏可書》一卷，宋張知甫撰。《步里客談》一卷，宋陳長方撰。《東南紀聞》三卷，不著撰人姓名。右小説家類雜事之屬八十六部，出《大典》者十部。

《江淮異人錄》二卷，宋吳淑撰。右小説家類異聞之屬三十二部，出《大典》者一部。

《文子纘義》十二卷，宋杜道堅撰。右道家類四十四部，出《大典》者一部。

《逍遥集》一卷，宋潘閬撰。《南陽集》六卷，宋趙湘撰。《文莊集》三十六卷，宋夏竦撰。《宋元憲集》四十卷，宋宋庠撰。《宋景文集》六十二卷，補遺二卷，附錄一卷，宋宋祁撰。《文恭集》五十卷，補遺一卷，宋胡宿撰。《祠部集》三十六卷，宋强至撰。《金氏文集》二卷，宋金君卿撰。《公是集》五十四卷，宋劉敞撰。《彭城集》四十卷，宋劉攽撰。《華陽集》六十卷，附錄十卷，宋王珪撰。《都官集》十四卷，宋陳舜俞撰。《郧溪集》三十卷，宋鄭獬撰。《净德集》三十卷，宋呂陶撰。《忠肅集》二十卷，宋劉摯撰。《王魏公集》八卷，宋王安禮撰。《濟南集》八卷，宋李廌撰。《畫墁集》八卷，宋張舜民撰。《陶山集》十四卷，宋陸佃撰。《雲溪居士集》三十卷，宋華鎮撰。《潏水集》十六卷，宋李復撰。《學易集》八卷，宋劉跂撰。《西臺集》二十卷，宋畢仲游撰。《北湖集》五卷，宋吳則禮撰。《溪堂集》十卷，宋謝逸撰。《日涉園集》十卷，宋李彭撰。《灌園集》二十卷，宋呂南公撰。《攡文堂集》十五卷，附錄一卷，宋慕容彦逢撰。《襄陵集》十二卷，宋許翰撰。《東堂集》十卷，宋毛滂撰。《浮沚集》八卷，宋周行己撰。《竹隱畸士集》二十卷，宋趙鼎臣撰。《洪龜父集》二卷,宋洪明撰。《跨鼇集》三十卷,宋李新撰。《忠愍集》三卷,宋李若水撰。右別集類一百二十二部,出《大典》者三十五部。

《初寮集》八卷,宋王安中撰。《橫塘集》二十卷,宋許景衡撰。《老圃集》二卷,宋洪芻撰。《丹陽集》二十四卷,宋葛勝仲撰。《毘陵集》十五卷,宋張守撰。《浮溪集》三十六卷,宋汪藻撰。《莊簡集》十八卷,宋李光撰。《東窗集》十六卷,宋張擴撰。《忠惠集》十卷,附錄一卷,宋翟汝文撰。《橄溪居士集》十二卷,宋劉才邵撰。《忠穆集》八卷,宋呂頤浩撰。《紫微集》三十六卷,宋張嵲撰。《東牟集》十四卷,宋王洋撰。《相山集》三十卷,宋王之道撰。《大隱集》十卷,宋李正民撰。《鄱陽集》四卷,宋洪皓撰。《澹齋集》十八卷,宋李流謙撰。《灊山集》三卷,宋朱翌撰。《雲溪集》十二卷,宋郭印撰。《北海集》四十六卷,附錄三卷,宋綦崇禮撰。《崧庵集》六卷,宋李處權撰。《藏海居士集》二卷,宋吳可撰。《茶山集》八卷,宋曾幾撰。《蘆川歸來集》八卷,宋張元幹撰。《鄧紳伯集》二卷,宋鄧深撰。《浮山集》十卷,宋仲并撰。《湖山集》十卷,宋吳芾撰。《文定集》二十四卷,宋汪應辰撰。《唯室集》四卷,附錄一卷,宋陳長方撰。《漢濱集》十六卷,宋王之望撰。《雲莊集》五卷,宋曹協撰。《竹軒雜著》十卷,宋林季仲撰。《雪山集》十六卷,宋王質撰。《方舟集》二十四卷,宋李石撰。《香山集》十六卷,宋喻良能撰。《宮教集》十六卷,宋崔敦禮撰。《蒙隱集》二卷,宋陳棣撰。《定菴類稿》四卷,宋衛博撰。《澹軒集》八卷,宋李呂撰。《尊白堂集》六卷,宋虞儔撰。《東堂集》二十卷,宋袁說友撰。《涉齋集》十八卷,宋許及之撰。《乾道稿》一卷,《淳熙稿》二十卷,《章泉稿》五卷,宋趙蕃撰。《止堂集》二十卷,宋彭龜年撰。《緣督集》二十卷,宋曾豐撰。《絜齋集》二十四卷,宋袁燮撰。《定齋集》二十卷,宋蔡勘撰。《九華集》二十五卷,附錄一卷,宋員興宗撰。《應齋雜著》六卷,宋趙善括撰。《芸庵類稿》六卷,宋李洪撰。《南湖集》十卷,宋張鎡撰。《南澗甲乙稿》二十二卷,宋韓元吉撰。《自鳴集》六卷,宋章甫撰。《客亭類稿》十五卷,宋楊冠卿撰。《蓮峰集》十卷,宋史堯弼撰。《燭湖集》二十卷,附編二卷,宋孫應時撰。《昌谷集》二十二卷,宋曹彥約撰。《省齋集》十卷,宋廖行之撰。《山房集》九卷,宋周南撰。《後樂集》二十卷,宋衛涇撰。《性善堂稿》十五卷,宋度正撰。《東山詩集》二卷,宋葛紹體撰。《蒙齋集》十八卷,宋袁甫撰。《鶴林集》四十卷,宋吳泳撰。《東澗集》十四卷,宋許應龍撰。《浣川集》十卷,宋戴栩撰。《漁墅類稿》八卷,宋陳元晉撰。《滄洲塵缶編》十四卷,宋程公許撰。《泠然齋集》八卷,宋蘇泂撰。《澗泉集》二十卷,宋韓淲撰。《篔窗集》十卷,宋陳耆卿撰。《臞軒集》十六卷,宋王邁撰。《敝帚稿略》八卷,宋包恢撰。《庸齋集》六卷,宋趙汝騰撰。《張氏拙軒集》六卷,宋張侃撰。《靈巖集》十卷,宋唐士耻撰。《楳埜集》十二卷,宋徐元杰撰。《耻堂存稿》八卷,宋高斯得撰。《字溪集》十一卷,《附錄》一卷,宋楊枋撰。《雪坡文集》五十卷,宋姚勉撰。《潛山集》十二卷,宋釋文珦撰。《須溪集》十卷,宋劉辰翁撰。《葦航漫錄稿》四卷,宋胡仲弓撰。《碧梧玩芳集》二十四卷,宋馬廷鸞撰。《閬風集》十二卷,宋舒岳祥撰。《秋聲集》六卷,宋衛宗武撰。《廬山集》五卷,《英溪集》一卷,宋董嗣杲撰。《則堂集》六卷,宋家鉉翁撰。《百正集》三卷,宋連文鳳撰。《自堂存稿》四卷,宋陳杰撰。右別集類二百六十七部，出《大典》者九十部。

《拙軒集》六卷，金王寂撰。《歸田類稿》二十四卷，元張養浩撰。《剩語》二卷，元艾性夫撰。《墻東類稿》二十卷，元陸文圭撰。《青山集》八卷，元趙文撰。《紫山大全集》二十六卷，元胡祇遹撰。《金淵集》六卷，元仇遠撰。《小亨集》六卷，元楊宏道撰。《青崖集》五卷，元魏初撰。《養吾齋集》三十二卷，元劉將孫撰。《雙溪醉飲集》八卷，元耶律鑄撰。《東庵集》四卷，元滕安上撰。《畏齋集》六卷，元程端禮撰。《牧庵文集》三十六卷，元姚燧撰。《陳秋巖詩集》二卷，元陳宜甫撰。《蘭軒集》十六卷，元王旭撰。《西巖集》二十卷，元張之翰撰。《中庵集》二十卷，元劉敏中撰。《王文忠集》六卷，元王結撰。《勤齋集》八卷，元蕭𣂏撰。《栞庵集》十五卷，元同恕撰。《伊濱集》二十四卷，元王沂撰。《積齋集》五卷，元程端學撰。《子淵詩集》六卷，元張仲深撰。《羽庭集》六卷，元劉仁本撰。《吾吾類稿》三卷，元吳皋撰。《性情集》六卷，元周巽撰。《樗隱集》六卷，元胡竹簡撰。右別集類一百七十五部，出《大典》者二十八部。

《密庵集》八卷，明謝肅撰。《臨安集》六卷，明錢宰撰。《藍山集》六卷，明藍仁撰。《藍澗集》六卷，明藍智撰。《樗庵類稿》二卷，明鄭潛撰。《鵝湖集》九卷，明龔斆撰。右別集類二百四十部，出《大典》者六部。

《文選顏鮑謝詩評》四卷，元方回撰。《江湖後集》二十四卷，宋陳起編。《宛陵羣英集》十二卷，元汪澤民、張師愚同編。右總集類一百六十三部，出《大典》者三部。

《藏海詩話》一卷，宋吳可撰。《歲寒堂詩話》二卷，宋張戒撰。《餘師錄》四卷，宋王正德撰。《文章精義》一卷，宋李耆卿撰。《浩然齋雅談》三卷,宋周密撰。《文説》一卷,元陳繹曾撰。右詩文評類六十四部,出《大典》者六部。

《丹陽詞》一卷,宋葛勝仲撰。右詞曲類詞集之屬五十八部,出《大典》者一部。

總《四庫》所收三千四百五十一部,出《大典》者三百五十八部,約占十分之一。現《大典》既佚,則此十分之一,即所以存《大典》之真於萬一者也。

卷 六

《離騷圖》

屈原生楚懷王時,其著作二十五篇,實南方文學之祖。屈氏之前,未曾有此也。故《離騷》一經,實爲創體。《詩經》有秦無楚,知楚在當時,尚未能詩。使屈氏生於孔子之前,其所作,孔子亦必收之入國風矣。不幸生於戰國之際,北方學者竟未道及。荀子言賦,亦略而不舉,豈未及見,抑南北學者,各有疆界耶?可異也。至司馬遷傳之,劉向輯之,其書始顯。《離騷圖》凡二種,一汲古閣刻本,一《四庫》畫書,迥然不同。《四庫》本用墨深淺得宜,立意超渾,可稱佳品,《閣目》云蕭雲從所畫也。文瀾本乃友人包公超蝶仙,照文溯本臨摹者。

"九經"巾箱本

"九經"小字巾箱本,南宋刊,不分卷。半頁二十行,行二十七字。框上有音注,明秦璞繙刻。框上加欄,今所見皆爲秦本,實非宋刊也。"九經"皆不全,所見多"五經"本,白紙,印亦甚精。

《十三經注疏》,宋監本。半頁十行,無《儀禮》、《爾雅》,其板至明嘉靖間始毀,故印本多,書尚易見。然皆三朝遞修本,初印者難得。元刊本爲半頁九行,即明李元陽閩刻之祖。李氏刻《十三經》,在明嘉靖時,然此書與普通嘉靖本不同,蓋照繙元本也。

《春秋經傳集解》

《春秋經傳集解》宋刊有二,爲阮仲猷、鄭莊兹所刊,二本皆在淳熙三年,皆有木記楷書。阮刊詳載瞿氏《鐵琴銅劍樓善本書目》中。鄭刻不易得,前有《春秋諸國地理圖》、《三王五帝世系》、《周及各國世次》、《春秋名號歸一圖》、《諸侯興廢》、《春秋總例》、《春秋始終》、《春秋傳授次序》諸種,較阮刊爲多。行欵皆半頁十行,行大字十八,小字二十三。明嘉靖間有繙鄭本,精。

崇正書院刊《兩漢書》

崇正書院刊《兩漢書》,系嘉靖十六年刊於廣東者,極難得。半頁十行,行大小字二十三。有"嘉靖丁酉冬月廣東崇正書院重修"木記。天一閣僅得一范書。

高郵王氏父子書板

有清一代學術,高郵王氏父子最爲樸實。予己巳正月至郵,即訪其後人,得王君丹明,爲文簡公曾孫,年六十餘,蓄發道裝,以書自娛。詢以石臞先生兩代著作,據云:石臞先生所著《廣雅疏證》十卷,板存天長文肅公祠可帆園,咸豐時燬於兵燹。《讀書雜誌》九種,《後編》二卷,與文簡公所著《經義述聞》十六卷,在光緒時,曾國荃督兩江,有補修之意,即由王氏長房集二書板刊,送南京官書局以備修補,其後迄未舉行。板即存朝天宫,滄桑屢易,今不知如何。《小學鈎沉注》板在興化任大椿後人處,亦不知存否。文簡公所著,除《經義述聞》一種外,《經傳釋詞》板於光緒時由北京帶回原籍,其中殘缺曾補一次,即在郵城家祠存放。民國元年,軍隊駐紮祠中,板作薪焚。《字典考證》,板存北京同仁堂樂宅,現尚在。予按兩代著作,今所存者,僅《字典考證》一書。此書實當時應制之作,非其至者。而《讀書雜志》、《經義述聞》兩大書,板乃盡燬,可惜孰甚!單不庵兄在北京,曾見樂氏園中尚藏有稿本數册,不知何書,亦零落不全。大儒之後,其子弟尚能世守其學,而遺書散佚如此,世人視若無睹,真可慨嘆!丹明名易,隱居不問世事,恂恂君子也。朝天宫藏板,予屢詢南京友人,皆不得要領。己巳夏,吳雷川兄來滬寓,復詢之。據云尚有書板不少存其間,但不知為何書,要當再託友一詢其究竟。

《硯　箋》

《硯箋》四卷,宋高似孫撰。宋刊本。半頁九行,行大小字十八。黃蕘圃先生所藏者,不知現歸何處。吳兔牀先生有鈔本,行款與士禮居藏本同,疑出一源。卷一第十二頁脫,黃本不知亦脫否。予所見者,第十二頁不脫本也。吳鈔後歸陳仲魚先生。脫頁錄附:端石無星入用,餘不足道。蔡《帖》。

端石瑩潤鋥者，尤發墨。歙石多鋥，膩理者特佳。物奇者必異其類。歐《譜》。紫石以不耗水爲佳。歐公。石色紫而微青，潤澤無芒，叩之無聲，近水者也。色微紫，不深重，視之有芒，叩之有聲，不近水者也。唐《錄》。端石類多溪石，罕有巖石，紫而頖者，溪石也。巖石自國朝以來，竭矣。山趾在水中，没而鑿僅得焉。水益深，人多壓溺，故巖石爲貴。東坡詩"溪石琢馬肝"。卓公圓端，無出其右，滑如玉，發墨無倫。王定國欲以絹書司馬煉賦易，不許。米《帖》。皮日休詩：樣如金麗小能輕，微潤將融紫玉英。朱新仲詩"端溪有石紫玉潤"。秦少游銘：溪之精，石之靈，紫雲氣，涵明星。

唐中世以前，未盡以石爲硯，端溪後出，未甚貴。

《太上感應篇傳贊》

《太上感應篇》，不知撰於何人何時，但宋刊本已有此書矣。予所見者爲《太上感應篇傳贊》，傳之者西蜀李昌齡，贊之者四明鄭清之。傳極詳盡，皆雜引儒老釋諸家之言，以證明《感應篇》之義。每句皆一傳一贊，傳中所引，凡宋以前史事，皆直書人名。宋人則書謚書官，如包孝肅、王內翰禹偁之類。最可異者，孔孟荀諸家之書，皆極精熟，而復引鄒宿爲真武真君收錄，今爲北極壽限司判官等事。蓋《感應》本三教雜揉之書，李昌齡亦以三教雜揉之旨傳之也。傳曰、贊曰、人名、官名皆白文。半頁十二行，行二十二字。

殘　書

予見一殘書，無書名，首云："天地之間，上自人類，下至昆蟲，趕□天生天養之也。是你南朝生之養之乎？萬曆皇帝心不公平，無天無地。"云云。其下自舜起叙至清之興，計十九節。稱明太祖曰"朱元龍"，自稱曰"朕"，又認爲金人之後。末節云："南關之亡也，先於戊戌年，河流血水，天兆不違，遂致國亡。北關之亡也，先於辛丑年，雨各色種，戊申年雨血，天兆不違，終致國亡。今你南朝，北京玉河兩年流血，天降此兆，終須至矣。我國中丙申及丙辰兩年，天降蜜雨，豈非天示甘露之瑞，而默佑我乎。天怪你南朝，屢降災異，兵將敗死，地土失守，而不知自咎。復説國大兵衆，大言大語，是乃抗天也。"云云。總觀全書，有否闕文，雖不可知，然並未提及崇禎，僅言萬曆之失，且稱之曰萬曆皇帝，則所謂朕者，乃天命也。天命在關外，業早朕矣，奈何萬曆尚做不公不平之皇帝耶？此書大約爲諭明之書，蓋當時宣傳威德之作也。

《廣　韻》

《廣韻》有兩支，一原刊本，二重修本，二者皆有宋刊。原本《天禄後目》有宋刊麻沙本，其後元文明堂刊本，元黃氏集義堂刊本，明內府本，南監本，顧亭林刊本，皆從此出，而顧本已從他書增入數條矣。重修在宋大中祥符四年，陳彭年等奉敕編撰。部仍其舊，注則加詳。其後張氏澤存堂本，曹棟亭本，皆從此出。予得《廣韻》二冊，爲去入兩卷。去聲首頁已殘，末葉另有二行云："新添類隔更音和切裵賓廟切叏班驗切。"末行標"廣韻去聲卷第四"。入聲一冊，首行標"廣韻入聲卷第五"，末頁殘。黑口，半頁十二行，行字二十六、七至三十餘不等，當屬麻沙本之殘者。

《説文解字五音韻補》

《説文解字五音韻補》十二卷，宋李燾撰。相傳僅萬曆、天啓兩刊本。予見宋大字本一卷，第十二。半頁七行，行字大小篆不等。首行題"重刻許氏説文解字五音韻譜卷十二"，第二行標"入聲三"三字。次爲部首各字，自白至甲四十八字。白口，雙邊。板心上載字數，下有刊工姓名。前三頁係明初補刊。黑口，四周雙綫。此書《四庫》入《存目》。然書中"臣鉉曰""臣"字，皆貼以白紙，改書作"徐"，似當時據此發鈔者，恐係輯入《大典》之祖本，惜《大典》不存，無從取證矣。每部中字次叙與《説文解字》不同。李氏此書，蓋以部首各字分韻排比，以便檢閱者也。

《五音類聚》

《泰和五音新改併類聚四聲篇》十五卷，此即《五音篇》，又名《四聲篇海》，簡名《五音類聚》，金韓孝彥及子道昭撰。金刊本。半頁十三行，行大字二十一二，小字三十七八不等。白口，上下口或有字數，邊欄雙綫。首有"泰和八年歲在強圉單閼律逢無射首六日先生侄男韓道昇序"。序中稱泰和戊辰，有

"先生次男韓道昭字伯暉改併增新"云云。次爲五音改併增添明頭號樣,次爲十齚號頌,次爲五音檢篇入册頌,頌後一行曰:"真定府松水昌黎郡韓孝彥、次男韓道昭改並重編"。次行曰:"兄曰道晧,弟曰道昉,男曰德恩,侄曰德惠同詳定。"三行曰:"趙州荆璞同編,荆現、荆琪、荆珍、荆瑓同開板。"四行曰:"荆瑞長男荆國器重開板印行,寧昌李昺書。"五行曰:"添補篇海少闕字數石志良。"下接總目,目後爲三十六母再顯之圖,圖前有五行云:"今將并了部頭篇中立在團田號下,永爲正矣。自來元部五百四十有二,并篇末類聚雜部三十有七,除了今用四百四十有四外,有棄了者一百三十有五,各併在今用部中,並無遺闕。特陳斯式,再顯其真。覽者細詳,知不謬耳。"圖後列昌黎諸門人姓名,此爲第一卷。卷末一行曰:"昌黎門人浹川扶風郡寶慶進重校正。"此書有成化丁亥僧文儒等與五音集韻合刊本,又有正德乙亥刊本。予見金刊,蓋祖本也,首有"晉府書籍之印"朱文方章。末有"敬德堂圖書記"、"子子孫孫永寶用"朱文二方章。蓋明晉邸藏書甚富,此書亦其一也。又按五音集音,已併爲一百六十部,較此書更省,成於其子韓道昭之手,蓋能世其學者也。

《大廣益會玉篇》

《大廣益會玉篇》三十卷。予見後十卷,宋刊本。行款板心字體,皆與《廣韻》相同。十五卷末頁,三十卷末頁,各附新加偏旁正俗不同例,及類隔更音和切兩種,亦與《廣韻》同。蓋即《天祿後目》宋刊三種中之一種也。吾鄉拜經樓主曾藏有元刊小字本，行款與此本同。然元本有集慶路儒學刊記識，此本無之，元本當是繙雕此本者。

《類編年月集要克擇一覽》

《類編年月集要克擇一覽》十卷，宋僧善靖編纂。首有延祐庚申冬至文江王元福叙。叙稱："余里中陳山人拱辰，東山院僧善靖，各有家傳之文。平時選擇，遠近所信慕，遂悉取兩家之書，參考同異，芟其繁蕪，而取其通用切當者。擇吉避凶，各從其類，選成六十年之定例。"云云，是書爲陳拱辰、僧善靖兩人所編矣。總目第二三行又云"文江東山僧善靖無塵編纂，文江巽峰陳斗拱辰校正"兩行。後又有木記六行云："陰陽之書，何啻數十家。然甲是乙非，使人惑焉。文江東山僧少精曆法，遍閱諸家克擇，精詳考訂，取其切用者，萃成一編，名曰《年月集要克擇一覽》，其文簡而易見，不繁不略，雖三尺之童，選擇由如指掌矣。不敢私秘，敬鋟諸梓，與天下明曆之士共之。"云云，是此書乃善靖所編無疑矣。卷一至卷六爲六甲年選定吉凶例，卷七爲各年逐月選定日辰吉凶等，卷八爲修造門、喪葬門，卷九爲上官門、冠婚門、出行門、六畜門、僧道師尼廟宇門、雜用門，卷十爲諸家選時定例年月辨惑。目後有白文木記兩行曰："時歲丁未菊節，溪隱書堂新刊。"云云。予案商墟文字，龜甲最多。左氏叙卜筮之事，儼若操券。讖緯之學，極盛於漢，江都大儒，奉之惟謹，與經並重，無所軒輊。然究其所託，不外陰陽五行生克而已。魏晉而後，其說不傳，所傳者散見於醫卜星相諸書。諸書所言，又皆零星雜亂，不可究詰矣。

顧予所見乃有此宋刊及《龜鑒前後集》等書，則知當時風行之盛。半頁十三行，行字不等。黑口單邊。

《新編陰陽足用選擇龜鑑前後集》

《新編陰陽足用選擇龜鑒前集》十卷，《後集》八卷，不著撰人姓氏。《後集》卷首有木記四行云："是書得之貴宦家藏本，吉凶有準，累試累驗，誠爲至寶。刻梓盛行，第其間門類尚有未備，今參考諸家曆書，撮其合用緊要者，續作《後集》刊行。使上官赴任，行商坐賈，動土興工，婚姻喪葬，常行日用之事，一目可覽。選擇之士幸鑒。"云云。前集半頁十二行，行二十四字。後集半頁十五行，行二十四字。黑口，單邊或雙邊不等。《前集》耳簽有字，《後集》無。

《算法全能集》

《算法全能集》二卷，長沙賈亨季通類編。賈氏雖不能確定爲何代人，第書中所引皆元法，字亦元槧，當爲元人無疑。半頁十行，行二十字。黑口雙邊。字類松雪，蓋元刊中精品也。惟所載之圖，如圭形、三廣形、大鼓、四不等、抹角、鼠屎、半梭、環形等，均不合。其法至開平方而止。

《紀死節》

崇禎之季，寇難兵荒，死者盈川谷，高氏乃有《崇禎忠節錄》之作。予得一舊鈔，標名曰《紀死節》，以正祀文臣東閣大學士工部尚書贈太傅范文貞公景文爲首，而終於成都之難偏沅巡撫西充李公乾德，蓋皆當時死於寇亂諸文武也。不著作者姓名。

《孟子集説啓蒙》

《孟子集説啓蒙》七卷，明餘姚景明撰。明刊本。黑口，棉紙。其書分章講解大意，頗明白淺近，諸家書目皆未錄，故特著之。

《文章軌範》

《文章軌範》七卷，宋謝枋得評點。目錄後有記七行，云："右此集惟《送孟東野序》、《前赤壁賦》，係先生親筆批點，其他篇僅有圈點而無批注。若夫《歸去來辭》，則與'種'字集《出師表》一同，並圈點亦無之。蓋漢丞相、晉處士之大義清節，乃先生之所深致意者也。今不敢妄自增益，姑闕之以俟來者。門人王淵濟謹識。"一、二兩卷標曰"放膽文"，三至七標曰"小心文"。每卷首行標"叠山先生批點文章規範卷之幾"，下有白文三曰"某字集"以"侯王將相有種乎"七字分集。次行標"放膽"或"小心文"三字跨行大字，下載是卷所選各文總評。其第三卷"小心文"下評略云："塲屋程文論當用此樣文法，先暗記'侯'、'王'兩集，下筆無滯礙，便當讀此。"據此則此書殆叠山先生少年課士之作，"侯"、"王"、"將"、"相"分集等字，亦係先生所手定矣。

予意先生決不出此,殆門人王淵濟輩,取先生圈點評斷之文,彙刻斯集,再於各卷之首,加入評語耳。故《出師表》、《歸去來辭》不加圈點。《四庫目》認爲作於宋亡之後,以是寓意,非無據之言也。著錄是書者,皆定爲宋刊,其實元刊。半頁十行,行二十二字,黑口,四周雙綫,刊不甚精,蓋坊本也。

《五倫詩內外集》

《五倫詩內集》五卷,《外集》七卷,明沈易編。前有洪武五年樊後叙、錢蕭叙、錢惟善叙,洪武癸丑束宗癸跋。《內集》以"父子"、"君臣"、"夫婦"、"兄弟"、"朋友"五類分五卷,《外集》分"睦族類"、"并言類"、"務本類"、"尚志類"、"比喻類"、"警省類"、"詩餘類"七種。集中所選,四言、騷體皆備,上至趙女《涓河激歌》,下迄高青邱,而所收以元人詩爲多,殆元選明刊之書也。字頗類元,半頁十二行,行二十字,黑口,間有字數,此書傳本絕少。

《讀書錄》

《讀書錄》,明薛瑄撰,今著錄者皆作十卷,續十二卷。予得明初刊本,六至十一,六卷,非續錄,惜不全,又失首卷,無目錄可查,不知全書究爲若干卷。然近世著錄之書,以卷數證之,則可知其非舊本矣。黑口雙綫,半頁十一行,行二十四字。

《豫章熊先生家集》

《豫章熊先生家集》三十卷，元熊朋來撰。熊氏當宋延祐之際，以福清州判官致仕，學者稱爲天慵先生，深於禮樂制度，入元未仕。集中所載，經說、天文、地理、方技、名物、度數，靡不詳究。子太古，鄉貢進士。元人集至少，此集乃不見著錄，殊可惜。大黑口，雙綫邊，半頁十一行，行二十四字至二十八、九字不等。雖元刻，形式極草草。

《後村居士集》

《後村居士集》三十九卷，宋劉克莊撰。是書天一閣有一百九十六本，世傳影寫宋本，即《昭文張氏後村大全集》所自出。元有二刊，一仿宋五十卷本，一二十卷本。此三十九卷本乃淳祐九年竹溪林希逸所訂定，實《後村集》祖本也。前有林叙。半頁十行，行二十一字，黑綫口，雙綫邊，刊印皆精。凡詩話之類，悉在其中。《四庫》所收爲五十卷本，出自鈔本，疑亦此本之支派也。

《選詩補注》

《選詩補注》八卷，劉履注。履字坦之，上虞人，所注詩以昭明太子所選詩爲依據，加者三十餘首，而陶詩獨多，至增選二十九首，刪者三十九首。前有至正二十一年平江路學道書院山長上虞謝肅叙,至正乙巳三月會稽夏時叙,及"凡例"十二條。元刻本,半頁十行,行二十字,黑口雙綫,字畫整秀。此書元刊外未見他刊,余所見者第八卷,末頁有"蘄陽康氏樂善堂記",隸書,朱文長方章。

《涓吉成書》

《涓吉成書》一册,前有至元十八年嘉議大夫同知福建道宣慰使司事李某叙。叙稱:"歲在鶉尾,公句宣南國,共二計臺。轡馳笏畫之暇,披圖按牒,裒輯征行,名曰《涓吉成書》,遄登諸梓。"云云。惜其叙不全,無從知其名字。書不分卷,分"總類"、"上官門"、"修造門"、"嫁娶門"、"喪葬門"數種,與《選擇龜鑑》相類。元刊本,半頁十六行,行大字二十五,小字三十七、八不等。白、黑口,雙邊,或四周雙綫不等。凡黑口四周雙綫者,皆係補板,其原板板心上有字數,下有刊工姓名,頗精。

《大明高皇后傳》

《大明孝慈昭憲至仁文德承天順聖高皇后傳》一卷,前有永樂四年二月成祖叙,及徐皇后叙。叙稱"徐后請成祖以高皇后傳刻爲一卷,徧賜内外,俾有所取法"云云。書係内府刊本,半頁八行,行十七字,大黑口,四周雙綫,字體、墨色、紙張、書品,皆極精。《傳》中叙后懷餅飼帝事云:"后從帝在軍,嘗自忍饑,懷糗餌脯脩供帝,未嘗乏絶。"又云:"朕念皇后起布衣,同甘苦,嘗從朕在軍,倉卒自忍饑餓,懷糗餌食朕。"皆稱在軍中時事,非在郭氏時事。而敘郭氏時事則云:"朕數爲郭氏所疑,朕徑情不恤,將士或以服用爲獻。后先獻郭氏,慰悦其意,及欲危朕,后輒爲彌縫。"則高皇后之智略可見矣,然全傳亦略而不詳。如保全宋濂等事,皆未載入,不知何故。

《崇禎縉紳録》

《崇禎縉紳録》一册,前有"指日高昇圖",圖左一行云:"正陽門裏東城墻下",右一行云:"浙江台州洪家書舖",上橫書云"指日高昇爲記",圖之後頁爲泰衡居士叙。内閣七人,建極殿大學士少傅兼太子太傅吏部尚書周延儒居首。考其時蓋崇禎四年也,洪承疇方督師薊、遼,史可法則總督漕運提督軍務兼理海防淮揚等處地方,吳三桂則爲欽差鎮守遼東寧前中左、中右、中後等處地方團練總兵官左軍都督府都督同知。末一行曰:"指日高昇,洪家隨省總監撫按總鎮縉紳履歷戎政儒林便覽。"

《釋氏要覽》

《釋氏要覽》兩卷,宋釋道誠編集,前有皇宋天禧四月自叙。書分上、下兩卷,上卷爲《姓氏》、《三寶》、《稱謂》、《住處》、《出家》、《師資》、《剃髮》、《法衣》、《戒法》、《禮數》、《道具》、《制聽》十二篇,下卷爲《恩孝》、《界趣》、《中食》、《志學》、《聽説》、《擇友》、《畏慎》、《勤懈》、《躁静》、《忍諍》、《入衆》、《住持》、《雜記》、《瞻病》、《送終》十五篇。凡篇中又分細目，引據經論，至爲詳贍，此誠學佛者所當知也。明初刊本，半頁十二行，行二十三字，黑口，四周雙綫。余按是書《姓氏》一篇内，載刹帝利、婆羅門、吠舍、首陁四種，此爲天竺種族之分，即一爲王族，二爲教士，三爲商賈，四爲農夫，而佛則王族也。佛之姓有五，其實則一，其載"瞿曇氏"曰："經云：佛師瞿曇仙修道，常於一園游止，爲賊所害，彼仙乃殯尸取血泥爲兩團，用器盛之，置於左右，呪之，滿十月，左化爲男，右化爲女。"其載"甘蔗氏"曰："經云：昔有轉輪王，名大自在，子孫相傳，合有八萬四千王，最後王名大茅草，垂老無子，乃委政大臣，自剃髮出家，衆號王仙。極老不能行李，諸弟子輩時行乞食，遂以草籠盛王仙懸於樹，虞狼虎之害也。有獵人望見，謂是白鳥，乃射之死，血瀝於地。諸弟子歸，見師被害，即共殯尸，其血瀝之地。後時忽生甘蔗二本，日炙開剖，一生童子，一生童女。大臣聞，迎取歸宮，養育長成。以王種故，遂立爲王，命氏'甘蔗'始也。梵云'喬答摩'或'喬曇彌'二姓，華言'最勝'。"按此則大茅草死血化爲童男女，與瞿曇死血爲童男女，二事相同。所不同者，一爲生蔗之後，轉而爲人；一爲呪滿十月爲人。恐一事兩傳，以致歧異耳，且"瞿曇"梵語"瞿答摩"，又云"瞿曇彌"，譯云"地最勝"，音既相近，義亦相同，更可証二事爲一。其載"日種氏"曰："經云：即甘蔗王，不受胎藏，因日炙開剖，故名'日種'。"其載"舍夷氏"曰："即甘蔗王擯出四太子，一名'炬面'，二名'金色'，三名'象衆'，四名'尼拘羅'。"其載"釋迦氏"曰："四太子以德歸人，不數年間，鬱爲強國。父王悔憶，遣使往詔，四子辭過不歸。父王乃三歎曰：'我子釋迦'。"按此則釋氏五姓，"甘蔗"、

"日種"、"尼拘羅"、"釋迦"同出一源,"瞿曇"、"甘蔗"一事兩傳,五者一而已矣。佛之父曰"淨飯",淨飯兄弟四人,曰"白飯"、"斛飯"、"甘露飯",分據各地。父曰"師子頰",師子頰之父曰"瞿俱盧",瞿俱盧之父曰"俱盧",俱盧之父曰"尼拘羅",即甘蔗王擯出四太子之中之季弟也。由甘蔗王上溯大茅草,由大茅草上溯大自在,此爲佛系矣,而其姓則歸宿於"釋迦",故《開元錄》云"秦晉已前,出家者多隨師姓,後彌天沙門道安云:凡剃髮染衣,紹釋迦種,即無殊姓,宜悉稱'釋氏'"云云,此真通論也。然釋迦之姓傳,而釋迦之種則混矣。佛母名"摩耶夫人",見《摩耶經》。

訂　老

《老子》一書,予所藏者僅世德堂本。是本出自宋纂圖互注本,實亦善本,曾取此刻及《揚子法言》校宋刊本,無大出入。至河上公注本,唐劉知幾、清張之洞,皆辨爲僞注。注是否僞,未敢斷定。"河"則漢世姓氏,散居大河兩岸,以陶爲業,凡所見漢陶明器有"河"字者,皆其所製也。予不辨注之真僞,而頗致疑於《老子》著書之時代,據《史記·老子列傳》,凡列三人:一,"老子者,楚苦縣厲鄉曲仁里人也,姓李氏,名耳,字伯陽,謚曰聃";二,"或曰老萊子亦楚人也,著書十五篇,言道家之用,與孔子同時云";三,"周太史儋見秦獻公"云云,"或曰儋即老子,或曰非也,世莫知其然否。而以老子隱君子也。老子之子名宗,宗爲魏將,封於段干。宗子注,注子宮,宮玄孫假,假仕於漢孝文帝。而假之子解爲膠西王卬太傅"云云。結之,一傳列舉三人事實，不加訂正，而以"隱君子"三字括之，則知太史公亦不能無疑於其間。老子事實，除著書兩卷外，最著者爲"孔子見老子問禮"一事，《史記》、《大戴禮記》皆載之，然所問者，李耳乎？老萊子乎？周太史儋乎？《史記》載之李耳之下，而於老萊子之下，則云"與孔子同時"，太史儋上，則云"自孔子死之後百二十九年而史記周太史儋見秦獻公"云云。考秦獻公在周安王十八年立，凡二十三年，則儋確在孔子後矣。而其敘李耳也，曰"楚苦縣厲鄉曲仁里人也"，索隱云："苦縣本屬陳，春秋時楚滅陳而苦又屬楚，故云楚之苦縣。"按遷史敘人籍貫，皆據本人生時籍貫直書之，決不追溯其地原屬何國，或後屬何郡，而混淆其間，如《蘇秦列傳》云"蘇秦者東周雒陽人也"之類是已，而楚之滅陳，苦之屬楚，則在周敬王四十一年，即魯哀公十六年，孔子卒年也。李耳籍貫，既爲楚之苦縣，則楚滅陳之後，而李耳始生於苦縣明甚，孔子之不能問禮於李耳更明甚。是李耳也，周太史儋也，皆確在孔子之後，而非孔子問禮之老子也。老萊子惟《列仙傳》載之，亦無時代可証，史公稱其"著書十五篇，言道家之用"，書亦不傳，云"與孔子同時"，則又非李耳之別名可知也。周太史儋當秦獻公時，獻公六年，田氏滅齊，九年，三家分晉，是下文所云"老子之子名宗，宗爲魏將，封於段干"者，以時代考之，此皆太史儋之子孫，而與老萊子、李耳，皆無涉也。由此以觀，《老子列傳》三人，最早者老萊子，與孔子同時；次李耳，次周太史儋，皆後於孔子，可斷然矣。葉水心先生曰："言老子所自出，莫著於《孔子家語》、《世家》、《曾子問》、《老子列傳》，蓋二戴《記》孔子從老聃祭於巷黨云云，史佚子死，下殤有墓，禮家儒者所傳也。司馬遷記孔子見老聃，歎其猶龍。遁周藏史至關，關令尹喜強之著書，乃著上下篇，言道德之意，非禮家儒者所傳也。以莊周言攷之，謂關尹、老聃古之博大真人，亦言孔子贊其爲龍，則是爲黃老學者借孔子以重其師之辭也。二説皆塗引巷授，非有明據。然遷謂'世之學老子則絀儒學，儒學亦絀老子'，稱指必類，乃好惡之實情，烏得舉其所絀而亦謂孔子問之哉。且使聃果爲周藏史，嘗教孔子以故記，雖心所不然，而欲自明其説，則今所著者，豈無緒言一二辨析於其間，而故爲巖居川遊素隱特出之語，何耶？然則教孔子者，必非著書之老子，而爲此書者，必非禮家所謂老聃，妄人訛而合之爾。"又云："遷既以爲不知所終，又以爲壽百六十歲，又其居自有鄉里，又以爲有子爲魏將傳至漢。而所謂教孔子之老聃，著書之老子，乃不能辨其本事，而徒詳於末流，則非余所知也。"水心此論，發前人所未發，獨憾專就儒、老立言，而未以史證史，確斷其合三人成一《傳》，至混淆不辨也。然問禮、著書，則水心已知其爲兩人矣，今更就水心之言推演之。史公所謂"世之學老子者則絀儒學，儒學亦絀老子"者，此語何據？據《老子》"絶聖棄智"、"聖人不死"諸言，則諸言極混統，豈能專指爲絀儒之証。豈"聖人"二字，可認爲儒家專有，非聖即屬非儒耶！獨《莊子》所載，則排斥孔子之言至多，尚足爲絀儒學之証。反觀儒家者流，孔子未嘗一語道及老學，孔子之弟子，亦未嘗一語道及老學。降至戰國，荀孟之徒，亦未嘗一語道及老學，則儒學絀老子之説，實當史遷之世而盛行，漢以前儒無絀老之証也。許叔重曰："商容，殷之賢人，老子師也。"見《世説新語》注。此老子似皆在司馬遷《傳》之前之老子。以老學之恣放，甚於楊墨；以孟子之好辨，過於漢儒，而竟視若無覩，何耶？綜此以觀，則知《老子》二篇，蓋成於李耳之乎，而其出世甚晚，蓋僅在《南華》之前，孔子不及見也。《道德》、《南華》，皆起於楚，其學説未嘗至中原，孟子不辨，殆以是故。觀《道德經》之用韻類騷，其言若"師之所處，荆棘生焉"，皆非治世之説，而爲戰國之談，益可信矣。道家者流，必欲推尊其祖，遂以問禮、著書，合爲一人，知其不通也，則又增其年壽以遷就之。史公復好奇炫博，遂以老子一名而三人襲之，孰復知其謬耶！予友李維巖好道家言，屢勸其作《訂老》一書，終不起草，予遂作此。一日之中，爲佛作譜，爲道考書，殊自笑也。

"十三經"刊本

"十三經"，北宋刊有單注、單疏本，世無全者。南宋有注疏合刊本，不附音釋。其後又有附音釋本，皆無《爾雅》，有《儀禮圖》而無《儀禮》。阮文達公校勘記，即據此本，《彙刻書目》所稱爲"建本"，世通稱"十行本"者是也。半頁十行，行大字十七，小字二十三，白口雙邊，口上列大小字數，下爲刊工姓名。此書至明正德嘉靖間，其板尚在，元、明修補者，印本極模糊，不及相臺岳氏本"五經"之精。元刊本，半頁九行，行大小字均二十，黑口雙邊。有《爾雅注疏》，即明嘉靖時李元陽等閩刊"十三經"所自出，而萬曆北監本，又出自閩本者也。

宋時又有坊間刊纂圖互注、單注本，更不佳。清阮氏所刊以十行本重雕，又益以元刊本《爾雅》，精爲校勘，殆最善矣。

　　此爲四十餘年前之作，正當辛亥革命之後袁氏帝制叛國之日。蟲處長安，無以爲懽，乃與古人日相晤對，隨手寫錄成此六卷。疏漏之處，幸勿哂也。丁酉秋張宗祥記。

鐵如意館手鈔書目

予自十二歲始出就外傅，讀四子書，其時如饑者得食，不擇精粗，以果腹爲度。三十以後，方事讎校，與單君不庵、周君豫材、朱君蓬仙等，從事古籍。自三十五歲起，趙慰蒼同年喜搜孤本，傅沅叔先生富於庋藏，予亦樂此不疲，如入寶山，無所不愛，鈔校諸書，恒至夜以繼日。至五十七歲，抗戰軍興，始不能每日鈔校；入川之後，若斷若續。六十三歲後，竟未鈔一書。所鈔之書，有爲亡弟麟書保存海上者，有爲友人保存漢口者，有爲身攜入川者。勝利還都，在南京時，一度會集清點，計少三千九百餘卷，如《太平御覽》之類，所存僅二千數百卷。本意欲鈔八千卷，與丁氏八千卷樓相匹，今年將七十，恐此願難償。所存之書，向未編目，因亟爲訂定，留一紀念。此皆親手寫定，其中影寫本之烏絲欄，亦皆親手所畫，後有得者，幸念其辛苦而珍藏之。庚寅冬，海寧張宗祥記，時年六十有九。

目　　錄

經部

《子夏易傳鈎遺》二卷 …………………………… 153
《干常侍易注疏證》一卷、《集證》一卷 ………… 153
《學易》六卷 ……………………………………… 154
《毛鄭異同考》十卷 ……………………………… 154
《詩古音》三卷 …………………………………… 154
《毛詩興體説》六卷 ……………………………… 155
《毛詩名物圖説》九卷 …………………………… 155
《古文尚書冤詞補正》一卷 ……………………… 155
《戚氏周禮音拾遺》一卷 ………………………… 156
《禮記參訂》十六卷 ……………………………… 156
《雙峰先生内外服制通釋》七卷 ………………… 158
《大學章句》一卷 ………………………………… 158
《四書待問》二十二卷 …………………………… 159
《顧氏經解拾遺》一卷 …………………………… 159
《經義未詳説》五十二卷 ………………………… 160
《羣經冠服圖考》三卷 …………………………… 160
《十三經地名韻編今釋》五卷 …………………… 160
《羣經音辨》七卷 ………………………………… 160

《九經通借字考》十四卷 …………………………… 161

《説文辨疑》一卷 …………………………………… 161

《釋名》八卷 ………………………………………… 162

《小爾雅廣注》四卷 ………………………………… 162

《古今指南》五卷 …………………………………… 162

《識字璅言》四卷、附一卷 ………………………… 163

史部

《罪惟録》一百又二卷 ……………………………… 165

《國榷》一百零八卷 ………………………………… 167

《越絶書》十五卷 …………………………………… 168

《遼小史》八卷 ……………………………………… 169

《中朝故事》一卷 …………………………………… 169

《江南野史》十卷 …………………………………… 169

《北狩蒙塵録》二卷 ………………………………… 170

《建炎復辟記》一卷 ………………………………… 170

《中興禦侮録》二卷 ………………………………… 170

《弔伐録》二卷 ……………………………………… 170

《僞齊録》二卷 ……………………………………… 170

《南遷録》一卷 ……………………………………… 171

《許君年表考》一卷 ………………………………… 172

《胡安定先生年譜》一卷 …………………………… 173

《建文年譜》二卷、附《後事》一卷 ……………… 173

《傳經系表》一卷 …………………………………… 173

《元朝人物略》四卷 ………………………………… 173

《成化間蘇林小纂》四卷 …………………………… 174

《吳中往哲記》一卷、《續吳中往哲記》一卷、《續吳中往哲記補遺》二卷 ………………………………… 174

《崇禎五十宰相傳初稿》四卷、《重訂》七卷 ……… 174

《崇禎盡忠錄》三十二卷 ……………………………… 175

《東山國語》二十八卷 ………………………………… 176

《殷頑錄》六卷 ………………………………………… 176

《保越錄》一卷 ………………………………………… 176

《明季水西紀略》二卷 ………………………………… 177

《姜氏秘史》一卷 ……………………………………… 177

《崇禎遺錄》一卷 ……………………………………… 178

《皇明末造錄》二卷 …………………………………… 178

《明史南都大略》三卷 ………………………………… 179

《荒書》一卷 …………………………………………… 179

《刦灰錄》六卷 ………………………………………… 179

《魯王案》一卷、《楚王案》一卷 …………………… 180

《丁酉大獄記》一卷 …………………………………… 180

《英傑歸真》一卷 ……………………………………… 180

《孝陵詔敕》一卷 ……………………………………… 181

《長陵詔敕》一卷、附《獻陵詔敕》一卷 …………… 182

《皇明會試錄》一卷 …………………………………… 182

《殿試登科錄》一卷 …………………………………… 182

《昭示奸黨第二錄》一卷 ……………………………… 182

《華陽國志》十二卷、附《常氏士女志》、《三州郡縣目錄》各一卷 ……………………………………… 183

《水經》三卷 …………………………………………… 183

《水經注》四十卷 …………………………… 183
《浙西水利書》三卷 ………………………… 185
《三吴水利條議》一卷 ……………………… 185
《海昌倭寇始末》一卷 ……………………… 185
《兩漢訂誤》四卷 …………………………… 185
《水經注所出兩漢侯國名韻編》一卷 ……… 186
《季漢官爵考》三卷 ………………………… 186
《官爵志》三卷 ……………………………… 186
《箕田考》一卷 ……………………………… 186
《國史唯疑》十二卷 ………………………… 187
《萬曆辛亥京察記事始末》八卷 …………… 187
《酌中志略》不分卷 ………………………… 188
《酌中志餘》不分卷 ………………………… 189
《社事本末》一卷 …………………………… 189
《遺事瑣談》六卷、《附錄》一卷 …………… 189
《大金集禮》四十卷 ………………………… 190
《宮中現行則例》不分卷 …………………… 190
《開國攝政王起居注》 ……………………… 190
《國朝五禮序例》五卷 ……………………… 191
《宋紀受終考》三卷 ………………………… 191
《使金錄》一卷 ……………………………… 192
《洛陽伽藍記》五卷、《附錄》一卷 ………… 192
《洛陽伽藍記》五卷、《附錄》三卷 ………… 192
《北户錄》三卷 ……………………………… 193
《剡錄》十二卷 ……………………………… 193

《西事珥》八卷 …… 195

《桂勝》四卷、《桂故》八卷 …… 195

《金遼備考》二卷 …… 196

《物異考》一卷 …… 196

《夷俗考》一卷 …… 196

《橫山志略》六卷 …… 197

《澉水新志》十二卷 …… 197

《海寧志略》不分卷 …… 197

《郭西小誌》十七卷 …… 198

《海昌叢載》二十卷、《續載》八卷 …… 199

《遐域瑣談》二卷 …… 199

《姬侍類偶》二卷 …… 199

《義墨堂宋朝別號錄》二卷 …… 200

《史漢纂言》五卷 …… 200

《隋書經籍志》四卷 …… 200

《唐書藝文志注》四卷 …… 201

《葉文莊公書跋》一卷 …… 202

《聚樂堂藝文目錄》不分卷 …… 202

《淡生堂聚書訓序》一卷、《藏書訓略》一卷 …… 202

《藏逸經書》一卷 …… 202

《絳雲樓書目》二卷、《補遺》一卷 …… 203

《內典文藏序目》一卷 …… 205

《永樂大典書目》不分卷 …… 205

《各省進呈書目》不分卷 …… 206

《四部寓眼錄》二卷 …… 206

《知不足齋叢書目》一卷 …………………………… 207

《藏書題識》五卷 ………………………………… 207

《書跋》一卷 ……………………………………… 207

《清吟閣書目》四卷 ……………………………… 208

《隸續》七卷 ……………………………………… 208

《絳帖平》六卷 …………………………………… 209

《籀史》二卷 ……………………………………… 209

《周秦刻石釋音》一卷 …………………………… 209

《竹崦盫金石目錄》二卷 ………………………… 210

子部

《新語》二卷 ……………………………………… 211

《董子》十七卷、《附錄》二卷 ………………… 211

《纂圖互注揚子法言》十卷 ……………………… 218

《懺摩錄》一卷 …………………………………… 219

《武經七書》 ……………………………………… 219

《七書參同》七卷 ………………………………… 219

《刑統賦解》二卷 ………………………………… 220

《粗解刑統賦》一卷 ……………………………… 221

《刑統賦解》一卷 ………………………………… 221

《刑統賦疏》一卷 ………………………………… 221

《野菜博錄》三卷 ………………………………… 222

《農雅》六卷 ……………………………………… 223

《傷寒方翼》二卷 ………………………………… 223

《不得已》二卷 …………………………………… 223

《校定易林》十六卷 ……………………………… 223

《易林注》十六卷 …………………………… 224
《禮緯含文嘉》三卷 ………………………… 224
《管輅神書》一卷 …………………………… 225
《陽遁九局陰遁九局》二卷 ………………… 225
《法墨珍圖》十卷 …………………………… 225
《養拙齋書畫記》八卷、附《江城心賞錄》一卷 … 225
《巢經巢金石筆識》一卷、《補遺》一卷 …… 226
《鮮盦先生廣藝舟雙楫評語》一卷 ………… 226
《印旨》一卷 ………………………………… 226
《新纂香譜》四卷 …………………………… 226
《酒經》三卷 ………………………………… 227
《蘭易》一卷、《蘭易十二翼》一卷、《蘭史》一卷 … 227
《鷹論》二卷、附《鷴子論》一卷 …………… 228
《易筋經義》二卷 …………………………… 228
《程氏續攷古編》十卷 ……………………… 228
《菰中隨筆》三卷、附《詩律蒙告》、《亭林著書目錄》各一卷 …………………………………… 229
《經史雜記》八卷 …………………………… 229
《過夏雜錄》六卷、《續錄》一卷 …………… 230
《三餘撫錄》三卷 …………………………… 230
《循陔纂聞》五卷 …………………………… 230
《四寸學》六卷 ……………………………… 231
《蟲獲軒筆記》不分卷 ……………………… 231
《春臺贅筆》五卷 …………………………… 231
《娛閣讀古偶志》一卷 ……………………… 232

《封氏聞見記》十卷 …… 232

《雲谷雜記》四卷、附一卷、《補遺》一卷 …… 233

《猗覺寮雜記》二卷 …… 234

《吹劍三錄》一卷 …… 235

《重刊吹劍正錄》一卷、《三錄》一卷、《四錄》一卷、《二錄唾玉集》一卷 …… 236

《友會談叢》一卷 …… 236

《西溪叢語》二卷 …… 237

《北窗炙輠》二卷 …… 237

《續墨客揮犀》十卷 …… 238

《蘆浦筆記》十卷 …… 238

《硯北雜志》二卷 …… 239

《世說新語小品》一卷 …… 239

《初潭集小品》一卷 …… 240

《宋賢褧佩》一卷 …… 240

《王鳳洲藝苑卮言》一卷 …… 240

《桃源索隱》一卷 …… 240

《閒中今古》四卷 …… 240

《寒夜錄》二卷 …… 240

《巾箱說》一卷 …… 241

《棗林外索》三卷 …… 241

《醉里耳餘錄》十二卷 …… 242

《人海記》一卷 …… 242

《浮生六記》六卷 …… 242

《冬集紀程》一卷、附《詩》一卷 …… 243

《山海經圖贊》一卷、附《校勘記》一卷 …………… 243
《穆天子傳》六卷、附《校勘記》一卷 …………… 243
《世說新語》三卷 …………… 244
《合校世說新語》三卷、《譜》一卷、《考異》一卷、《注
　引書目》一卷、《佚文》一卷 …………… 245
《廣異記》二十卷 …………… 245
《燈下閒談》二卷 …………… 246
《楊太真外傳》二卷 …………… 246
《青瑣高議前集》十卷、《後集》十卷、《別集》七卷 …… 246
《青瑣高議前集》 …………… 246
《青瑣高議》 …………… 246
《冶城客論》一卷 …………… 247
《金姬傳》一卷 …………… 247
《鬼董》五卷 …………… 248
《閩事紀聞》六卷 …………… 248
《殘經》一卷 …………… 248
《諸子辨》一卷 …………… 249

集部

《嵇康集》十卷、《補遺》、《附錄》各一卷 …………… 253
《陸士龍文集》十卷 …………… 255
《鮑氏集》十卷 …………… 256
《陰常侍集》一卷 …………… 256
《何水部集》三卷 …………… 256
《杜工部七言律詩》五卷 …………… 257
《周曇詠史詩》三卷 …………… 257

《丁卯集》二卷、《補續》、《補補遺》各一卷 …… 258
《唐李推官披沙集》六卷 …… 260
《河東柳仲塗先生文集》十五卷 …… 261
《宋林和靖先生詩集》四卷 …… 261
《東坡先生和陶淵明詩》四卷 …… 262
《東萊先生詩集》 …… 262
《高東溪先生文集》二卷、《附錄》一卷 …… 263
《野處類稿》二卷、《補遺》一卷 …… 263
《方秋崖先生小稿》二十三卷 …… 264
《雪磯叢稿》五卷 …… 264
《雲莊詩集》一卷 …… 265
《棣華館小集》一卷 …… 265
《蕙庵詩稿》一卷 …… 265
《橘潭詩稿》一卷 …… 265
《庸齋小集》一卷 …… 265
《學詩初稿》一卷 …… 265
《芸居乙稿》一卷 …… 265
《菊潭詩集》一卷 …… 266
《雲泉詩集》一卷 …… 266
《閒閒老人滏水集》二十卷 …… 266
《趙寶峰先生文集》二卷 …… 266
《所安遺集》一卷 …… 267
《栲栳山人集》三卷 …… 267
《鹿皮子集》四卷 …… 267
《江月松風集》十二卷、《續集》一卷 …… 268

《存復齋文集》不分卷 ……………………………… 268
《清江貝先生文集》三十卷、《詩集》十卷 …………… 268
《清江貝先生文集》三卷、《續集》一卷 ……………… 268
《甘白先生集》六卷 ……………………………… 269
《呆齋藏稿》六卷 ………………………………… 269
《石田詩稿》六卷 ………………………………… 269
《浦舍人集》六卷 ………………………………… 271
《趙氏家藏集》八卷、《補遺》一卷 …………………… 271
《虛齋先生遺集》十卷 …………………………… 272
《海外遺稿》一卷、《附錄》一卷 ……………………… 272
《浮山文集前編》十卷、《浮山文集後編》二卷、《浮山
　此藏軒別集》二卷、《膝寓信筆》一卷 …………… 272
《雪翁詩集》十四卷 ……………………………… 273
《懷舊集》二卷 …………………………………… 273
《池上篇》一卷、《文》一卷 ……………………… 273
《爲可堂文集》四十二卷、《初集》十卷、《詩集》十
　六卷 ……………………………………………… 274
《敬修堂釣業》一卷 ……………………………… 274
《查伊璜先生遠道篇》一卷 ……………………… 275
《東山敬修堂詩稿》一卷 ………………………… 275
《東山外紀》一卷 ………………………………… 275
《浮雲集》十二卷 ………………………………… 276
《德藻堂詩》二卷 ………………………………… 276
《何求老人詩》不分卷 …………………………… 277
《敬業堂詩集參正》二卷 ………………………… 277

《圭美堂集》二十六卷 …………………………… 277

《盟鷗草》一卷 …………………………………… 277

《聿修堂集》六卷 ………………………………… 278

《南陽集》六卷 …………………………………… 278

《内心齋詩稿》十一卷 …………………………… 278

《舊雨齋詩稿》一卷 ……………………………… 279

《耦堂詩鈔》二卷 ………………………………… 279

《小綠天盦吟稿》二卷、《山野紀事詩》一卷 … 279

《張叔未先生編年詩》一卷 ……………………… 280

《愚谷文存續編》二卷 …………………………… 280

《椿腹集》二卷 …………………………………… 280

《黼黻圖》一卷 …………………………………… 280

《始誦經室文録》一卷 …………………………… 281

《小蘇齋文稿》一卷、《隨筆》一卷 …………… 281

《一鐙書舍未定稿》一卷 ………………………… 281

《金陵癸甲新樂府》二卷 ………………………… 281

《獨秀峰題壁詩》一卷 …………………………… 281

《詩紀目録》四十五卷 …………………………… 282

《乾坤清氣集》十四卷 …………………………… 282

《四明雅選》三卷 ………………………………… 282

《甬東薛氏世風删》二卷、《續》一卷 ………… 283

《清詩別裁續集》不分卷 ………………………… 283

《續全唐詩話》一百卷 …………………………… 284

《全宋詩話存》十三卷 …………………………… 284

《氅餘詩話》十卷 ………………………………… 285

《拜經樓詩話》四卷 ……………………………… 285
《韻語陽秋》二十卷 ……………………………… 285
《詩法源流》一卷 ………………………………… 287
《宋典雅詞》十四種 ……………………………… 288
《遺山樂府》三卷 ………………………………… 289
《紅萼詞》二卷、《炊香詞》一卷 ………………… 289
《滄江虹月詞》一卷 ……………………………… 289
《四印齋詞》一卷 ………………………………… 290
《太和正音譜》二卷 ……………………………… 291

叢書

《說郛》一百卷 …………………………………… 293
《國朝典故》一百十卷 …………………………… 300
《花近樓叢書》八十三卷、《補遺》二十一卷、《附存》
　八卷 …………………………………………… 303

經　部

《子夏易傳鈎遺》二卷　與戚氏《周禮音拾遺》合訂一冊

清吳騫輯。騫字槎客，號兔牀，海寧人。此書前有自序，云："《子夏易傳》不見於《漢書·藝文志》，《隋書·經籍志》始著之，止二卷，云'殘闕。《中經簿錄》四卷，梁六卷'。陸德明《經典敘錄》作三卷，又引《七略》云'漢興，韓嬰傳'，《中經簿錄》云'丁寬所作'，張璠云'或馯臂子弓所作，薛虞記'。然德明亦隋末人，而所志卷數，已與《隋志》不同，何邪？自唐以後，乃有所謂十一卷者，不知誰何所記，或曰'張弧'。朱氏《經義攷》疑非復今世所行之本，蓋以其書初不類唐人著述也。至於闕本《子夏傳》，即非真出卜子之手，然其言長於訓故，當爲漢魏專門之學，其來必有師承，是于唐宋諸儒解經者均有所取。而朱漢上以'坎爲小狐'乃秦漢以前之說，孟喜、京房、荀爽、王肅皆祖述子夏，語若印圈鑰合，非後儒所得而增，又豈張弧以後人所能擬議哉？今十一卷之書行於世，而古本散在典籍，罕有綜理之者，間因蒐輯，仍爲二卷，曰《子夏易傳鈎遺》。"云云。此書自稿本過錄後，曾用臧本校勘，字有不同者，注於各條之下，有加"宗祥案"三字，有不加者。

《干常侍易注疏證》一卷、《集證》一卷　一冊

清方成珪撰。方氏瑞安人，書成於道光丁酉。序後有孫

詒讓跋云："光緒辛巳八月，依別寫本校補蠹缺字，別寫録在此書後，疏證頗多改定。又此本之涂乙者，別本皆無之，故未能全補之文甚夥，不及詳覈。"云云。書中有孫氏校語，用墨筆録於眉端。朱筆者，予所校也。跋中缺字，以小注臆增。

《學易》六卷 四册

清李塨撰。塨字恕谷，號剛主，蠡縣人。少與王源同師顔元，文辭與姜宸英齊名，後又從毛奇齡學。著有《周易傳注》七卷，《筮考》一卷，《郊社考》一卷，《論語傳注》二卷，《大學傳注》一卷，《中庸傳注》一卷，《傳注問》一卷，《李氏學樂録》二卷，《大學辨業》四卷，《聖經學規》二卷，《論學》二卷，《小學稽業》五卷，《恕谷後集》十三卷，均見《清史稿》本傳。此書未列入傳中，《直隸志》亦未著録。書成於康熙五十二年，距鄉舉時已二十三年。録自手稿本，其説《易》以人事相比，一宗習齋，此難得之書也。

《毛鄭異同考》十卷 四册

清程晉芳撰。晉芳字魚門，號蕺園，上元人。乾隆時爲《四庫全書》纂修官。著有《周易書旨》、《尚書今文釋義》、《左傳翼疏》、《禮記集釋》、《勉學齋文》、《蕺園詩》及此書。原缺序，今據《文集》補。未見刻本，録自舊鈔。

《詩古音》三卷 一册

清楊峒撰。楊氏，益都人。此書以顧炎武《音學五書》、江慎修《五音標準》爲主，而時加以辨訂，有功《詩經》之作。晦庵不審古音，注《詩經》時凡與今韻不合之字，即以叶字注之。而自清以來，偏重朱注，遂使古音淪亡，可慨也。

《毛詩興體説》六卷　一册

清黃應嵩撰。黃氏，益都人。書分"毛傳獨標興體舉例"、"《詩》中言如，非盡比體例"、"毛傳言興，而箋非興例"、"箋疏申明毛傳，未標興體例"、"鄭箋明著毛意例"、"詩序言刺，毛傳獨標興體例"凡六類，皆以申毛君之説。錄自稿本。

《毛詩名物圖説》九卷　二册

清徐鼎撰。鼎字峙東，號雪巢，吴縣人。明經，工山水，著有《鬻雲館文集》及此書。書中所引，以郭注、陸疏爲多，間有按語，每物均有圖。從原稿影鈔。

《古文尚書冤詞補正》一卷　與《傳經系表》合訂一册

清周春撰。春字芚兮，號松靄，海寧人。此書爲紫陽氏受毛西河之斥而發，終以望溪與剛主一書，著書之旨昭然。書中有"閻氏依附東海"云云，因學術而牽及人品，似覺稍過。前有吴兔牀先生叙文，此叙《愚谷文存》中未載，而《文存》卷一有《訂閻叙》一篇，云"松靄先生既爲《冤詞補正》，復出《訂閻》一編，以匡《四書釋地》之繆"云云，是知周先生尚有《訂閻》一種，恨未得見。此書卷末有耕崖先生跋，跋中舉出兩孔安國，一爲西漢人，一爲東晉人，此説又見《讀經隨筆》中。亦讀書得間，考古者不可不知。

《戚氏周禮音拾遺》一卷 與《子夏易傳鉤遺》合訂一冊

清周春輯戚袞之說。後有跋云："戚公文《三禮義記》、《禮記義》、《周禮音》及集十卷，並不傳。按《隋志》集已梁有隋無，則其書散佚久矣。僅從《經典釋文》內摘《周禮音》爲一卷，此如珊瑚木難，以少見珍也。因思《南史·文苑傳》，我邑有戚公文、允南，允南著述亦多，而竟無一字表見，則傳不傳，殆有天幸哉！乾隆四十六年辛丑歲冬十二月，周春書。"

《禮記參訂》十六卷 二冊

清陳鱣撰。鱣字仲魚，號簡莊，海寧人。海寧陳氏歷代所著書，曾編專目。此書未載，知佚已久，錄自稿本。卷末有先生《元本禮記集說跋》，云："元天曆本《禮記》十六卷，首題'禮記卷第'，次行題曰'後學東匯澤陳澔集說'，每頁二十二行，行二十一字。首卷後識云'天曆戊辰建安鄭明德宅刊行'。按澔自序云'先君子師事雙峰先生'，蓋指其父大猷爲饒雙峰弟子。雙峰師黃中立，爲朱文公再傳弟子，故得藉其餘蔭。又云'書成，甚欲就正于四方有道之士，而衰年多疾，遊歷良艱，姑藏巾笥，以俟來哲'。後題'至治壬戌'，爲元英宗二年，是入元已四十三年，時猶未刻也。此刻于天曆戊辰，爲文宗元年，上距壬戌僅隔五年耳。自序後有《凡例》五條：首校讎經文，列蜀大字本、舊監本、興國于氏本、盱江重刻廖氏本等種，次援引書籍，次論說去取，次音文反切，次章句分段，凡皆今本所無。其書十六卷，明內府刻本猶然，今本十卷，不知何時坊刻也。中如'狠毋求勝'作'很毋'，'奈何'作'柰何'。至朱氏《經義考》作三十卷,則又誤曰《永樂大全》也。《經義攷》人詆是書爲'兔園册子',其時納蘭成德作《補正》三十八卷,成于嘉定陸翼壬之手,所正者如《曲禮》'很毋求勝,分毋求多'注:'況求勝者未必能勝,求多者未必能多,爲不免計較得失。''奉席如橋衡'注云:'如橋之高,如衡之平,爲橋衡',從注疏爲是。《檀弓》'五十以伯仲'注,引賈公彥《儀禮疏》,乃孔穎達《禮記疏》文,正與賈疏相反。《學記》'術有序'注,引《周禮》'鄉大夫春秋以禮會民,而射于州序'。《周禮》實無此文。如此之類甚多,皆足令無辭以答。然猶有未盡者,如《曲禮》'若夫坐如尸,立如齊',鄭注'言若欲爲丈夫也',《集說》乃從劉原父之說,讀若'扶'。'是以君子恭敬撙節退讓以明禮',鄭注'撙,猶趨也',《集說》乃云'撙,裁抑也'。《檀弓》'舉者出户,出户袒',上'出户'謂舉尸者,下'出户'謂玉叔後。鄭注云'尸出户乃變服'。《集說》誤從馮氏,竟改經文爲'尸出户非也'。'使子貢問之',按《九經三傳沿革例》云'實使子貢',而興國及建諸本皆作'子路',及攷石本、舊監本、蜀大字本越上注疏,皆作'子貢',未知孰是。以《家語》證之,則'子貢也',《集說》誤從興國及建諸本作'子路'。鱣謂《論衡·遭虎》亦作'子貢',則非'子路'也。《王制》'大夫祭器不假,祭器未成,不造燕器'一節,本在'庶人耆老不徒食'之後,《集說》乃置于'寢不踰廟'之下,妄矣。《月令》'還乃賞公卿諸侯大夫于朝',按《釋文》以'還乃'作音,其義曰'在《孟春》云賞公卿諸侯大夫于朝,《孟夏》云還乃行賞封諸侯,《孟秋》云還乃賞軍師封人於朝,《孟冬》云還乃賞死事,恤孤寡,四時所賞不同者'云云,皆作'乃',知唐删定《月令》尚爲'乃'字,《後漢書·郎顗傳》李注亦引作'乃',《集說》誤沿俗本作'還反',又脱'諸侯'二字也。'天子親戴冕',據《釋文》正當無'耗'字。'揩之于參保介御之間',《正義》本如是,《集説》亦誤沿俗本作之'御間也'。'命司徒循行,□序',《集説》作'命有司',亦誤沿俗本也。《文王世子》'及養老幼于東序',本不誤,唐石經以下皆然,《集説》因石梁王氏塗去'幼'字,遂疑誤本擅入,此疑所不當疑也。《郊特牲》'饗帝於郊,而風雨寒暑時',唐石經'風雨'下無'節'字,《正義》復舉經文亦無,《月令》、《郊特牲》、《正義》兩引皆無,《集説》從俗誤衍'節'字也。"云云。此書無序,著此一跋,蓋以明著書之旨,在糾《集説》之誤。

《雙峰先生内外服制通釋》七卷 一册

宋車垓撰。垓字經臣,號雙峰,黃巖人。垓與從兄若水,皆受業于季父安行,安行受業于陳塤,塤受業于朱子。此書均仿《文公家禮》。《四庫》著錄亦七卷,朱竹垞《經義考》曰:"車氏書余所儲者,闕第八卷以後。卷八書目爲'三殤以次降服'、'應服期而殤者降服大功小功'、'應服大功而殤者降服小功'、'應服小功而殤者降服緦麻',卷九爲'深衣疑義'。"今查此書目錄中俱載之。前爲至元庚辰張復跋,至元戊辰從子惟賢跋。又有至元己卯牟楷序跋及序三篇。余過錄自舊鈔本,原云均爲影寫。今仍影寫,足證是書元季曾刊行。八、九兩卷,不知何時亡佚,竹垞所藏本已是明季,亦僅存此七卷矣。

《大學章句》一卷 一册

宋朱熹撰。影宋大字本,半頁七行,行大字十二;小字雙行,行十五字。左右雙線,小黑口,第一魚尾下標"大學"二字,第二魚尾上標頁數,前有淳熙己酉朱熹序。經第一章注"欲其必自慊而無自欺也",此本作"欲其一于善而無自欺也",蓋朱子尚未改正此句注文,即以刊行之本。大字精刻,宋本之精者。

《四書待問》二十二卷 二冊

元蕭鎰撰。鎰字南金,號月西,臨江人。前有延祐丁巳李存序,稱爲《薈蕞叢述》,又有至治新元李存序,則稱《薈蕞續抄》,均未著卷數,豈是書本爲正、續二編,後乃合而爲一,易用今名耶？元時取士,有"四書義"一門,明初尚沿其制,此書蓋當時以備應試之用者,各家少著録,故録之,以見當時風尚。

《顧氏經解拾遺》一卷 與《子夏易傳鈎遺》合訂一冊

清周春輯。原跋云:"顧景怡所著書有《繫辭注》、《尚書百問》、《毛詩集解敘義》、《老子堂誥》、《老氏義疏治綱》,載于本傳。及《隋書·經籍志》、《唐書·藝文志》、陸氏《經典釋文》,但不言其有《論語注》,惟皇侃《義疏》引之。其書今並不傳,僅存此十一條而已。尚有表一首,論一首,詩一首,詳載《南齊書·高逸傳》、《南史·隱逸傳》。《老子注》十二條,見於《經典釋文》,兹不復録。乾隆四十六年辛丑歲冬十二月,周春書。"云云。按顧歡,亦鹽官人,周氏所輯者,爲《繫辭注》四條,《論語注》七條,吳均《齊春秋》一則,陶弘景《真誥》一則,陸德明《經典釋文》一則。

《經義未詳説》五十二卷 原缺十五、十六、十七、十八、三十一、三十二六卷 未訂

清徐卓撰。徐氏，休寧人。此書成于道光時，據其自序，原爲十二卷，後乃擴爲五十二卷。聞當時曾刻行，爲時不久，刻本竟不可復見，且書亦不全，可慨也。此書本與分類鈔寫之《太平御覽》同藏一篋，劫後檢點，《御覽》已亡，此書獨存，亦一幸事。

《羣經冠服圖考》三卷 一册

清黄世發撰。世發字弱中，晉安人。書分"元服"、"衰服"、"雜服"三大類，據鄭氏《釋禮》之説，散在注中者輯出之，以類相比，間附以圖，而成此書。前有乾隆四十七年自序，未見刊本。

《十三經地名韻編今釋》五卷 三册

清龍繼棟撰。繼棟字松琴，臨桂人。前有光緒十五年曾國荃、許振禕及自序三篇。書以韻分，取諸經所紀地名，辨其異同，參諸書而考訂之。蓋以補蔣廷錫《尚書地理志今釋》之不足，而其例則仿李申耆《地理韻編》者也。未見刊本。"入聲"部誤裝"上聲"部前。

《羣經音辨》七卷 存三、四兩卷 一册

宋賈昌朝撰。昌朝字子明，獲鹿人。影宋本，半頁八行，行大字十五。左右雙綫，黑綫口，第一魚尾下標"音幾"，第二

魚尾下標頁數，下列刊工姓名。後有李盛鐸跋，云："此書各家著錄多係影宋本，以宋刊原帙久歸天禄石渠，無由獲見。此本璽識宛然，殆何時失散流出，歸於鬱華閣。今爲抱存所得，洵可珍也。此紹興壬戌汀州寧化縣所刊，故避諱至'覯'字止，於宋代爲此書第三刻。乙卯夏日盛鐸記。"又有袁氏二跋，今錄其一，云："《羣經音辨》七卷，唐六如舊物，後歸汲古閣，毛斧季舉以售諸潘稼堂，未幾入石渠。張氏刻《澤存堂叢書》時，曾求假於毛氏而不得，遂以影本付梓。不特失宋本面目，如'賢，大穿也'，宋本'胡盺切'，張刻作'胡甸'；'日'，宋本'人實切'，張刻作'人質'；'肙'，宋本'央人切'，張刻作'於機'，類是則其繆誤尤甚矣。乙卯六月寒雲。"此蓋清石渠天禄之書，宋初刊于崇文書院，南渡後再刊于臨安府學，三刊于汀州寧化縣學，此李氏所謂"第三刻"也。

《九經通借字考》十四卷 二册

清錢坫撰。坫字獻之，嘉定人，大昕姪，乾隆甲午副貢，官乾州州判。是書係依《説文》分部，辨證亦極詳實精確。包世臣撰《坫傳》及江藩《漢學師承記》，均不載其目，今以《十經文字通正書》校之，大致互有增損，而《十經》本較此加詳，故《通正書》時爲梓行，而此書迄未登木。今讀一過，辨析精詳，於六書"假借"一門，由此可知塗轍，固不必因《十經》已刻而廢此也。見丁氏《藏書志》。

《説文辨疑》一卷 與《四印齋詞》合訂一册

清顧廣圻撰。廣圻字澗蘋，長洲人。此爲先生手稿，共十五條，皆細書散紙之上，計三十八字，有已訂定者，有僅標其字尚未加以辨證者，蓋後人彙集先生稿紙，錄以成書者。

《釋名》八卷　一冊

漢劉熙撰。影寫明繙宋刻本。序後空二行，有："右《釋名》八卷，《館閣書目》云'漢徵士北海劉熙字成國撰，推揆事源，釋名號，致意精微'。《崇文總目》云'熙即物名以釋義，凡二十七目'。臨安府陳道人書籍鋪刊行。"行十五字，共四行。此本欵識，蓋一如宋刊。《邵亭目》云孫星衍有此本。

《小爾雅廣注》四卷　一冊

清莫栻撰。栻字幼張，錢塘人。前有雍正年同學弟陳景鐘序。此書蓋病宋咸注之略，推而廣之也，引證極博，未見刻本。

《古今指南》五卷　二冊

清王見龍撰。王氏，諸城人。書前乾隆壬午益都李文藻序，云："是譜於一百七部韻、三十六字母之外，不增減一字，不更易一位，而已總括二書之全。指《佩文詩韻》、《康熙字典》。字畫恪遵《字典》，無一譌舛。學者得是譜，則彼三書皆可以該貫。究其卷帙，僅有三書之十一，故曰'用心勤且巧也'。"云云。則是書著述之旨可見矣。後有乾隆二十七年壬午古斟蘇一圻跋。序、跋中皆云"已刊"，然此書乃自來青閣所藏鈔本過錄，末有"李南澗藏書印"，是傳本極少矣。

《識字璅言》四卷、附一卷　與《水經注兩漢侯國名韻編》合訂一册

清易本烺撰。本烺字眉孫，京山人，有《一粟齋集》。此書說明正書變更篆書面目，有可意會者，有迥異者。如曰："反可爲叵，正書變作叵，尚存其形。反ㄅ爲ㄑ，正書ㄑ變作人，ㄑ變作ㄈ，其形迥異。二ㄅ相背爲？，正書又變作北，又似二匕相背矣。？从？、从一，又變作丘，从丘之字？又變作虛。其信手無定如此。"云云。第三卷爲《雜論》，所以正現行俗字之誤，及諸經用字之異同。第四卷辨正古人字典之誤，末附《雜說》一卷。卷首有"自記"云："以下皆緯讖離合之說，本非論字正文，原無庸辨，然亦恐其惑人，故略正之，以附儐正古說之後。"云云。蓋正古來曲解字義者。書無刊本，其子崇莊校訂。

史　部

《罪惟録》一百又二卷 四十册

　　清查繼佐撰。繼佐字伊璜，海寧人。書標"左尹"之名，自叙中已明言其僞託。《清史列傳・查應兆傳》論曰："蓋吾氏有兩閩藩，其一愍齋約，亦以清介聞。"云云。《播匿列傳・黑子僧傳》曰"而聽月爲余族弟，得臨濟之傳者"云云，其他散見各傳，若監軍江上諸事，皆可證明是書爲先生所撰。惟自序云"始於甲申成於壬子"，沈仲方所撰先生年譜，則云："己未先生五十五歲，始著《罪惟録》。歷二十年，乙卯廼成。年已七十五矣。"所序著書年月，略有參差，要當以自序爲據。序中云"別號東山"者，時先生隱居碤石東山萬石窩故也。此書自序僅言"改名《罪惟》"，不知原名是否"明書"。

　　費景韓姑夫寅著《敬修堂歷著書目攷》，載管芷湘先生所見《罪惟録》殘稿，以較此稿，少《帝紀》二十二卷，《數志》一卷，《祖禰》至《衡運列傳》、《外蕃列傳》七卷及《外志逸傳》等，多《荒節》、《諸臣》、《回回荒服》三傳及《謐法後論》一卷。然管先生所見凡兩種，一售於金陵，被裝潢割裂者；一藏於吾鄉，佚前二册。或有傳無論，或有論無傳者，皆非全書。今是書不獨《自叙》、《志叙》二篇，爲伊璜先生手寫，即書中諸稿，凡行書者，皆手筆也。而又紀、傳皆備，首尾完整，似較芷湘先生所見諸本爲善矣。

此書雖未標《荒節》之名，然《諸臣》之傳皆在，《回回》各傳，《外蕃》中亦詳載之，《荒服》至"王會諸國"而極矣，今皆在《外國傳》中。是所短者，僅《謚法後論》一卷而已。所惜芷湘先生所見二書及是書，皆無原目，不能印證究竟《回回》、《荒服》二傳，是否分列，抑係後人割裂卷帙，强爲之名也。全書《海昌備志》引《金志》云："一百二十卷，《書目考》連《自叙》作九十卷。今按原書《致命列傳》僅標'十四上'，而中、下兩卷未分，《外志》標'三十二卷上'，亦未分中、下，是原本定卷一百二十之數，殆武斷也。今遵管目增《荒節》一傳，《致命》、《外志》承原標之意，皆分爲三，共計子卷序目爲一百又二卷，可以復先生之舊矣。《外志》原書附在《志》後，體例不符，今移在《列傳》之後。"

此書《翼運》、《衡運》二傳，即敬修堂説"外二卷"也。據《年譜》説，外刊成於順治辛卯，則《自序》"始於甲申"之證也。"中經莊氏史獄，康熙"壬辰"，"辰"疑"寅"誤。繫獄幾二百日，後更遊粤，自粤歸隱，始成全書"，則成於壬子之證也。在史獄之前，先生已有《説外》、《説造》諸作，則莊氏之史，先生所樂與共事可知矣。史獄之後，莊氏之書燬而不傳，先哲亦無敢載筆述其書之情狀，然吾意先生是書必太半以莊氏之書爲藍本，而加以筆削者也，惜無確證。所得者僅《文史列傳・焦竑傳論》中引"莊鑨曰'《致身錄》一書，童子皆知其僞，而弱侯寶之'"數語耳，然即此亦可證取材莊史矣。

先生是書，最注意者，"靖難"、"奪門"、"議禮"、"鼎革"數事。"河西傭"、"補鍋匠"等，皆爲列傳，顧佐等皆入《乘時》，則宜乎三楊、金寒之爲《荒節》也。凡《乘時》一傳，幾皆爲"靖難"、"奪門"、"議禮"三事而設。《桂主》之後，附以《韓主》、《鄭成功及臺灣》二傳，又慨乎言之，則惓惓故國之心可見矣。是書《諫議傳》無楊漣等，《隱逸傳》僅至孫一元，《奸壬傳》無馬士英等，闕帙至多，蓋原書每傳不連寫，又經書估任意裝訂，先後倒置，無目錄可查，故雖缺而不知也。今目既據書補錄，不揣荒陋，他日當爲之補傳，以成全書。袁崇煥、董斌卿入《逸傳》，豈以是非難定耶？阮大鋮不入《奸壬傳》，則所不解矣。原書向藏仁和吳氏清來堂，今歸吳興劉氏嘉業堂，承翰怡兄借鈔，凡六閱月而畢，又爲整理之。適張君菊生以《四部續刊目》就商，中有嘉慶《一統志》、柯氏《新元史》兩種，予意嘉慶《志》與乾隆《志》相差甚微，而《新元史》印行不久，欲棄此二種而以《罪惟錄》、《國榷》二書代之。菊生云："嘉慶《志》已排板，不及剷除。以《罪惟錄》、《國榷》字數計，去《新元史》即可印行。"議已定，翰怡兄必欲影印原書，此書遂得印行。而《國榷》因篇幅增多，遂不能列入，故至今未印也。

《國榷》一百零八卷　八十三冊

清談遷撰。遷字孺木，海寧人。前有崇禎庚午正月新建喻應益序，天啓丙寅三月談氏自序。序後跋云："此丙寅舊稿，嗣更增定，觸事悽咽。續以崇禎、弘光兩朝，而序仍之。終當覆瓿，聊識於後。"云云。序後爲《義例》，《例》後題"江左遺民談遷孺木識"，是史之編在國變前，史之成在國變後也。史例紀年，蓋仿《長編》之例。前有《大統》、《開聖》、《天儷》、《元潢》、《各藩》、《輿屬》、《勳封》、《戚畹》、《直閣》、《部院》、《甲第》、《朝貢》十二篇，蓋提挈綱領，有類表志者。本史自太祖起至永曆止。弘光之後，恐先生再度補成者，必在前跋之後。世所傳本，以崇禎一朝分爲十卷，蓋非全書，書估以之欺人者。書中所紀，有與《實錄》不同者，皆注明於後，此孺木先生一生用力之書也。雖不分卷，然七八十頁後，必另爲起迄，蓋未標卷數，非漫無起迄也。此書予假蔣氏五硯樓舊鈔本過錄，蔣氏書，生沐先生光煦別下齋所藏，皆燬於太平天國革命時。《別下齋叢書》、《涉聞梓舊》二書之板亦被焚，所存者獨別下齋三間老屋而已。其時生沐先生避難桐木港，聞書室災，嘔血，不久下世。其從弟所藏者，買巨舶載之，轉徙長江中，事平卒得保全，至今三傳矣，尚世守勿失。若宋刻小字本《晉書》、沈石田手改詩稿，皆足珍賞，此書亦其一也。甲子至永嘉，承假攜行篋中，因得全鈔。中有二三空頁，後至江南圖書館檢視八千卷樓本，所缺亦同，乃知同出一源。丙寅丁卯，流庽滬上，頗思借劉氏嘉業堂所藏明歷代《實錄》一爲校補，悠忽至今，竟未着手，以視先哲劬學著述之勤，愧悚奚似。乙未又據一鈔本校補，並爲分卷。前十二篇定爲卷首四卷，弘光一朝亦定爲四卷，原書作百卷。

《越絕書》十五卷　一冊

不著撰人姓名，據《丹鉛錄》、《珍珠船》、《留青日札》等書，定爲漢袁康、吳平撰。此書刊本，最早爲宋嘉定庚辰東徐丁黼刻于夔州，次爲嘉定壬申汪綱刻于紹興，又次爲元大德丙午紹興路刊本。二宋一元，今皆未見，所見者明繙本而已。訪集各本讐校，又旁證他書，爲之刊定，寫成此書。丙申，商務館已影印。

《遼小史》八卷 一冊

明楊循吉撰。循吉字君謙，吳縣人。成化進士，致仕歸隱，著有《松籌堂集》及雜著十餘種，此其一也，《四庫》未收。前有萬曆己酉錢允治叙，云："今《遼史》修于蒙古，金、宋鼎立，不分正、閏。於是會稽鐵崖楊先生有《正統論》，吾吳郡南峰楊先生所以有《小史》之作。《小史》止一卷，闊略其事，豈以其夷狄而不欲詳耶？"云云。此蓋叙楊氏作史之意，然書實八卷，非一卷，自阿保機興遼至遼亡于元爲止。

《中朝故事》一卷 一冊

南唐尉遲偓撰。《四庫》著録作二卷，云："上卷多君臣事蹟及朝廷制度，下卷則雜録神異怪幻之事。"此爲一卷本，然《提要》所載"宣宗爲僧"、"路巖欲害劉瞻"、"鄭畋鬼胎"諸條，此本皆載，則知非缺，實所據之本不同也。原書半頁九行，行十八字。有題記云："《四庫》本上卷記君臣事迹、朝廷制度；下卷雜陳神怪，純爲小説體。此作一卷，尚從宋出。偓作此書，蓋奉先主李昇之命，述唐宣、懿、昭、哀四朝舊聞。昇自稱系出太宗子吳王恪，故稱長安爲中朝耳。"云云。

《江南野史》十卷 一冊

宋龍袞撰。《四庫》著録。鄭樵《通志》載此書爲二十卷，晁公武《讀書志》載此書凡八十四傳。今此本僅十卷、三十四傳，蓋亡佚過半。錢遵王《讀書敏求記》作十卷，是知明以來早無完本。書中所記，如孫晟、林文肇諸《傳》，與《五代史》頗有異同,可資考證處頗多。

《北狩蒙塵錄》二卷 一冊

不著撰人。記自靖康元年正月十九日金兵渡河起,至徽、欽二帝遷居五國城止,中叙朱后、鄭后之死。未見著錄。《四庫存目》有《靖康蒙塵錄》一卷,非此書也。

《建炎復辟記》一卷 一冊

不著撰人。叙苗傅、劉正彦之變。末叙韓世忠功績事業較詳備,故《四庫存目》以爲韓氏門客所記,然無其他確證。

《中興禦侮錄》二卷 一冊

不著撰人。《四庫》入《存目》,《宋史・藝文志》作一卷。書中稱高宗爲"太上皇",當是孝宗時人撰。張浚兵敗事,叙述甚詳。記載至魏杞使回、和議告成止,蓋乾道元年也。

《弔伐錄》二卷 二冊

不著撰人。《四庫》著錄者,署曰《大金弔伐錄》,爲四卷本,此爲二卷本。書中所叙,自天輔七年交割燕、雲起,終於僞齊建國,則二書相同。蓋《四庫》輯自《永樂大典》,此本則出自錢遵王述古堂舊藏,故分卷不同。

《僞齊錄》二卷 一冊

從政郎楊堯弼撰。陳振孫《書錄解題》作"《逆臣劉豫傳》一卷,楊堯弼、楊載等撰",《四庫》入《存目》,作"《僞豫傳》一卷,楊克弼撰",是一書而有三名矣。自宋言之,豫逆臣也。自歷史上記之,豫建國亦有年所,且書中所記,有政治,有法令,如《戒令農桑詔》、《牒官册修什一税法詔》、《諭士民榜》等。非劉豫一身事跡,實齊一國事跡。既"僞"矣,亦已足矣。削其國號,未足以示貶,適失實而示人不廣耳。然陳氏宋人,猶可説也,至《存目》所標,尤爲不通。僞者,非真也。齊因其依虜建國,非真國,尚可僞,豫則真豫,特叛宋耳,何"僞"之有!《四庫》喜擅改書名,此亦其一。書中所載文告爲多,陳氏、《四庫目》之爲傳,均皆不合。又《四庫目》稱"傳中載豫阜昌八年遣宣義郎楊克弼乞師大金,克弼他辭,乃改差韓元美",又稱"其自序以豫逆臣不當稱僞齊,故削其國號而名稱之"。今此本《傳》中無"先差楊克弼"文,"元美"皆作"元英",亦無序文,不知《四庫》所據何本?至楊氏之名,各本皆作"堯弼",惟《四庫》作"克弼",恐《四庫》誤也。

《南遷録》一卷 一册

金張師顏撰。《四庫》入《存目》,《書録解題》亦斷爲僞作。今按此書後有大德丙午良月浦元玠《跋》,中有云:"此大金秘書省文字。"又云:"後因《金國志》刊行,與此書較之,事語頗同。而人君年號,俱各殊異,未審其孰然。以元玠之管見,當時南遷,張秘書親隨乘輿,晨夕執筆侍側,而其所記之書,豈其差舛!《金志》非本國士於南官進宋之書,中間或有誤焉,未可知也。"云云。復有至正戊戌重録此書一跋。按書中所叙世宗三子:長允升,次允猷,次允植。允植爲二兄所害,遂立其子爲太孫,是謂章宗。被弒,立世宗子磁王允明爲皇太叔,於七月八日即位，十五日被弒，謚爲昭宗。立濰王允文，是謂德宗。死，立淄王允懷，是謂宣宗，遷都於汴。其世次與《金史》不同。趙與旹《賓退錄》以僞攻之，一因其官爲"通直郎"，虜無此階；二因其世系不符；三因其稱"忠獻王罕"、"忠烈王术"，不稱"宗維"、"宗弼"。然金之無此官階，趙氏所據者爲《士民須知》一書，此係坊間雜用之書，未可據爲定論。稱小字不稱名，更難作爲真僞之確證。獨世系不符，頗屬疑問。《書錄解題》亦斷爲僞作，且以爲華岳所作。《四庫存目》亦引二家之說，而以世系一事爲最重，且云："今觀其書，所言亂金國者章宗、大辨，皆趙氏所自出。又謂大辨初生，其母夢一人乘馬持刀，稱'南紹興主遣來'云云，蓋必出於宋人雪憤之詞，而又假造事實以證佐之，故其抵牾不合如此。"其上文又云"鄭王允蹈誅死絕後，不聞有愛王、大辨其人"。今按此書果爲宋人雪憤之作，則叙述守燕、遷汴之事，不應如是詳盡。且二人雖宋女所出，然瀆亂宮闈，事實可恥，何憤之雪？況大辨結蒙古南侵，明楊循吉所撰《遼小史》卷七注中曾引之，注云："時璟殺愛王大父允蹈，允蹈之子辨，結蒙古人叛於和龍。"據此可知"大辨"非無其人矣。昭宗登位僅數日，《金史》成於異代，又極草率，恐不能無疏忽也。否則僞撰一書，何必多此枝葉，爲世人攻擊之資乎？予故以浦氏之說爲近是，而諸家之說實不免於武斷。

《許君年表考》一卷　與《丁酉大獄記》合訂一冊

不著撰人。辨正許君生卒年月極詳，未見刊本。

《胡安定先生年譜》一卷

不著撰人。蓋因舊譜不詳,重行纂輯者。眉間有小注,歷引各書,亦極詳盡。錄自舊鈔。

《建文年譜》二卷、附《後事》一卷　一冊

明趙士喆撰。士喆,東萊人。首有錢謙益序,"歲在戊戌",僅紀甲子,無年號,實上距甲申亡國已十四年矣。又有張遺序,稱"舊京餘黎",趙氏自序稱"草莽史臣"。二序均不紀年,趙蓋遺民也。自洪武十年師生,至正統五年師歸京師,卒於西內,凡六十年。其《附錄》則自正統七年楊士奇請修《建文實錄》起,至崇禎四年李若愚請復建文帝廟諡,及弘光謁陵復諡爲止。靖難一役,實千古未有之事。事後窮搜海內外者十餘年,師卒隱而不見,終仍歸骨京師。鄭濟後以黃冠終。舊聞杭州東嶽廟道士有鄭姓者,濟之裔也。然浦江鄭氏譜,至崇禎止,無濟名,豈真無其人耶？此書已有排印本。

《傳經系表》一卷　與《古文尚書寃詞補正》合訂一冊

清周勳懋撰。勳懋字竹泉,海寧人,耕崖先生子。經自《易》至《孟子》,人自漢至宋,略注行狀。錄自稿本。

《元朝人物略》四卷　一冊

清孫承澤撰。承澤字耳北,號北海,又號退谷,益都人,世隸上林苑籍,故亦稱"北平"。明官四川防禦使,入清仕至吏部左侍郎。此書錄自稿本,原不分卷,以類爲起迄。卷一

"余闕"條上批云"改'忠義'",然全書實僅分"勳德"、"事功"、"諫諍"、"撫循"四類,無"忠義"一類。疑退谷欲補《元史》,而採輯未竟之作也。首有《退谷逸叟序》,原書首頁鈐有"北平孫氏"一章,故知爲孫氏所撰。

《成化間蘇林小纂》四卷 一冊

明祝允明撰。允明字希哲,長洲人。此書據祝自叙,稱宏治改元,詔中外諸司,撰集事跡,上史館爲《實錄》,簡允明等數弟子員司其事,因私纂記爲此書。《四庫》入《存目》,標"六卷",而所叙"簪纓纂"、"丘壑纂"、"孝德纂"、"女憲纂"、"方術纂"五名,及各纂人數,均與此書合,恐《四庫》"六"字誤標。

《吴中往哲記》一卷、《續吴中往哲記》一卷、《續吴中往哲記補遺》二卷 一冊

《往哲記》,明楊循吉撰。《續記》、《補遺》,明黄魯曾撰。楊字君謙,黄字得之,皆吴縣人。循吉書見《明史·藝文志》,記明初蘇州府人物,自"勳德"至"冠衲"分七目,凡四十一人。黄書自"忠節"至"散逸"分十七目,凡四十人。《補遺》自"審進"至"釋行"分十九目,凡三十一人。《補遺》有作一卷者。《四庫》入《存目》。

《崇禎五十宰相傳初稿》四卷、《重訂》七卷 一冊

倦圃老人撰。前有康熙時題記,云:"此係倦圃師初時手稿,重訂之後,原稿久置高閣,零殘失次。其《孫承宗》、《韓爌》、《李國榗》三傳,竟不可得矣。今與重訂本較對,事跡詳

略,間有不同,特並錄之,以俟論世之君子採焉。康熙□申夏五同里受業門人陶越謹識。"云云。按此書係慨念崇禎十七年中相臣屢易,無以救亡,故特著此,以示殷鑒。

《崇禎盡忠錄》三十二卷 十冊

清高承埏撰。承埏字寓公,嘉興人。書中卷一至卷四,爲"正祀附祀"、"巳邮未邮"、"甲申四方聞國變殉難諸臣民傳"。卷五至卷末,爲"各省殉難臣民傳"。其十一卷,原目爲"常州、無錫乙酉殉難"、"江陰乙酉靖難"、"宜興乙酉靖難"、"靖江乙酉靖難"、"徽州府乙酉靖難"、"寧國府乙酉靖難"、"涇縣乙酉靖難"、"池州府乙酉靖難"、"太平府乙酉殉難"、"廣德州乙酉殉難"、"杭州府乙酉殉難"。二十五卷,原目爲"山西甲申以前殉難"。此二卷已佚。書後有平湖東村叟跋,曰:"《忠節錄》爲吾郡高虞部手創,嗣君念祖先生繼志而成者也。滄桑之際,殉志者易致淆訛。先生親歷四方,搜求遺軼,上自京師,下逮滇、緬。或一人而傳聞各異,或一事而紀載不同,窮陬紬訪,必信而有徵乃已。既脫稿,先生年八十餘,求助剞劂不少怠。時譚君有年宰江寧,其世戚也,請好事者資之,聞于制府,亦喜與焉。無何刻幾半,先生卒於金陵,所鐫板不知落何所。其初稿授之陳子自曾省文,欲繕寫以備遺失,每苦蠅頭細字,年經月緯,改竄不一,且老乎顫筆,尤漫漶難辨。有□氏記室盛文者,力任其役,推詳紬繹,再閱寒暑而竣。嘗謂予曰:'四朝忠烈,咸萃茲書。作者數十年精力,非心細如髮,豈能神會而得其意!'予曰:'誠然!中實有默相之,非偶然也。'今省文已歿,見是書而感先生之用心,又念繕寫之人之不可泯焉。閱既畢,爲黯然以識之。康熙六十一年壬寅正月平湖東村叟題。"云云。閱此可知是書流傳本末，念祖先生即承埏子佑鉭，盛文乃何銀臺家人子，有《小傳》附跋後。

《東山國語》二十八卷 二册

清查繼佐撰。《國語補》一卷，爲沈仲方筆。書中所紀，皆明亡殉國傳略，分省爲編，以地系名，共爲十二，即"浙語"、"舟山語"、"臨門語"、"虔南語"、"江右語"、"中州語"、"楚語"、"閩語"、"粵徽語"、"粵語"、"西粵語"、"臺灣語"是也。據"舟山前語"結論，一則曰"與十五國之語絕殊"，再則曰"凡十五國皆中土版圖"，是原書所紀，當爲十五國，此書佚其三國。《海昌藝文志》中載有《南語》、《北語》二種，是否即所佚之篇，苦未見，不能斷定。此書商務印書館印《罪惟錄》時，已影印予寫本附行。

《殷頑錄》六卷 未訂

清楊陸榮撰。陸榮字采南，婁縣人，爲王原之壻。早慧博學，著有《三藩記事本末》及此書，見光緒《青浦縣志》。此書於明末死事諸人，載記頗詳。目錄中有墨釘，蓋已列傳而後又刪去者，惜不知其姓名。

《保越錄》一卷 一册

不著撰人。書記至正十九年吕珍保越一事。書爲元人所著，而稱明軍爲"大軍"，稱朱元璋爲"太祖高皇帝"，當是易代之後，加以竄改者。敘王冕一節云："郡人王冕，字元章，負氣偃蹇,居九里山中。大兵至,民皆避兵入城,冕獨不入。大軍執而欲殺之,自言善能韜略兵書,得不死。大軍將謝僉等資之,偕行至婺州,領見太祖高皇帝于軍門。"云云。此事他書未見。

《明季水西紀略》二卷 一冊

不著撰人。書記奢崇明安位之叛,及平亂諸人李標、王三善等事蹟。訂正《貴州舊志》、《遵義府志》之處頗多,亦雜史中所宜保存者。錄自原稿。

《姜氏秘史》一卷 一冊

明姜清撰。清字源甫,弋陽人。後有二跋,一云:"姜氏不知何名何里,所著《秘史》,但歷數建文君仁厚好古,死難諸臣視死如歸,則知當時亦無難可靖,金川門誠爲失守矣!抑鬱不平之情,見乎言外,而與鄭端簡《遜國記》大都相似者歟。野人之見,不約而同。乃喜而藏之,并識數語。時萬曆乙未四月一日也,信天緣生。"一跋云:"王莽之閏漢,朱全忠之篡唐,其罪貫盈,而紀年仍書于史。燕王取天下于兄子,非有積怨深怒,乃革除建文君之五年,毋亦太忍也乎!紀遜國事者,不啻百家,大約惑於齊東野人之語,尤甚者,從亡遺筆《致身錄》也。弋陽姜清撰《秘史》,稽之故牒,以證其非,幸書成於《致身錄》未出之前,顧猶信程濟爲有其人,則亦非信史矣。福藩稱制,無一善政可紀,惟追贈壬午殉難諸臣,贈官賜諡,差快人意。第易名多至十人,未免失之太濫,然程濟、史仲彬不及焉,其勝于刊勝國逸書者多也。竊怪吾鄉姚御史瑄坐奸黨籍產,載于文皇《實錄》,而諸書無紀其姓名者。又高太常遜志棄官遁永嘉山中,窮餓而卒,比于林右出處未詳者有間,右有謐而太常無之,是亦闕典也已。清字源甫,弋陽人,正德辛未進士,官考功司郎中,歷尚寶少卿。竹垞老人跋。"按二跋,朱跋云姜氏仕至尚寶少卿,非默默無聞者,而前跋乃云"不詳",蓋諱之也。

《崇禎遺錄》一卷 一冊

明王世德撰。世德字克承,北平人,明季襲錦衣衛指揮僉事。李自成入京,引刀自刎遇救,祝髮奔淮南。此書蓋記身在北京聞見諸事,敘至山海關敗回止。自序云:"治國必需經濟之才,而以八股取之,所取非所用,故內外大小臣工,求一戡亂致治之才,千萬中不一得。而詐佞貪汙成習,唯知營私競進,下民其咨而不惜,紀綱日壞而不問。舉天下事付之胥吏,而在位者率朝夕自娛樂,循資格致卿相而已。"云云。其目切時艱,所見確矣。

《皇明末造錄》二卷 一冊

明金鍾編輯,署曰"舊京孤臣"。童本削定,署曰"海濱遺民"。二人字籍均無考,不知所署是否真名。上卷紀弘光迄永曆十二年,下卷記入緬迄卒于猛臘,兼敘臺灣叛將劉國勛、施琅等降清。則二人至康熙時尚在,而是書之成,亦在清初也。敘緬事極詳盡,疑亦隨永曆入緬者。各家未見著錄。

《明史南都大略》三卷 一冊

清沈鳴撰。鳴字稼園,吳興人。此書上卷記魯監國,極略;中卷爲唐王,亦不甚詳;下卷爲永明王,最詳。疑沈氏或曾身入西南之遺民也。録自稿本。

《荒書》一卷

清費密撰。密,新繁人。書記張獻忠入川,及清兵入川事。獻忠未入川,辛丑成都、彭縣之民已變,彭縣民群起除五蠹。五蠹者,衙蠹、府蠹、豪蠹、官蠹、學蠹也。是書徐乾學曾求其稿不可得,蓋録稿家藏,未曾印行也。近已有排印本。

《刦灰録》六卷 二冊

不著撰人。前三卷記明末西南事,自永明王之立,以迄於亡,凡十八年。首"永明始末",次"各臣列傳"。後三卷皆抄録他人記載,於流賊、閹寺之禍獨詳。取《國粹叢書》第三集本讎校,《國粹》本無後三卷,而有"大臨始末"、"舟山始末"、"延平始末"三篇,是知傳本各有不同。按是書原題"珠江廡舫偶寄",尤西堂以爲少司寇馮蒿庵著,近本遂加"臨海馮甦"四字於"珠江廡舫偶寄"六字之上。今按是書自序有:"正月冠春王,大統不因偏安改其例。乾侯書公在,乘輿豈以遠狩貶其文。憫宗社之云亡,摭遺聞於掌故。仰法麟經,希風狐史。"云云。是著者爲永曆遺臣,事後搜羅文獻,筆之成書,以廡亡國之恨,非蒿庵明甚。且蒿庵上書,明史開局,皆在康熙三十一年之前,而此書叙末署年則爲"壬申秋杪"三十一年,更非蒿庵可知。李香引以爲"壬申"乃"壬寅"之誤,實康熙元年。按永曆之崩,雖在元年四月,李定國之卒,亦在其年六月,然書中《沐天波傳》記至康熙四年,《王祥傳》皮熊抗節事亦在四年,《李定國傳》孫可望子襲封王爵,一代後降爲公,事更在四年之後,則"壬申"之非"壬寅"明矣。惟此書自序如此,而書中叙事,又與自序之義不合,豈後人忌諱,加以竄改故耶?書中書"永曆元年復梧州,二年復金州等"云云,當係原文,漏未改正者。

《魯王案》一卷、《楚王案》一卷 一册

不著撰人。魯王係朱當㳴,逞勢籍没宗人產業一案。楚王係朱顯格,爲子英耀弑逆一案。二案均從內閣檔案中録出,首尾完整,可備史實。

《丁酉大獄記》一卷 與《金姬傳》合訂一册

信天翁撰。記清順治丁酉科闈事。是科主考爲翰林侍讀曹本榮,副考侍讀宋之繩。通關節者,爲同考大理評事李振鄴。是案斬同考張我樸、李振鄴、蔡元曦三人,舉人田耜、賀鳴郊二人,知情不舉吏科陸貽吉一人。

《英傑歸真》一卷 一册

太平天國洪仁玕撰。仁玕,秀全弟,封干王。書面官銜云"欽命文衡正總裁開朝精進忠軍師干王洪製",書首爲序文,序後紀元爲"天父天兄天王太平天國辛酉十一年三月初一日",領銜爲"天試文狀元開朝勳臣昱天福干殿文正總提小官劉闥忠等敬序",附列者爲"甲官正信隊勇忠富朝福干殿文副總提

小官吳文彬、甲官副信隊勇忠富朝福干殿吏部尚書小官劉盛培、干殿戶部尚書小官何其興、干殿禮部尚書小官汪蘭垣、干殿兵部尚書小官丁錦堂、干殿刑部尚書小官何春發、干殿工部尚書小官辛振甲"，計共八人。干殿所屬有六部，其他各王亦必有之。書中所載投降之人，祇云張姓，未著名，其稱謂則曰"愚弟"，而儀注禮節又實王者，故有賜坐、賜茶、謝恩等舉。書中首論排滿，次言改歷代帝號爲侯，以示天王獨尊之意。其贊天王也，有"真聖主面形日角，眼若月輪"等語，實與末節駁郭璞、楊松筠之言矛盾。次言官名，次言文武科舉制度，次言留髮制度，次言臣滿之非，次言天父功德，次言曆法，次闢術數，次闢偶像。種種議論，皆以天父爲歸宿。自古至今，惟天父獨尊，而天父天兄所命之天王，遂爲古今來第一真王，其他非妖即侯，蓋以天父代一切偶像也。其名似出天主教，其實則以中國最大傳統之帝制雜其間，故有時頗難自圓其說。書中避"鬼"字，凡"愧"、"塊"、"魂"皆以"人"字代"鬼"字，亦有不避者，則對於敵方而言也。用粵字處僅見一"崽"字。凡擡頭、誤字，皆照原書。原書爲刻本，每頁十六行，行二十字，首尾完整，真難見之書。予自中央圖書館借鈔，今不知此書尚在否。洪氏失敗之後，一切均皆毀滅，所見皆零星之物，獨此書最完備。

《孝陵詔敕》一卷 一冊

不著編者姓名。自洪武元年四月即位詔起，至二十一年閏五月遺詔止，中皆"求賢"、"選士"、"免糧"諸大詔，可與《實錄》參照。

《長陵詔敕》一卷、附《獻陵詔敕》一卷 一冊

不著編者姓名。永樂自洪武三十五年十一月十三日立皇后徐氏詔起,至皇太子發喪詔止。永樂二十二年。洪熙自永樂二十二年八月登極詔起,至元年遺詔止。所以有"洪武三十五年"者,削建文年號不用故也。以上三卷,皆錄自明鈔本。

《皇明會試錄》一卷

不著撰人。此建文二年會試錄。前有董倫、高遜志二序,二人皆是科考試官。首場"四書義"三,"五經義"各三;二場"詔"、"誥"、"表"各一,"判語"五;三場"策問"五。中式者,監生、學生、儒士之外,尚有典史四人。楊溥、楊子榮、王艮、胡廣、金幼孜,均此科進士也。

《殿試登科錄》一卷 一冊

不著撰人。此建文二年會試後殿試名錄。胡廣爲狀元,其時名靖。一甲三名,二甲三十七名,三甲七十名。三甲中吳琬一名,履歷云:"福建癸酉鄉試第二十六名,湖廣鄉試第二十三名。"徐新一名,云:"應天府癸酉鄉試第二十名,山西鄉試第三名。"兩中鄉榜,不知何故。

《昭示奸黨第二錄》一卷 一冊

不著撰人。紀洪武時胡惟庸、李善長一案牽連諸人招狀,大率皆牽連,旁及厮養一流。

《華陽國志》十二卷、附《常氏士女志》、《三州郡縣目錄》各一卷 六册

晉常璩撰。璩字道將，江原人。此書《四庫》所收據張佳胤刻本。張本雖刻于嘉靖，然擅分贊注，誤脱至多，實非佳本。此書元豐時呂大防刊本，早不可見。至嘉泰李埀刊本，已經李氏刪改，故《蜀志》"汶山郡"與"越巂郡"誤連，而少"汶山屬縣"及"漢嘉郡"。《士女讚》少"巴郡第二"。嘉慶廖刊本，據顧廣圻校訂，最爲完善，然缺者仍未能補。馮氏空居閣、錢叔寶氏兩舊鈔本，亦均相同，則知《蜀郡士女贊第一》之後，恐非得見呂本，無補全之望矣。予歷校各本後，又得顧氏重校本，即校於廖刊本之上者，因寫定此本，然未得全書，終不欲付印也。

《水經》三卷 一册

漢桑欽撰，明楊慎輯。按《水經》自酈氏注後，皆經、注並行。宋刊無《水經》單行本，此爲正德刊本，實《水經》單行本之祖矣。不知楊氏究據何本輯錄，暇當取影宋殘本及《大典》本一爲勘對。影寫明刊，半頁八行，行十四字，白口，四周雙線。

《水經注》四十卷 存卷五至卷八、卷十六至十九、卷三十四、卷三十八至四十 六册

後魏酈道元注。道元字善長，范陽人。此書影寫宋本，半頁十一行，行二十字，左右雙綫，白口，第一魚尾下標"水經幾"，第二魚尾下標頁數，下列刊工姓名。予初影得十六至十九及三十九、四十共六卷，爲寒雲袁氏之物。繼影得五至八、

三十四、三十八及三十九之前半，則傅藏園先生處所借也。袁氏六卷，先裝三冊；後得六卷，復裝三冊。故三十九卷之首十三頁仍附三十八卷之末，未爲更正重裝。蓋原書如此，欲存其真也。此十二卷書，聞其後均歸涵芬樓，不知壬申之役，能免刦火否。刦後歸來，兩遇張君菊生元濟，均未暇問，如果羽化，則此影寫本遂成孤本矣。在内閣埋藏數百年，一顯于世，遽罹兵燹，此書何不幸耶！昔全氏"注中有注"之説，雖宋刊亦無法得證，恐唐寫卷子"注"字亦不能分矣。書後有袁氏跋，云："酈道元注《水經》殘本，存卷十六至十九，又卷三十九、四十，凡六卷。首尾完者四卷。此書自明以降，考訂校勘，皆出自陸孟鳬柳大中影鈔宋刻本。若宋刻本，則無聞焉。此殘本出清內閣庫中，實希世之秘籍，字畫整健，當出北宋。卷中如'柜'、'梯'諸字皆有剔痕，決非刻時缺避，蓋南宋時所摹印也。陸鈔後有宋刻跋云：'《水經》舊有三十卷，刊於成都學宫。元祐二年春，運判孫公始得善本于何聖從家。以舊編校之，纔三分之一耳。乃與運使晏公委官校正，募工鏤板，完缺補漏，比舊本凡益一十有三，共成四十卷。其篇帙小大，次序先後，咸以何氏本爲正。元祐二年八月初一日記。'錢遵王所見，即此鈔本，且以後人無翻雕者爲惜。觀此，則此殘本即元祐刻本無疑，信人間之鴻寶也。丙辰三月十八夜記於玉泉山下，寒雲。"按此書"柜"、"梯"等字，實無剔痕可尋，此實紹興刻本。明吳琯本出自元祐，證在十八卷《渭水注》，與此本不同，袁跋誤。《永樂大典》"八賄水"字所收《水經注》，與此本悉符，此本又出自清內閣亂書中，其爲永樂輯書時所取之本，輯後歸入內閣，可無疑義。清內閣之書，自元至清向未清理，不獨多善本，且有世間未見之書。蓋堆積既久,無人過問。而清修《四庫全書》時亦未顧及,故沉珠遺玉,所在多有也。自入民國,數次清理,遂無片紙之存矣。

《浙西水利書》三卷　與《海昌倭寇始末》合訂一冊

明姚文灝撰。文灝,貴溪人。宏治九年以工部主事提督淞江等處水利,是書當爲此時所作。《四庫》著錄。書分"宋書"、"元書"、"今書"三類。

《三吳水利條議》一卷　一冊

清錢中諧撰。中諧字宮聲,吳縣人。書凡六篇:《論設水官》、《論太湖三江五堰》、《論吳淞江》、《論劉河白茆及江海支流》、《論水勢堨身》、《論五堰》,言極詳盡可用。

《海昌倭寇始末》一卷　與《浙西水利書》合訂一冊

不著撰人。記自明嘉靖二十七年起,至三十五年止,倭寇沿海諸役。後有吳兔牀校記、周松靄手劄,眉上有兔牀手批。予復取《海昌叢載》中五條補錄于後。時在乙亥,距日本發難僅二年耳。

《兩漢訂誤》四卷　一冊

清陳景雲撰。景雲字少章,吳縣人。從何義門遊,博綜群籍,著有《讀書記聞》、《綱目辨誤》、《兩漢訂誤》、《三國志校誤》、《韓柳文校誤》、《文選校正》、《通鑑胡注正誤》、《紀文考略》、《文集》等,惜傳本絕少。此書自手稿本過錄。

《水經注所出兩漢侯國名韻編》一卷 與《識字璅言》合訂一册

熊會貞撰。會貞字子固,楊惺吾先生弟子。楊先生《水經注疏》,即熊氏承其緒而爲之整理卒業者。此書爲熊氏遺稿,雖名《兩漢所封國》,其實"虞爲周武封泰伯虞仲處"、"高奴爲項羽封董翳處"、"觀泮爲趙封樂毅處"、"安陽爲趙至父封長子章處"、"洛陽爲秦封呂不韋處"、"葛鄉爲魏封公子无忌處"、"穰爲秦封魏冉處"、"信陵爲魏安釐王封公子无忌處"、"李爲趙封李同父處",此皆在漢前者,降及魏晉,亦皆列入,是實《水經注封國名韻編》,不能斷爲兩漢也。

《季漢官爵考》三卷 一册

清周廣業撰。按陳氏《三國志》缺"志"、"表",王伯厚作《三國形勢考》,則《地志》得其大略。耕崖先生此考,蓋所以補蜀漢官爵之缺也。

《官爵志》三卷 一册

明徐石麒撰。石麒字虞求,嘉興人。天啓進士,福王時召爲禮部尚書。嘉興陷,殉國。書未刊行。

《箕田考》一卷 一册

高麗韓百謙撰。書後有跋,云:"道光乙未,友人韓季卿韻海購得《箕田考》一册,乃富陽董氏所藏刊本也。其說本國箕田遺制甚爲詳悉,而論孟子井田之法,未能精確證明。以其足資參攷,且係朝鮮攷訂之書,流傳内地,較諸史更少,爰急影錄是本，以廣其傳。其書有目有圖，書中稱'丁未'，又有'詔使朱'云云。其'丁未'不知明代何年，而'朱學士'者乃朱之蕃也。日黃誌。"按書中圖、説，皆爲平壤府城外井田遺制，而詳爲説明者。書中未見言及"丁未"年，舊跋如是，不知何故？

《國史唯疑》十二卷　四册

明黃景昉撰。黃氏，同安人。前有三山後學晉良朗伯氏序，云："今于國史舊文，節取成編，命曰《唯疑》。夫'唯'也者，受而不辭也；'疑'也者，俟諸人，懼偏也。"又云："追維辛巳、壬午時，沸如蜩螗，天子疑于上，黨與成乎下。溫、陵二相同日入政府，當遇巷之時，正邪紛糺。如漳浦公幾蹈不測，東厓先生經筵申救，必霽而後已。于是每不自安，不旋踵謝歸，所留連往復于本朝之政，一切寄意于單辭寸牘中。其文約，其旨該，莫此書爲盛。顧甚惜不以與人，獨留其副于高雲客氏。雲客，公之高足弟子也。滄桑之後，雲客以授林同人、吉人兄弟。同人又授鄭宫允幾亭及予。"云云。是此書傳授之事明矣。書中所記，自洪武至天啓止。第十二卷爲《補遺》，亦載崇禎時事。一卷一百五十條，二卷一百四十六條，三卷一百四十四條，四卷一百四十九條，五卷一百四十八條，六卷一百四十八條，七卷一百四十六條，八卷一百五十條，九卷一百四十六條，十卷一百五十條十一卷一百五十九條，十二卷一百九十八條。

《萬曆辛亥京察記事始末》八卷　八册

明周念祖編。念祖，汝南人。書輯辛亥京察一案諸臣疏稿。

《酌中志略》不分卷 三册

明劉若愚撰。若愚爲宦官，即崇禎二年欽定逆案中者，逆同謀六人中之一也。爰書謂刀筆深文，朋奸害衆，辟刑次等，具載爰書。元年六月，擬決不待時，復奉旨改秋後，二年夏復改擬絞。此書則成于崇禎七年。按自序，自《憂危竑議》起，至《自序》，凡二十三篇。而刻本則分爲三卷，更名曰《皇明宮闈秘典》，自《憂危竑議》至《正監蒙難》爲上卷，《逆賢亂政》至《內府職掌》爲中卷，《大內規制》至《自叙》爲下卷。此鈔本共計二十四篇，第"十五"一篇，本爲《逆賢羽翼》，而又重出"十五"一篇，題曰《黑頭援立技倆》，專記馮涿州銓入閣事。原鈔本先後紊亂異常，今依刻本次第之。而《黑頭援立》一篇，則附於卷末。此書著時已在若愚得罪之後，縲絏之中，多所諱避，必屢經刪改。《黑頭》一篇，當係原稿所有，後乃刪去，故序中僅有二十三篇。而此鈔本則據尚未刪去之本録出，故獨多此一篇，亦可寶也。各篇字句，與刻本出入之處甚多，惟鈔本"奴"、"虜"等字皆缺，刻本則否；刻本稱"熹廟"、"烈廟"，鈔本則稱"先帝"、"今上"。是鈔本所據之本較先，而傳鈔者則爲清初時人。刻本雖有題記，標名"江東禿首丁燿紫芳氏題於寄生庵中"，或係託名。蓋序中既稱"崇禎戊寅冬北轅得見此書而刻之"，而書中則已稱"烈廟"矣。且"奴"、"虜"不避，足證刻於清初，而爲明之遺民。其得書年月，則僞託者也。

《酌中志餘》不分卷 二冊

不著編者姓名。書載《東林黨人榜》、《東林朋黨錄》、《東林點將錄》、《東林同志錄》、《東林籍貫》、《盜柄東林夥》、《夥壞封疆錄》、《天鑒錄》、《欽定逆案》、《天啓宮詞》、《擬故宮詞》十一種。其中《夥壞封疆錄》爲魏應嘉著，有魏氏序。《天啓宮詞》前有陳悰自序，而卷末有題記云："《宮詞》係常熟秦秀才名徵蘭，字楚若作，而同里陳次杜攘爲己有者也。"云云。《擬故宮詞》題"毘陵唐宇昭撰"。此書以《夥壞封疆錄》及《欽定逆案》等兼收並列，蓋以輯一時大事，而無所抑揚於其間。以《故宮詞》一種證之，恐亦出於遺民之手。

《社事本末》一卷 一冊

清杜登春纂。登春字九高，號讓水，華亭人。順治間補諸生，壬辰拔貢，終浙江處州府同知。書記明熹宗時閹人肆虐、清流結社之事，蓋始於燕臺十子之盟云。

《遺事瑣談》六卷、《附錄》一卷 二冊

不著撰人。有題"八十老人沈頤僊輯"者，有題"八十朽人言"者，或曰"沈壽世撰"。沈爲寧國人。按"頤僊"當爲壽世之字。《附記》中有云："先大父宜庵公，諱璨，爲漳潮總兵。"則作者家世也。卷一爲《懷宗紀略》、《太子》、《諸王》、《駙馬》、《附諸讖兆》，計五篇；卷二爲《一代典章》、《大社》、《皇陵》、《京營》、《世爵》、《外戚》，共六篇；三、四兩卷皆標《破夢閒談》，三卷所載爲《災異》，四卷爲《誤國》；五、六兩卷皆爲《寇禍本

末》。《附記》則《漳泉海寇》、《廣東山寇》、《江西山寇》、《貴州奢賊》、《河北三叛》、《徐蕭碭諸賊》、《河南諸賊》、《淮南四鎮》、《義烏殺降》、《湖南高獠源諸賊》凡十篇。書中最後敘至許定國之殺高杰、渡河北去爲止，則弘光尚未亡也。最詳者爲誤國諸臣及流賊情形，當是身在北京親聞目擊者。

《大金集禮》四十卷 四冊

不著撰人。此書《四庫》著録，《提要》云："據黄虞稷《千頃堂書目》斷爲明昌六年禮部尚書張瑋等所進，今考書中所載至大定間，可知爲章宗時書。"又《提要》引此書以證《金史》之誤者數條，均極精確。

《宫中現行則例》不分卷 四冊

不著編者姓名。書分《訓諭》、《名號》、《玉牒》、《禮儀》、《宴儀》、《册寶》、《典故》、《服色》、《宫規》、《宫分》、《車輿》、《鋪宫》、《遇喜》、《安設》、《進春》、《謝恩》、《錢糧》、《歲修》、《太監》、《門禁》、《處分》二十一類，皆清宫制度。自康熙至道光，悉詳載之。書蓋成於道光時。按《四庫》著録有《國朝宫史》三十六卷，乾隆七年撰，二十四年增修，凡六門，首《訓諭》，次《典禮》，次《宫殿》，次《經費》，次《官制》，次《書籍》，似與此書相類而更詳。疑此書爲道光時續纂之書。

《開國攝政王起居注》 未裝

清劉廷瑞録。此書係劉氏從内廷檔案中録出，載順治二年五月、六月、閏六月三閱月中多爾衮召見諸臣開封之詞。第一頁"入川遷徙流轉之際",已缺上半頁。尚有手鈔五百十數種,亦同時遺失。

《國朝五禮序例》五卷 二冊

高麗申叔舟等撰。書前有"嘉靖三十一年四月日内賜司導寺正金半千《五禮儀》一件,命除謝恩。右承旨臣洪押"墨跡數行,此書蓋當時高麗國主宣賜臣下之物。書首有"輸忠協策靖難同德佐翼保社炳幾定難翊戴純誠明亮經濟弘化佐理功臣大匡輔國崇禄大夫議政府領議政兼領經筵藝文館春秋館弘文館觀象監事禮曹判書高靈府院君臣申叔舟等"《進書表》,《表》末署"成化十一年六月",《表》後有"成化十年夏五月上澣推忠定難翊戴純誠明亮佐理功臣崇政大夫行兵曹判書兼知經筵春秋館事晉山君臣姜希孟"序。書分《吉》、《嘉》、《賓》、《軍》、《凶》五卷,採杜氏《通典》、《洪武禮制》、《東國今古評定禮》等書,參酌裁定,蓋高麗大制作也。以明代紀元爲年號,尤難得見者。原書係影寫,此本亦影寫。

《宋紀受終考》三卷 未裝

明程敏政撰。敏政字篁墪,新安人。此書專考正宋太祖、太宗受終一案,係家刻本,故傳本甚少。影寫原刻。有蕘圃跋,云:"予所收王蓮涇家書最多,皆得於其族孫處,則猶是家藏未散本也。就中有《孝慈堂書目》,分門編類,叙次頗詳,以之求蓮涇所藏,雖久散之本,按其册數之多寡,紙色之黃白,幾如析符之合,可知書籍貴有源流,非漫言藏弆已也。頃郡中程姓書散,肆中購去,邀余觀之,見此册有'蓮涇珍藏'印,又有'太原叔子藏書記'印,遂攜歸。取證《書目》,所云'棉紙襯釘一册',依然在目。予與蓮涇之緣,抑何深耶! 爰書數語于卷端。嘉慶己未冬十一月晦日蕘圃黃丕烈識。"

《使金録》一卷 與《諸子辨》合訂一册

宋程卓撰。卓字從元,大昌從子,終同知樞密院事,謚正惠。此《録》爲嘉定四年九月使金時之作。

《洛陽伽藍記》五卷、《附録》一卷 二册

《洛陽伽藍記》五卷、《附録》三卷 一册

魏楊衒之撰。此書刊本,以明如隱堂本爲最古,以吴若準《集證》本爲最詳,然南面皆作三門,漏載"津陽"一門。予據《水經·穀水》注爲之補訂,其他校訂處頗多。第一部爲校補本,第二部爲寫定付商務印書館影印底本。按此書予首借校者,爲緑君、照曠、如隱各本,後又參以《集證》,故付印時名之曰"合校本"。此書如隱洵爲最早,然明尚有吴琯刻本。予書中亦曾參校。緑君、照曠從如隱出,漢魏從吴琯本出,漢魏缺字較少,則亦係據吴本加以校補付梓者。故明刻二種,各有淵源,以今校之,正譌互見。清代諸刻,皆據如隱傳鈔,於是大宗存而小宗亡矣。如隱本第二卷"崇真寺"條下,自"即有青衣十人"至"若有私財物造經像者"爲第四頁;"秦太上君寺"條下,自"花林芳草"之"芳"字起,至"阿附成名"之"阿"字止,爲第九頁;"平等寺"條下,自"無所干預"之"干"字起,至"若今宰相也"之"今"字止,爲第十八頁,三頁皆缺。予所見本,係據真意

堂本鈔補，即毛氏所謂"第二卷中缺三紙"者也。

《北户錄》三卷 一册

唐段公路撰。此書自舊鈔本過録，原有朱筆校正。予又據十萬卷樓本校讎一過。《四庫》著録，《提要》云："各條下注文頗爲典贍，題'登仕郎前參軍龜圖撰'，不題其姓，似爲公路之族。然《唐書·宰相世系表》不載其名，莫知其審矣。"云云。實則"龜圖"上原有"崔"字，非公路之族，《四庫》所見本偶脱此字耳。

《剡録》十二卷 二册

宋高似孫撰。似孫字續古，號疎寮，餘姚人。此書前六卷有黃丕烈二跋，云："此高似孫《剡録》殘本，從周文香嚴藏本影寫者。周本爲姑餘山人沈與文所藏，卷中有'吳門世儒家'、'埜竹齋'兩長方印，又有'沈與文印'、'姑餘山人'兩方印，其爲明嘉靖時抄無疑。遇'完'字作'宂'、'朗'字作'朗'，當是影宋抄者。宋人地志，最足取重，世有梓本，如范成大之志吳郡，梁克家之志三山，施武子之志會稽等書，已不能盡得宋本面目，况宋本外絶無流傳者乎？此本流傳甚少，得此已足珍秘。聞嘉定錢少詹家有全本，久假之而無以應我，蓋竹汀先生於此書非常所厝目者。一時尋覓未得，遂不能借抄，殊爲悵然。識之以見古書難得全璧，所遇每如是。是册誤字不少，暇日當細爲手校一過。嘉慶戊午秋八月二十八日燈下，取周本對勘竣事，聊記於此。棘人黃丕烈。""丙子秋七月十日，借得西畇草堂陳氏藏本，手校一過，亦止六卷，與予所借影周本合。蓋周本出沈與文，此陳本出吳方山也。卷首無序，卷一標題下有'方山吳岫'小方印，其文上一印陽文'方山'二字並列，下一印陰文'吳岫'二字直下，卷六下結尾末有'姑蘇吳岫家藏'小方印一，其文六字作三行陽文。吳、沈蓋同時，則其書之同出一源可知，故字多相似者。余校時遇誤字一一記出，見古本面目，非盡出傳錄之誤，或刻本已如是耳。七夕後四日復翁識。"

後五卷有枚庵、蕘圃二跋，云："此八卷至十二卷，予從錢少詹藏本補錄者也。少詹本與周香嚴所藏影宋殘本行欵悉同，而筆墨差少古致，大約國初人鈔本。前有'語古'小長方印，又一小方印其文曰'舋'，皆何義門先生之章也。中多紅筆添改字，余傳錄時悉以墨筆臨之，而注其上方，惟兩處屬潤薌以紅筆影摹之，重其爲義門所校也。前卷一至卷六，上下遇異同或校正處，皆覆勘之，而注曰'錢本'，明兩本之異也。較周所藏，差爲增益。然兩本比較終少七卷，未知何故，俟更訪之。蕘圃識。余於地志之書，素所寶愛，不獨吾郡之舊志，爲留心蒐訪也。此《剡錄》一書，始從周香嚴借抄殘本，又從錢少詹借抄完本，似可爲愜心矣。然此書舊時書目及各家藏書著錄，多不載其名，即有名存而卷數未詳，無從考核。伏讀國朝欽定《四庫全書總目》，定爲十卷，云是'江蘇巡撫採進本，首有嘉定甲戌似孫自序，及嘉定乙亥嵊縣令史安之序'，而兩本皆無序，是年遠失之耳。所敘原書序次，自'縣紀年'以迄'草木禽魚詁'，一一與今本都合，而所載之十卷，與所抄之十二卷中脫七卷之故，仍不解其故。古書難信，有如此者。黃丕烈又記。"

"右《剡錄》列卷十二，中缺第七卷，攷《簡明目錄》，只作'十卷'，又不言有殘缺之處，未審何故。諸家書目，著錄者亦鮮，無從攷核也。嘉慶乙亥仲夏借本傳録畢,聊記其後。枚庵吳翌鳳。"按此書第七卷缺,而第六卷原分上、下二卷,六卷下所載詩至王十朋《丫溪》一首止,八卷"畫",第一條爲"戴逵畫南都賦圖"。查《四庫》著録此書爲十卷,亦不云中有缺卷,六卷下所收詩亦至《丫溪》止,即以八卷改爲七卷,亦自"戴逵畫"起;此書卷九"道館"起,《四庫》改爲八卷;卷十"草木禽魚詁上"四庫無"詁"字,《四庫》改爲九卷;十一、十二兩卷,則併爲十卷,遂成十卷本矣。《四庫》擅改古書卷數,此亦一證。

《西事珥》八卷 二册

明魏濬撰。濬字蒼水,松溪人。是書爲官粵西時作,一卷言山川地理,二卷言風土,三卷言時政,四、五兩卷言故事人物,六卷言物產,七卷言僊釋神怪,八卷言馭苗始末。《四庫》入《存目》,傳本至少,録自明鈔本。

《桂勝》四卷、《桂故》八卷 三册

明張鳴鳳撰。鳴鳳字羽王,桂林人。此書前有"萬曆庚寅欽差總督兩廣軍務兼理糧餉帶管鹽法兼巡撫廣東地方兵部右侍郎兼都察院右僉都御史中都節齋劉繼文"序,云:"彙摩編成帙凡一十有二卷,前四卷爲《桂勝》,志勝槩也;後八卷爲《桂故》,志故實也。"又有欽差巡撫廣西地方都察院右副都御史前兵科都給事中侍經筵官華亭蔡汝賢序,不列卷數。末爲張氏自序,則稱書凡十六卷,因名《桂勝》。又云:"《桂故》八卷,用輔以行其意。"文瀾閣原書《提要》此書首册閣中所存尚爲原書,非丁氏補。與此本同作《桂勝》四卷、《桂故》八卷,刻本《四庫提要》

則作《桂勝》十六卷、《桂故》八卷,是《桂故》卷數各本皆同,《桂勝》卷數則參差不一。文瀾原書《桂勝》至四卷止,第五卷"伏波山"以下均缺,《桂故》亦全缺。癸亥據文津閣補鈔,《桂故》八卷均全,《桂勝》則至第十卷爲止,十卷之後又有張氏萬曆己丑一跋,是文津所收,又爲十卷本矣。他日俟得萬曆刊本,或文淵閣本,再當一校,今且存此以俟。

《金遼備考》二卷 一冊

清林佶撰。佶字吉人,莆田人,康熙進士。此書敘東三省地域疆界、部落風俗、物産等,名爲《金遼備考》,實地志也。內一條云:"寧古塔書籍最少,惟余父有'五經'、《史記》、《漢書》、《李太白全集》、《昭明文選》、《歷代古文選》,錢德維有《易經》、《杜工部全集》、《後漢書》、《昭明文選》,周長卿有《杜工部詩》、《字彙》、《盛京通志》,陳敬尹有《字彙》,呀思哈阿媽有《紀事本末》,車爾溪阿媽有《大學衍義》、《綱鑑白眉》、《皇明通紀纂》,李召林有《易經》、《盛京通志》。"按此條爲吳漢槎之子所記。以此證之,可見清初書籍出關之少。

《物異考》一卷 與下書及《使金錄》等合訂一冊

明方鳳撰。鳳字時鳴,崑山人。摘取經、史中所載災異凡七條。

《夷俗考》一卷 與上書合訂

明方鳳撰。書分東、西、南、北四方,所載極略。此書與上書均自嘉靖鈔本過錄,後有少城子識,或記年月。

《橫山志略》六卷 二冊

清顧嘉譽撰。書首有圖四頁，原爲鳳山補畫，予借鈔時已殘闕，因重爲補繪。圖後有王芑孫跋，云："此《橫山志略》六卷，顧嘉譽撰。寫本整潔，首尾完具，似將登板而未果者。嘉慶甲子之冬，予自揚州還家，扁舟往視蒲褐老人於泖上。老人有僕曰張福者，以錢百五十得此於閶門市中，以示余。余以其中多吾家故事，因從索得。《志》雖雜集府、縣志，稍益近人譔作，於吾鄉文獻無大關係，要是一方考鏡，宜藏予楞伽山房者耳。乙酉正月二十日惕甫識。"目錄後有鳳山跋云："《橫山志》無刻本，庚戌年得之於譚篤生。部首有圖不全，是夏酷暑無聊，因補之。存有王惕甫跋，真跡也。篇首圖章，多有挖痕，或爲名家存物，臨售去之，畏人知也。聚散無常，不僅書也，何必如此！以予所思，倘後世子孫不能讀，有人購而讀之，不徒書之幸，是亦存者之幸耳，奚用畏爲！宣統二年七月廿五日早朝歸來偶記。"鳳山之跋，距予過錄時，不及二十年，書又易主矣。

《澉水新志》十二卷 四冊

清方溶撰。溶字蓉浦，海鹽人。書成于道光三十年。按澉水有志，始於宋紹定三年隱君竹窗常棠，明嘉靖三十六年漢陽歸叟董穀續之，方氏蓋續二書而增廣之者。

《海寧志略》不分卷 一冊

清范驤撰。驤字文白，號默菴，海寧人。後有周春跋，云："陳默齋騎尉以范默庵先生《海寧縣志》稿長卷見示，先生我州前輩，事蹟詳《浙江通志》及郡、邑志《文苑傳》。此卷蓋仿胡孝轅《海鹽圖經》之例，每門統作一篇，創稿而未成也。有《補學校志跋》，署知縣姜公煦名。按《海寧縣志》修于順治丙申丁酉間，時邑令秦公嘉系，延先生秉筆，僅刻六卷而止。後康熙乙卯，安陽許侍郎三禮重修，先生即於是年卒，繼秉筆者爲朱止谿先生。今有姜公跋，姜在許前，知其先嘗議修矣。卷中有云：'趙無聲《備考》一書，中于蜚語，直道之不見容，非一日矣。予以虛疎之名，謬參志局，止于整理舊文，絕不與進退人物，誠畏之也。'春讀之而棖觸往事，不禁慨然。追憶乾隆丁丑、丙申，兩次濫竽志局，丁丑同事諸君，並博涉，諳文獻，互相商榷，采輯頗富，聚水仙閣下者兩年，兼有文酒之樂。至丙申則同事絕少，通人議論，往往不合，恐負州守諉諈之意，力辭而退。書成穢雜，殆不可言。後州守深以爲悔，所以不復作序也，茲因先生之言而略及之。此卷藏弆百餘年，而不致鼠殘蠹蝕，當有神物呵護。今爲默齋所得，將裝成巨册，洵稱得所歸矣。默庵、默齋，後先相契，一則翰墨之精，一則好古之雅，均有足令人欽慕者，爰盥手而爲之跋。嘉慶癸亥正月松靄周春書，時年七十有五。"又一跋云："道光甲辰小暑後一日，從默菴先生手稿校錄甫畢，時距始抄已匝月矣。邑後學管庭芬謹誌於別下齋。"

《郭西小誌》十七卷 四册

清姚禮撰。禮字丹甫，錢塘人。書係彙記杭城郭西掌故，敘至康熙時止。雖分卷，然不分類，極爲厐雜，當係稿本。

《海昌叢載》二十卷、《續載》八卷 八冊

清管庭芬輯。庭芬字芷湘,海寧人,與別下齋主人蔣生沐先生爲中表,校書別下齋中,所著甚多。此書雖分卷而不分類,頗瑣碎,然搜羅極富,當留爲鄉邦掌故。

《遐域瑣談》二卷 一冊

清七十一撰。七十一號椿園,滿洲正藍旗人,乾隆進士。此書或題《西域聞見錄》,所記均西域諸國事。其記大、小和卓木之役,與《乾隆聖製序》頗有出入。云和卓木墨特生二子,長曰布拉敦亦曰布拉伊敦,《聖製叙》作"亦名波羅泥都"。和卓木墨特死,二子仍在伊犂、準噶爾,慮其生事,不肯放入回城。乾隆二十年,大兵平定伊犂,將軍班第始將布拉敦、霍桑占弟兄釋放,使歸葉爾羌故地,招聚回人,同沾王化。布拉敦、霍桑占即至葉爾羌,其祖父之心腹黨羽及耆舊親屬,雲集響應,椎牛宴會,共相勞苦云云。而《聖製叙》則云:"我師既定伊犂,乃釋其囚。以兵送大和卓木歸葉爾羌,俾統其舊屬。而令小和卓木居伊犂,撫其在伊犂衆回。乃小和卓木助阿逆攻勤王之台吉宰桑等,阿逆賴以苟延。及我師直入,阿逆逃入哈薩克,而霍桑占亦收餘衆,竄歸舊穴。"云云。以下叙事,亦此書爲詳,後來修史者所宜知也。《聖武記》所載,則多從《聖製序》。

《姬侍類偶》二卷 一冊

宋周守忠撰。守忠字榕庵,著有《養生雜纂》、《古今諺》等書。前有嘉定庚辰朝奉大夫鄭域中序,及守忠自序,蓋仿《侍

兒小名錄》之類，而以偶語出之。凡八十八聯，通附見注中者一百八十二人。文不甚工，《四庫》入《存目》。

《義墨堂宋朝別號錄》二卷 二冊

不著撰人。第一册卷末有："天啓丙寅夏編，臘月十九日止。南屏山人郁逢慶叔遇甫識。"是此書或即郁氏稿本。所編人名，起張方平，止彭龜年，末有王旦、寇準二條，墨色筆法皆不同，係後人加入。

《史漢纂言》五卷 二冊

不著撰人。此書以詩韻分部，例如"紅"下注《史記·孝文本紀》"服大紅十五日"云云。然亦有用第二字者，如"車通"則用"通"字，在東韻，"通"字上識一硃圈以別之。其意與《説郛》所輯經史法語同，惟分韻以便檢查爲異。原書稿紙上口有"松筠山館"四字，下口有"資暇隨筆"四字，不知其何許人。

《隋書經籍志》四卷 二冊

唐長孫无忌等奉敕撰。影抄宋刻本，半頁十四行，行大字二十五、小字三十。左右變綫，板心已漫漶不成頁，不見板口形跡，當係原爲蝶裝故如此。書亦清內閣物，于當時據以四史、藝文、經籍影寫付刊。得此四卷，有缺字而無缺頁，因借影寫。宋諱"桓"、"樹"等字均避。《邵亭目》載張氏藏天聖二年元刻本，實爲元大德瑞州路刊本，半頁十行，行二十二字，板心有"堯學浮學雙溪學番泮樂平"等字。天祿琳瑯有南宋嘉慶刻本，常熟瞿氏有宋刻本，行十九字，此本皆在著録各本之前。

《唐書藝文志注》四卷 四册

不著撰人。有記云："《唐書藝文注》四卷，不著撰人名氏。黑格鈔本，板匡外有'藕香簃'字，江安傅沅叔增湘藏書也。予從沅叔假得錄副。或疑爲唐春卿尚書景崇《唐書注》中之一篇，然唐公原稿今藏其侄某處，秘不示人，無緣此數卷獨傳於外，且春卿所注者《新唐書》耳。今此注於新《志》正文每條之後，必取舊書《經籍志》之文，低一格大字書之，恐與唐公全書體例未必合也。予向讀羅叔言丈振玉《面城精舍雜文》，附'所著書目'中，有《新唐書·藝文志考證》四卷，頗疑即是此書，因作書詢之。復書言：'鄙人舊有此稿，爲春卿尚書託張卿雲太史假去，久未見歸，尚書卒而原稿遂不可蹤蹟。羅丈令予代爲訪求。予詢之張君，答言在春卿侄某處。予請鄧君文如向某索文，卒不可復。今子所得者，與予書體裁不同，非某作也。'予因取此書反復讀之，其中稱引諸家所輯佚書，輒曰'今有某人輯本'，獨於江陰繆氏所輯之書則曰'今有荃孫輯本'，不稱姓，如"史部·雜史類"《廣陵妖亂志》即其一條，其他尚多。然則此爲繆筱珊所作無疑也。原書中附有浮籤，多作商榷之語，蓋出於繆氏友朋輩之手，雖無大發明，亦頗有所匡正，今并錄於上方。予友徐君行可，從予借鈔，因命小史錄成此本贈之，遂書數語於卷首，著其所從來。書中譌誤，未能悉校，以意會之可也。癸酉冬十有二月朔武陵余嘉錫書于北京廣廬之讀已見書齋。"云云。余氏定爲繆荃孫撰，俟考。

《葉文莊公書跋》一卷 一冊

明葉盛撰。盛字與中，崑山人，正統中進士，憲宗時擢禮部右侍郎，轉吏部左侍郎，卒諡文莊，著有《葉文莊奏議》、《菉竹堂稿》、《水東日記》等書。《書跋》中以成化紀年爲多，則已在暮年宦達之日矣。其於"集部"如《歐陽文忠集》、《傳家集》、《揭曼碩集》以及明代諸集，均有記錄辨證之處，至可寶貴。

《聚樂堂藝文目錄》不分卷 二冊

不著撰人。"經"一類，"史"五類，"子"七類，"集"五類，分類亦不甚精。集部收至《李陶山先生集》，是明季藏家目錄。

《淡生堂聚書訓序》一卷、《藏書訓略》一卷 一冊

明祁承㸁撰。承㸁字爾光，山陰人，即淡生堂主人也。長子彪佳，南都失守，絕粒端坐池中死。次豸佳，國亡不仕。淡生堂之書，鼎革之際蕩然無存，以視鐵琴銅劍樓、天一閣，真有幸有不幸矣。讀此約，慨何如之！

《藏逸經書》一卷 一冊

明釋道開撰。有錢氏二跋，云："藏師蒐輯藏外經書，有'標目'一册，平湖陸季高藏本，予從吳江周安石借閱。丁酉三月，屬子晉侍史繕寫。此中剖明禪、講二家流弊，剋骨見髓，知爲紫柏老人親承衣鉢者，觀者當知寶之重之。是歲三月八日牧翁題。""藏師刻藏時，駐錫吾邑東塔，從祖存虛先生攜予頂禮，受其摩頂。此帙中經書有云'得之常熟錢順化文學'，又云

'虞山錢存虛錄者'，俛仰遺迹，掩卷悽然。丁酉七月記。"此書不獨列目，且有斷案，用朱筆評點者，均出錢氏之手。自徐君森玉鴻寶處借鈔。

《絳雲樓書目》二卷、《補遺》一卷　二冊

清錢謙益撰。謙益字牧齋，常熟人。書有曹氏秋岳溶二跋，一云："虞山宗伯生神廟盛時，早歲科名，交遊滿天下。盡得劉子威、錢功父、楊五明、趙汝師四家書，更不惜重貲購古本，書賈聞風，奔赴捆載無虛日。用是所積充牣，幾埒內府，視葉文莊、吳文定及西亭王孫或過之。中年構拂水山房，鑿壁爲架庋其中。四方從遊之士，不遠千里，行縢修贄；乞其文刻繫牲之石，爲先世光榮者，絡繹門外。自王弇州、李大泌以還，此事殆希見也。宗伯文價既高，多與清流往來，好延引後進，大爲壬人所嫉，一蹶不復起。晚歲浮湛南國，操委蛇術容其身，所薦某某，大異平居所持論，物望爲之頓損。入北未久，稱疾告歸，居紅豆山莊，出所藏書，重加繕治，區分類聚，樓絳雲樓上，大櫝七十有三。顧之自喜曰：'我晚而貧，書則可云富矣。'甫十餘日，其幼女中夜與乳媼嬉樓上，剪燭炧誤落紙堆中，遂燬。宗伯樓下驚起，焰已漲天，不及救，倉皇出走，俄頃樓與書俱盡。予聞駭甚，特過唁之。謂予曰：'古書不存矣！尚有割成《明臣誌傳》數百本，俱厚四寸餘，在樓外，我昔年志在國史，聚此。今已灰冷，子便可取去。'予心豔之，長者前未敢議值，則應聲曰'諾諾'。別宗伯，急訪葉聖舒，託其轉請。聖舒以稍遲，越旬日已爲松陵潘氏購去，歎息而已。今年從友人得其《書目》，手抄一過。其不列明人集，偏於瑣碎襍説，收錄無遺，

方知云'厚四寸者',即割文集成之,非虛語也。予以後進事宗伯,而宗伯絕欸曲。丙戌同客長安,丁亥、戊子同僦居吳苑,時時過予,每及一書,能言舊刻若何,新板若何,中間差別幾何。驗之,纖悉不爽。蓋於書無不讀,去他人徒好書束高閣者遠甚。然其偏性,未爲愛惜古人者二端:一所收必宋元板,不取近人所刻及鈔本,雖蘇子美、葉石林、三沈集等,以非舊刻,不入《目錄》中;一好自矜嗇,傲他氏以所不及,片楮不肯借出,儘以單行之本,燼後不復見于人間。予深以爲鑒,偕同志申借書約,以書不出門爲期,第兩人各列所欲得,時代先後,卷帙多寡相敵者,彼此各自覓工寫之,寫畢各以奉歸。崑山徐氏,四明范氏,金陵黃氏,皆以爲書須通,而無藏匿不返之患,法最深。予又念古人詩文集正夥,其原本首尾完善通行至今者,不過十二三。自宋迄元,其名著集佚者,及今不爲搜羅,將遂滅没可惜,故每從他書中隨己見剔出,補綴成編,以存大概。如孫明復、劉原父、范蜀公等頗可觀,宗伯地下聞之,以爲寒乞可笑,然使人盡此心,古籍不亡,斷自今日始矣。"

又云:"自宗伯倡爲收書,虞山遂成風俗,馮氏、陸氏、葉氏皆相效尤,毛子晉、錢遵王最著,然皆不及宗伯。賈人之狡獪者,率歸虞山,取不經見書,紙墨稍陳者,雖極柔茹糜爛,用法牽綴洗刷,如新觸手,以薄楮襲其裹,外則古錦裝襯之,往往得善價。比他方所莫及也。然猶有可疑者,昔予遊長安,堂上列書六七千册,宗伯間日必來,來則徧緡架上,遇所乏,恒借鈔寫,如是數四,予私喜異日遂可借宗伯書也。嘗請曰:'先生必有路振《九國志》,鎦恕《十國紀年》,南歸幸告借。'宗伯許諾。丁亥,予挈家屬閶門,宗伯先在拙政園。相見時及二書,疾應曰：'我家無此書，曩者言妄耳。'予以先輩之言，誠不敢再請。嗣後弔其災，坐久，忽自歎曰：'我有惜書癖，畏因借轉輾失之。子曾欲得《九國志》、《十國紀年》，我實有之，不以借子，今此書永絕矣。使鈔本在，予可還抄也。'予不樂而退。乃《目錄》亦無此二書。宗伯暮年鍵戶注佛經，于書無所不采，禪林震爲該博。何故《道藏》則細瑣必收，釋氏雖《法苑珠林》、《宗鏡錄》等俱不載？近人刻《有學集》，集中體制，頗擬議宋文憲公，其文集當朝夕省覽，《目》亦缺之。足徵《目》非其全，宗伯真不可測也，安得起九京而問之？"

《內典文藏序目》一卷 一册

清錢謙益撰。此自錢氏手稿影錄者，計共三十四頁，首頁有"錢曾之印"白文、"遵王"朱文二方章，是曾爲遵王所藏。牧齋潛心內典，《序目》自"敬佛"、"弘法"、"尊僧"、"付囑"、"匡正"、"嚴福"、"净業"、"歸信"、"禪悦"，以至"雜林懸解"終焉，計共十類。此《目》所存，自"敬佛"至"匡正"五之四止，自此以下均闕。所錄之文，自梁唐以來，至於錢氏本人所撰。昔年江南圖書館有鈔本數册，內皆釋典文字，無《序目》記載，柳君翼謀偶與予語及，予舉此告之，信相符合。則知此書當時實已編成，惜不傳于世，遂無知者。

《永樂大典書目》不分卷 未裝

不著撰人。後有跋云："乙未之夏，豐山馬笏齋明經寄贈殘本《永樂大典書目》一册。就其一册之中，首尾尚有缺頁，細閱之不甚分晰四部，意必是書每類各著一目，以所錄書之先後爲次第故也。《書目》共十六卷,昔□中陸梅谷先生藏有全本,當時未及借錄一副,至今爲憾。《大典》全書多至二萬二千八百七十七卷,雖文皇之勢力,亦憚於刊刻。惟崇禎二年己巳五月朔,因日食時刻不驗,侍郎徐光啓奏請開設曆局,用西洋測法,命祇刻'日食'一類行世,今亦不可多見矣。嘉興錢天樹識。時冬至前二日。"又云:"其所載之書,卷數與他目不符者甚多,意或每衷一種内所採之多寡計之故耳。戊戌六月初一日重閱再記。"今案此《目》自三十一頁前,似以四部分類,三十一頁後,又似從《大典》分韻摘出者。後載《洪武正韻》、《通釋》、《通論》、《玉篇》四種,則"補遺"之《目》也。體例至不一律,以校今傳《大典》前附館臣簽出佚書單,則強半符合。

《各省進呈書目》不分卷 十冊

不著撰人。此《目》所載爲乾隆時纂修《四庫》,各省及私人所進書。內有武英殿書而無内閣,各省中無兩廣、雲、桂、川、甘、山西七省,而有"兩淮"、"兩江"之名,兩淮一爲商人馬裕,一爲鹽政李。浙江共進十一次爲最多。各省私人所進書,浙江有汪啓淑、汪汝瑮、孫仰曾、吳玉墀、鮑士恭五家,亦爲各省所無。在京私人進書自衍聖公以下,計二十七人。總計《目》載書凡一萬三千六百種,恐尚非全錄,以《四庫提要》證之可知。此《目》蓋出自內閣檔案,可備稽考。

《四部寓眼錄》二卷 一冊

清周廣業撰。廣業字耕崖,海寧人。錄中所載宋、元刊本雖不多,而考訂書之源流、學術授受極詳。聞已有印行本,當再取校勘之。

《知不足齋叢書目》一卷 一冊

清周廣業撰。取知不足齋所刊書隨閱隨記，以成此書，亦書跋之類。其時《叢書》刻至第十八集，對《古文孝經孔氏傳》、《客杭日記》、《農書》、《萬柳溪邊舊語》、《鬼董》、《武林舊事》、《錢塘先賢傳贊》諸書，均有考訂或辨正。

《藏書題識》五卷 一冊

清汪璐撰。璐字春園，錢塘人。原書五卷，今僅存經、子、史一、二兩卷，集部三、四兩卷及《補遺》第五卷均缺，見光緒十二年振綺堂後人汪曾唯後跋。此書蓋振綺堂編目時，朱朗齋先生文藻各有跋、記，因而採輯成此一書。所載書目雖不多，然如《學的》、《南華模象記》、《靜齋至正直記》、《丹魚譜》等書均世少見，可補《振綺堂書目》之缺。

《書跋》一卷 一冊

清李希聖撰。李氏湘南人。所見皆宋元刊及鈔校本，蓋昭文張金吾藏書，後歸郁氏宜稼堂。郁氏之書其至精者，為丁禹生中丞所豪奪，其餘歸陸存齋。陸氏又揀其複本，由上海書賈吳申甫售于方氏。李氏所見，泰半方氏之書也。跋中《詩經疏義》，指晦庵《詩集傳》之短，《儀禮證明》繙宋本之善，《六書統溯源考》攻《四庫提要》之疎，其他史、子、集三部，亦多有發明。此談校勘板本者所當知也。

《清吟閣書目》四卷 一册

不著撰人。卷一爲鈔本，卷二、卷三爲名人批校鈔本，卷四爲影宋元鈔本，計一千一百九十七部。然亦有不注校者姓名、專注板刻者。中多鄉賢手跡，惜所載諸書，未得厪目。

《隸續》七卷 四册

宋洪适撰。适字景伯，鄱陽人，皓長子。此書現行者皆爲二十一卷本，乾隆戊戌汪日秀所刻本也，《四庫》所收亦同。《提要》云："乾道戊子，始刻十卷于越，其弟邁跋之。淳熙丁酉，范成大又爲刻四卷于蜀。後二年己亥，德清李彥穎又爲增刻五卷于越，喻良能跋之。明年庚子，尤袤又爲刻二卷于江東倉臺，輂其板歸之越。前後合爲二十一卷，适自跋之。明年辛丑，适又合前《隸釋》爲一書，屬越帥刊行，适又自跋之，所謂'前後增加，律吕乖次，命椽史輯舊板，去留移易，首末整整一新者'是也。"然辛丑所刻，世無傳本，《隸釋》尚有明萬曆戊子刻本，《隸續》遂幾散佚。朱彝尊《曝書亭集》有此書跋曰："范氏天一閣、曹氏古林、徐氏傳是樓、含經堂所藏皆止七卷，近客吳，訪得琴川毛氏舊鈔本，雖殘闕過半，而七卷之外，增多一百十七翻，末有乾道三年适弟邁後叙。"云云，據此，則此書宋刻有十卷本，有十四卷本，有十九卷本，有二十一卷本，無七卷本。七卷本者，蓋元時所刊不全之本也。竹垞所見，七卷本爲多，則知皆出元刊。此番即影自元刊者，半頁十行，行二十字，三、四兩卷末有"泰定乙丑寧國路儒學重刻"一行十一字。

《絳帖平》六卷 一冊

宋姜夔撰。夔字堯章,號白石,鄱陽人。此書原爲二十卷,書後有朱竹垞跋,云:"鄱陽姜堯章撰《絳帖平》二十卷,予探訪四十年來,始抄得之,僅存六卷爾。記在都下,于孫侍郎耳伯所,獲觀宋搨《絳帖》二冊,光采焕發,令人動魄驚心。過眼雲煙,至今攪我心也。堯章于書法最稱精鑑,其言曰'小學既廢,流爲法書。法書又廢,惟存法帖'。帖雖小技,上下千載,關涉史傳爲多,故于是編條疏而攷證之,一一別其僞真,察其苗髮。其餘若《續書譜》、《禊帖偏旁攷》、《保母墓甎》,皆能伐其皮毛,啜其精髓,比諸黄長睿、王順伯爲優。抑《絳帖》摹自劉次莊者,著有《釋文》二卷,外有黄庭堅跋一卷,榮芑《釋文并説》一卷,無名子《字鑑》二卷,而今要不可見矣。惜哉!秀水朱彝尊跋。"此書過録舊鈔本。丙寅九月另得一鈔本,因以朱筆校對一過。

《籀史》二卷 與《周秦刻石釋音》合訂一冊

宋翟耆年撰。耆年字伯壽,別號黄鶴山人,丹陽人。此書《四庫》著録,亦爲一卷,自嘉興曹溶家傳寫者,蓋下卷亡佚久矣。下卷所載爲《安州古器圖》至翟氏《三代鐘鼎欵識》共十五種。翟氏有作元人者,誤。

《周秦刻石釋音》一卷 與《籀史》合訂一冊

元吾衍撰。衍字子行,衢州人,家于錢塘,人稱貞白先生。著有《學古編》、《閒居録》、《竹素山房詩集》及此書。後有嘉靖十年崧少山人鯤由跋，云："夫《周秦刻石》者，宋淳熙間楊文昺氏蓋嘗釋音云，後刪于吾氏子行，遂統隸于《學古編》耳。鯤恐其世代綿遠，文昺之善湮没焉，乃别刻。"據此，是嘉靖曾有刻本。

《竹崦盫金石目録》二卷 一册

清趙魏撰。魏字恪生，號晉齋，仁和人。考證碑板極精，康熙時歲貢。

子 部

《新語》二卷 一冊

舊題漢陸賈撰，影寫范氏刻本。此爲天一閣所刻奇書之一，相傳共爲二十種，以《穆天子傳》、《竹書紀年》兩種爲最佳。此二書予均藏有刻本。予所見者，《乾坤鑿度》二卷、《穆天子傳》六卷、《乾鑿度》二卷、《竹書紀年》二卷、《周易古占注》二卷、《潛虛》一卷、《附潛虛發微論》一卷、《麻衣道者正易心法》一卷、《素履子》三卷、《郭子翼莊》一卷、《廣成子解》一卷、《三墳》一卷、《孔子集語》二卷及此書，計十三種，行欵字數，皆半頁九行，行十八字。范氏此刻，據云出自宋本，然均無可考，流傳至少，遂極珍視。普通所見，竹紙爲多，有用白紙天地頭寬大者，尤少見。

《董子》十七卷、《附錄》二卷 二冊

漢董仲舒撰。按此即原題《春秋繁露》一書，據本傳云："仲舒所著，皆明經術之意，及上疏條教，凡百二十三篇。而說《春秋》事得失，《聞舉》、《玉杯》、《蕃露》、《清明》、《竹林》之屬，復數十篇，十餘萬言，皆傳於後世。"則"蕃露"與"玉杯"等皆篇名也。《漢書·藝文志》"春秋類"著《公羊董仲舒治獄》十六篇，"儒家類"著《董仲舒》百二十三篇，不列"玉杯"、"蕃露"等名。隋、唐《志》始載"《春秋繁露》十七卷"，是爲以篇名名書之

始。《玉杯》、《竹林》則仍爲篇名，冠以"春秋"二字者，殆據班氏"説《春秋》事"一語，而書中又闡明《公羊》之義至多故也。據班氏傳文，是《蕃露》等數十篇皆在百二十三篇之外，然又云"皆傳于後世"，則此數十篇者宜列于"春秋類"中，今不見，"儒家"中亦未列入，豈此數十篇者未傳于後世乎？何以至隋唐始著于書目，而班氏之言，又何前後不符如此也！予意《蕃露》等數十篇，實即在百二十三篇之中，以其專説《春秋》，非他上疏條教可比，故獨爲叙述以明之，非百二十三篇之外，復有此數十篇也。然又因其他各篇非盡有關于《春秋》，則彙爲一書而入於"儒家"，此《藝文志》之意乎？六朝喪亂，書籍淪散，仲舒所著，存者僅此，而又因向無書名，則姑以《繁露》篇名之，上冠"春秋"二字，此《隋志》之意乎？故"春秋"二字，可斷其加於六朝之後也。"蕃露"二字，原爲仲舒自題之篇名。宋《館閣書目》云："案《逸周書·王會解》'天子南面立絻無繁露'注云：'繁露，冕之所垂也，有聯貫之象。'"《春秋》屬辭比事，仲舒立名，或取諸此。程大昌《繁露書後》云："牛亨問崔豹'冕旒以繁露者何'？答曰'綴玉而下垂，如繁露也'。"則繁露也者，古冕之旒似露而垂，是其所從假以名書也。以杜樂所引，推想其書皆句用一物，以發己意，有垂旒凝露之象焉。則"玉杯"、"竹林"同爲託物，又可想見也。據此二書釋"繁露"之義，皆有屬辭比事之意，今書中不比于《春秋》者，多不勝指，此不獨非繁露之文，且亦非班氏所云"説《春秋》事"復數十篇之文也。況今存之書，六七萬言耳，百二十三篇之文，苟有存者，何以不雜見于他書乎？故曰《繁露》諸篇即百二十三篇中之文，而今之所傳者，亦百二十三篇不全之書，非專説《春秋》之篇也。今宜易《繁露》之名曰《董子》，不必慮與董無心所著之書相混也。退《繁露》爲篇名，捨"春秋"二字不用，列入"儒家"庶無可疑，無可非矣。

今書卷數，與隋、唐《志》合，篇數是否相同，不可復考。見宋人著錄者四種，一《崇文總目》十七卷，八十二篇；二《館閣書目》十卷，無篇數；三萍鄉胡尚書榘刻本三十七篇；四樓參政攻媿校定本，十七卷，八十二篇。自清乾隆武英殿刻印後，于是較明人重刻者更善矣。蓋宋刻四種，樓本最備，明刻譌奪復多，殿板據《大典》所收樓鑰原本詳校，故較他本爲善也。然《黃氏日鈔》有云："近世胡尚書榘爲萍鄉宰日，刊之縣齋，僅三十七篇而已，其後得攻媿樓參政校定，十七卷八十二篇之舊復全。其兄胡槻既刊之江東漕司，其後岳尚書珂復刻之嘉禾郡齋，世遂以爲定本。攻媿謂爲仲舒所著無疑，而取《楚莊》篇第一，謂爲潘氏本有之。至于《調均》一篇，萍鄉本列置第三十五，及攻媿再定本，乃不及此篇，則不知何説也。"據東發黃氏此説，則知刊于萍鄉者，尚有《調均》一篇，今已删去，實乃改名。且樓氏所據潘本，不知又自何出。據樓氏之跋，但知爲婺女潘同年叔度景憲而已。《崇文總目》、《郡齋讀書志》皆不載缺篇，樓本則云"缺者三篇"，亦不標明所缺篇數，今稽之于書，則所缺者"三十九"、"四十"、"五十四"三篇也。此書自武英殿本印行後，雖已復樓校之舊，然錯簡、脫文，以及篇名，尚在在可疑，則知去董氏原書尚遠矣。

今以所疑，隨筆記之如下。《楚莊王》第一。此篇三節，第二節論《春秋》分十二世，第三節論《春秋》之道奉天法古，皆爲總論《春秋》之文，似應在前。楚莊王殺夏徵舒，則比事之辭，當與《玉杯》中《春秋》譏文公以喪取等條爲類，且下篇《玉杯》、《竹林》、《玉英》等篇名，悉與文義無涉，此篇獨取首三字以爲名，費解甚矣。如果欲合《漢書》之名，何妨即以"繁露"名之，好在與《玉杯》、《竹林》等名，同一無據也。既取"玉杯"、"竹林"以名篇，"清明"一名，何以又不見書中？而以"玉英"、"精華"等名標之，復採首句若"暖燠孰多"、"循天之道"等以名篇，其雜亂至甚矣。予意欲易書名爲《董子》，而書中文字，亦分類排比，第分篇數，不著篇名雖似武斷，較勝蕪雜，暇當爲之。

《春秋》分十二世，以爲三等：

《春秋》之道奉天而法古。原《楚莊王》。

《春秋》之法以人隨君。《玉杯》。

謂一元者，大始也。《春秋》有經禮，有變禮。《玉英》。

《春秋》慎辭古之人有言曰，《精華》。

《春秋》何貴乎元而始之。《春秋》立義，《王道》。

《春秋》大義之所本邪。《正貫》。

《春秋》二百四十二年之文，《十指》。

唯聖人能屬萬物于一而繫之元也。《重政》。

仲尼之作《春秋》也。《俞序》。

《春秋》曰王正月《三代改制質文》。

《春秋》之所治。《仁義法》天地者，萬物之本。《觀德》禮者，繼天地。《奉本》

以上所舉各則，皆統論《春秋》大義者，宜爲一類，惟其中先後尚宜更易。如"仲尼之作《春秋》也"一則，實同後序，當殿此類。

楚莊王殺陳夏徵舒。《楚莊王》。

《春秋》譏文公以喪取。《春秋》之好微與其貴志也。《玉杯》。

《春秋》之常辭也。《春秋》記天下之得失。逢丑父殺其身以生其君。《春秋》曰鄭伐許。《竹林》。

桓之志無王。器從名。難季紀曰。《玉英》。

難者曰《春秋》之法。《春秋》之聽獄也。難晉事者曰。《精華》。

天王使宰咺來歸惠公仲子之賵。諸侯來朝者得褒。《王道》。"諸侯"一條隨筆記載，極爲蕪雜。

王者民之所往。《滅國上》。

紀侯之所以滅者。《滅國下》。二篇宜合爲一。

顏淵死。《隨本》。此條亦極蕪雜，自"顏淵死"至"命矣夫"五十三字，當入軼文。

至意雖難喻。《盟會要》。此條首有缺文。

天地之生萬物也。《服制像》。

以上所舉各則，皆比類《春秋》之義以立言，合之前類，第其先後，分爲篇數，計共三十六節。若如《郊義》等篇，以一節爲一篇，則爲三十六篇。冠以《繁露》之名，或較今名爲得其實矣。

天高其位而下其施。《離合根》。

君人者國之元。體國之道。天積眾精以自剛。《立元神》。

民無所好。《保位權》。

考績之法。考試之法。初決再計。《考功名》。

氣之清者爲精。《通國身》。

孔子曰：不患貧而患不均。孔子曰：君子不盡利以遺民。

凡百亂之源。凡衣裳之生也。《度制》。

《春秋》曰：會宰周公。《爵國》。此篇首引《春秋》，其實專言官制。

治天下之端。深察五號之大意。深察君號之大意。名生於真。《深察名號》。

生育養長。《諸侯》。

《爲人者天》。一篇凡四節，第一節兼及陰陽之說，餘三節皆言政治。

父者子之天也。《順命》。

一國之君。《天地之行》。

以上所舉各條，爲董氏論政治之文，應與《官制》、《象天》篇中"王者制官"一條及《服制》篇附之，成爲一類。

桀紂皆聖王之後。《王道》。

《春秋》至意有二端。《二端》。此篇概論吉凶，故歸此類。

其大略之類。《必仁且智》。

河間獻王問。《五行對》。

天有五行。《五行之義》。

天之大數。《陽尊陰卑》。

及《王道通》、《天容》、《天辨在人》、《陰陽位》、《陰陽終始》、《陰陽義》、《陰陽出入》上下、《王道無二》、《暖燠孰多》、《基義》、《四時之副》、《人副天數》、《同類相動》、《五行相生》、《五行相勝》、《五行順逆》、《治水五行》、《治亂五行》、《五行變救》、《五行五事》、《威德所生》、《如天之爲》、《天地陰陽》、《天道施》二十四篇，皆所謂通天、地、人之道，董氏以之成名者也。亦宜次其先後，成爲一類。

莫近於仁。何謂之仁。何謂之智。《必仁且智》。天之生人也。《身之養》。對膠西王問。今世闇於性。《深察名號》。《實性》篇。

以上各則，爲董子言仁義及性之文，當爲一類。惟"對膠西王問"，班《史》作"江都王"，當以班史爲據，改正之。"今世闇於性"一則，明爲董氏言性之文，不入《實性》篇，而歸之《深察名號》中，皆宜釐定者也。

《郊義》、《郊祭》、此篇首引《春秋》之義，實言《郊祭》。《四祭》、《郊祀》、《郊事對》、《祭義》六篇，皆言祀典，宜與《精華》篇"大雩者何旱祭也"一則附入，爲一類。

《求雨》、《止雨》二篇，係董子推陰陽錯行之故，而以術勝之，亦成一類。

其他若《堯舜不擅移》篇"堯舜何由而得擅移天下哉"一則，泛論古事。《玉杯》篇"君子知在位者之不能以惡服人也"一則，係泛言六藝。《符瑞》篇"有非力之所能致而自至者"，專言符瑞。《三代改制質文》篇"四法修於所祖"一則，兼符瑞讖緯之説。《執贄》一篇言禮。《山川頌》一篇頌山川之功。《循天之道》一篇與下《天地之行》篇《天地之行美也》一則，旨在養生，可依類相附，各隨其後。

《隨本》篇"顏淵死"五十三字，《服制》篇首"率得十六萬國三分之"九字，《五行對》篇"衣服容貌者"八十五字，《郊語》一篇一百十四字，《如天之爲》篇"任擬神明"一則四十八字，此皆前後不相依附，宜附書後作爲逸文。

如此釐正，《董子》一書，或較今行之本爲差善矣。總之此書言政事，言祀典，言仁義，言性等等，不一而足。故予斷爲乃百二十三之篇之殘餘,而非《春秋繁露》四字之名所能包舉也。

予此《記》成於入川之前,其後居巴縣山中,即據此寫定是本,而以"士不遇賦賢良三策"等文、"《春秋》陰陽"諸條輯爲《附錄一》,又輯歷來目錄記載爲《附錄二》,綴于書後。

《纂圖互注揚子法言》十卷　二冊

漢楊雄撰。晉李執、唐柳宗元注,聖宋宋咸、吳祕、司馬光重添注。影宋刻本,半頁十一行,行大字二十一,小字二十五。此書元、明皆有刊本。元刊本行欵均同,惟宋咸序後有木記六行,云:"本宅今將監本《四子纂圖互注》附入《重言》、《重意》,精加校正。"云云,末行"建安"下刻人空缺,見《邵亭目》。宋刻無木記,《五聲十二律圖》白文"徵"字缺末筆,書估亦有抽去此圖,以元充宋者。

戊午,王叔魯得此書及周曇《詠史詩》于廠肆,皆内廷流出者。因設法借影,《詠史詩》字畫紙墨皆精絕,宋刻中不多見之書也。宋刻子部最少,後人引以爲憾。此書雖有溫公爲之揄揚,未見大字精槧者,其後世德堂諸子,均據宋槧《互注》本刊行,然以此刊校勘,脱誤殊多,乃知舊本之可貴。廎滬時集校《論衡》甫竣,即爲張君菊生攜去,擬照合校《伽藍記》之例影印。尚有《穆天子傳》,亦據張金吾《藏書志》本校定寫清者,較天一閣爲佳,同攜去。不意商務書館被燬,此二書遂無歸璧之望矣。予攜此書至漢,擬爲整理,償予校訂《漢魏叢書》之願,嗣汪君衮甫以《法言疏證》見貽,遂不著手。

《懺摩錄》一卷 一冊

清彭兆蓀撰。兆蓀字湘涵，太倉人，著有《小謨觴館集》。此書據王應綬跋，道光時已由仁和許乃來校刊，卷末且附刻兆蓀一函，而世少傳本，何也？據丁氏八千卷樓本過錄。

《武經七書》 存《六韜》六卷，周太公望撰。《黃石公三畧》三卷。《孫子》三卷，戰國孫武子撰 一冊

三書皆僞書。太公《六韜》，《隋志》作五卷。《孫子》，《隋志》有一卷本、二卷本，無三卷本。影宋刊本，半頁十行，行二十字至二十二字不等。雙邊線，白口，第一魚尾上刻字數，下標書名，中有補板數頁，字類元刊。原爲清內閣書，辛亥後流入人間，今不知轉藏何處，當時就予審定板本，因得借影。首頁有"晉府書籍"、"晉府書畫之印"二朱文方印，末頁有"敬德堂圖書印"、"子子孫孫永寶用"朱文二方印。清內閣書有"晉府"印者甚多，皆明晉邸舊藏物。

《七書參同》七卷 二冊

明蔡國輝參定，范方評次。此書取《武經七書》加以評釋，每書前列"溫陵蔡國輝參定，范方介卿評次"二行。《司馬穰苴》、《孫武子》、《吳子》、《李衛公》四書前，又增"溫陵李贄卓吾推釋，甬東臧應騏雲卿校閱"二行。《七經》僞者居多，惟當時武科角射、角力之外，兼試策問，其題目取材太半出於《七經》，故臧氏等有此舉，以應武科之需乎？卓吾之學，援儒入釋，援釋入魔，以繆妄驚世盜名，然未聞其習兵法也，或者借其妄名

以爲重乎？

《刑統賦解》二卷 一册

宋傅霖撰。郄氏韻釋，王亮增注。此書原本半頁八行，行十六字；"歌曰"云云，每行兩句。名爲"影抄"，實僅行欵相同。前有初白老人跋，云："《宋史·藝文志》：《刑統賦解》四卷，不詳作者姓名。晁公武《讀書後志》著録者二卷，云'皇朝傅霖撰，或人爲之注'，則傅乃宋人，非元人也。趙文敏序云'東原郄君章析而韻釋之'，而不稱其名，則郄必元人。竹垞概以爲宋人者亦訛。此本爲古林曹氏藏本，甲午五月余從西吴書估購得之。初白老人查慎行志。"又有黄氏二跋，云："此書載《讀書敏求記》，云《刑統賦》藏本有二：一是延祐丙辰刻本，東原郄氏韻釋，趙孟頫序；一是至正壬辰鈔本，鄒人孟奎解，沈維時序。蓋此鈔即從元本出也。然趙序但云郄韻釋，而王亮之增注不詳，似又一本矣。記又云，復有李方中《韻釋刑統續賦》，乃楊淵著，當在傅霖後矣。《述古目》三書亦載之，也是園固盡有之矣，何今日不一見耶？古書之湮没可知已。蕘夫。""查氏藏本，已歸常熟張月霄，予得沈氏《刑統賦疏》，復向張處借歸抄此副本。賦文此本脱者，賴沈疏本足之。竊思《唐律疏義》及《洗寃録》元本，俱經孫伯淵刻以行世，此傅氏《刑統賦》亦古書也，談法家典實者，可不一厲目乎？思刻此《賦》，輔孫書以行，未始非美事也。令工人寫樣，誌數語以記緣起云。道光壬午中春望後一日，蕘夫。"予後又借得黄氏校本，聞此書後歸常熟朱氏，不知尚存否。有一跋，云："傅霖《刑統賦》，余向蓄鈔本，有查藥師跋云'此脱第八韻'，其全書未經披覽也。頃得元人鈔本沈仲緯《刑統賦疏》，所載傅《賦》，取查本對勘，知四韻中有脫文，即七韻中尾、八韻中首皆有脫文，賴沈疏本足之，真幸事也。遂合《刑統賦解》、《刑統賦疏》兩本引傅《賦》者錄出之，蓋自是而傅《賦》可卒讀矣。道光紀元辛巳四月二十五日，蕘夫。"尚有眉間短跋數則，乃傅《賦》脫文，今均補錄書中。

《粗解刑統賦》一卷　與下書合訂一冊

元孟奎撰。奎字文卿，鄒人。

《刑統賦解》一卷　與前書合訂

不著撰人。按此書原與《粗解刑統賦》合爲一書，《粗解刑統賦》前有至正庚辰孟氏自序、至正壬辰前鄉貢進士沈維時題記。第八韻"至士庶饋與猶坐於去官條"下，缺"親故乞索，不論于挾勢，嚚吏之于法也"、"知非艱而用維艱"、"宜盡心于議刑之際"數句，而接以別本《刑統賦解》一卷，缺首二韻，自第三韻"觀夫首從之法，有正而有權"起，至卷終。卷首既缺，不詳撰人姓氏，解中所引律例，亦爲元代法律，兩書不知何氏合作一種。瞿氏《鐵琴銅劍樓目》中，亦不細察，爲之分析。按黄丕烈跋《刑統賦疏》云："又按明洪武中江西泰和蕭歧，字尚仁，嘗取《刑統》八韻《賦》，引律令爲之解，合爲一集，今其書失傳。"云云，是書豈即蕭氏所著者耶？别無他證，不能斷定，但爲分成二書，姑標爲《刑統賦解》云。

《刑統賦疏》一卷　一冊

元沈仲緯疏。前有至元五年洛陽令俞淖、至正元年賜進士會稽楊維楨二序。仲緯爲郡府掾。《疏》中分"直解"、"通例"二種,"通例"者,皆取元一代條例爲之證,於法律之學甚深。此書元、明諸家書目均未載,豈秘笈之有其時,抑以爲無足輕重而畧之也？傅氏原《賦》,括唐律以成,沈氏《疏》則多引元法,獨惜第四韻有缺文。原《賦》云:"又若親姑被出,亦是親姑;繼母改嫁,即非繼母。責其已越,則未過重乎未度;矜其稍遠,則不舉輕乎不糾。故屏服食論以鬭殺,貿易官婢同於和誘。併贓累併法也,而法兼於贓。本部如本屬也,而屬尊於部。詐傳制書,情類詐僞。私造兵器,罪加私有。"云云。今書中"故屏服食"至"情類詐僞"五條,《賦》文《疏》義皆缺。

《野菜博錄》三卷

明鮑山撰。山字在齊,號元則,別號書林居士,新安人。前有自序,後有味玄居士程大中跋,古臨趙洪中黃子"識",皆同爲天啟時人。據序、跋,此書已付剞劂,然不見著錄,知佚已久矣。此書過自鈔本。抗日戰爭前,安徽省欲刻叢書,曾以此書及《不得已》二書介之,不知後來曾否刊入。書所載卷上"草部",葉可食者百四十種,卷中葉可食者七十六種,莖可食者三種,莖、葉可食者二種,根可食者二十八種,實可食者二十四種,花、葉可食者四種,葉、實可食者二十種,根、花可食者二種,根、葉可食者四種,根、實可食者三種。卷下"木部",葉可食者五十九種,花可食者五種,實可食者二十五種,花、葉可食者三種,葉、實可食者十九種,花、葉、實可食者五種,葉、皮、實可食者三種。共計四百三十五種,洵備荒之要書也。聞商務館已有影印明刻本。

《農雅》六卷

清倪倬撰。倬,青浦人。書專言農事,分《釋天》、《釋地》、《釋人》、《釋器》、《釋事》、《釋苗稼》六類,未見刻本。

《傷寒方翼》二卷 一冊

清柯琴撰。琴字韻伯,慈谿人。明亡,一志醫學,與葉桂善。《慈谿縣志》作"《傷寒論翼》二卷",書蓋伸仲景而絀叔和者。

《不得已》二卷

清楊光先撰。光先字長公,歙人。明爲新安所千戶,劾大學士溫體仁、給事中陳啟新,廷杖戍遼西。康熙時,以置閏不合,攻德人湯若望,遂罷湯若望而以楊爲欽天監監正,後復以論閏不合遣戍。此書即攻湯若望之作也。後有錢大昕、黃丕烈、錢綺諸跋。竹汀先生跋中有"向聞吾友戴東原説,歐羅巴人以重價購此書,即焚燬之,欲滅其跡也"云云,蓋此書本旨在攻教。天曆本非楊氏所譜,故傳教者欲燬滅之。聞江南圖書館曾爲排印,不知所據何本。

《校定易林》十六卷 四冊

漢焦延壽撰。其書以六十四卦,每卦又衍爲六十四,繫以韻語,名之曰"林"。《易》自漢末以來,均傳費直,田、何二氏不傳,故此書精刻不多。予得陸勑先臨宋本、盧抱經據之校正者,因復以有注本及明本校定寫正此書。

《易林注》十六卷 十六册

不著注者姓名。按此書有注本，著録家均目爲宋刻。絳雲樓有此書，樓災，世以爲佚矣，《邵亭目》亦有此恨。其實全者尚有毛氏影寫本，不全者京師圖書館尚有刻本八卷。予主館務時，曾借毛本影抄配全。其時毛本在蔣孟蘋處，向蔣借得，携書北上者，錢念劬也。首有東萊人費直字長翁序，靈越五雲溪王俞聖唐會昌景寅歲周正五日序。各繇辭下有標"無注"二字，有標"未詳"二字。其有注者，一注數見，亦不精確。玩其刊字刀法，在元明之際。白口，半頁八行，行十六字，獨卷七第三十七頁，半頁十行。卷十一"益之旅"，繇辭曰："鹿在澤陂，豺傷其麂，泣血獨哀。"注曰："鹿，獸名。按《韻府羣玉》：'千年爲蒼鹿，又百年爲白鹿，又五百年爲玄鹿。麂，鹿子也。'"云云。既引陰氏《韻府羣玉》入注，則注者非宋人矣。注書非宋人，豈有書爲宋刻之理！先輩未見原書，遂相沿致誤耳。然其繇辭，與通行各本《易林》大有異同，亦可寶之書也。

《禮緯含文嘉》三卷 三册

不著撰人。書分《天鏡》、《地鏡》、《人鏡》三卷，目後有跋，云："已上《天鏡》、《地鏡》、《人鏡》，皆萬物變異，但有所疑，無不具載。天、地、人此乃三才之書，共六十篇，易名《禮緯含文嘉》，三卷。此經可授老人傳寫，勿爲易得而妄授非人，慎之戒之！紹興辛巳年十一月二十九日，東南第三正將觀察使張師禹授。"書中所載，皆占候、災異之説，殆即竹垞《經義考》所云："所見凡二本，一本畫雲氣星煇之象，而附以占詞；一本分《天鏡》、《地鏡》、《人鏡》。"此蓋朱氏所見之第二本也。《四庫》入《存目》。此種書無可考亦不必考,緯書流傳最少,錄以傳異可耳。

《管輅神書》一卷 一冊

不著撰人,爲後人僞託無疑。書分十二宮以定占術。最可笑者,中有"占科名"一條,管氏有知,殆不審是何言語矣!

《陽遁九局陰遁九局》二卷 一冊

不著撰人。此爲涓吉之書,少見傳本。

《法墨珍圖》十卷 二冊

清潘應椿撰。標曰"水香居士",潘之別號也。《法墨》五卷,自晉王羲之范書帖起,至明董其昌赤牘止。《珍圖》五卷,自晉顧愷之《會稽山圖》起,至女士淑真《鹿胎僊圖》止。詳載跋、記、印章,加以考訂,實藝林可貴之作。

《養拙齋書畫記》八卷、附《江城心賞錄》一卷 四卷

清王序皋撰。序皋字幼霞,臨桂人。前有題記,云:"右書八卷,始于仲夏之初,蕆于仲秋之末,及抄錄成帙,則已歲聿云莫矣。大致私淑退谷孫氏、江村高氏、芸臺阮氏三書而損益之。自惟譾陋,何敢評騭古人。特以訓秉過庭,情深閱古,藉作藏修之助耳。至卷帙次第,既不以意爲低昂,復不以年爲甲乙,顛倒錯亂,蓋本非成書,故無體例也。是歲臘日鈔成,再識。"此爲王氏第二《記》,在目錄後尚有第一《記》,在第一卷

首,則敘明壬申隨任江西,其父命作此書,時在同治十一年五月。

《巢經巢金石筆識》一卷、《補遺》一卷 與下書合訂一冊

清鄭珍撰。珍字子尹,遵義人。此書辨證漢魏六朝諸碑至詳,其論書以龍藏寺碑爲褚登善所自出,尤精到。昔予評邵亭莫氏篆,實自宋刻《説文解字》所出,而非臨秦漢諸碑者,沈羹梅大笑以爲確論。鄭先生論書如此之精,惜少見其書法。

《鮮盦先生廣藝舟雙楫評語》一卷 與上書合訂一冊

清黃紹箕撰。按黃氏與康長素同時官京師,書中辨正康氏之説甚多。論香光畫一節,極得其精。以《昇僊太子碑》爲包安吳枕中鴻寶,予向有《評書絕句》及《書學源流論》亦早有此論,安吳復生,不能辯也。

《印旨》一卷 與《丁酉大獄記》等書合訂一冊

明程遠撰。遠字彥明,梁溪人。前有歸昌世序,書論治印之法極精到。

《新纂香譜》四卷 一冊

宋陳敬撰。敬字子中,河南人。首有跋云:"《新纂香譜》,河南陳敬子中編次,內府元人鈔本。凡古今香品、香異諸家,修製、印篆、凝和、佩薰、塗傅等香,及餅、煤、珠、藥、茶以至事類傳、序、銘、説、頌、賦、詩,莫不網羅蒐討,一一具載。錢遵王《讀書敏求記》云'原書四卷'。此從維揚馬氏借得,尚缺後二

卷,何時更求別本足之,庶幾珠聯璧合,不亦稱藝林中一快事耶。雍正庚戌冬至前一日識。"案是書集沈立之《香譜》、洪駒父《香譜》、《武岡公庫香譜》、張子敬《香譜》、《潛齋香譜拾遺》、顏持約《香史》、葉庭珪《香錄局方》第十卷、《是齋售用錄》、《溫氏雜記》、《事林廣記》諸書而成,至爲詳博。《四庫》收入"譜錄類",暇當讎校並補錄三、四兩卷。

《酒經》三卷　一冊

宋大隱翁撰。影宋刻本,半頁十行,行十八字。白口,第一魚尾下標書名,第二魚尾下標頁數,下列字數。後有錢牧齋跋,云:"《酒經》一冊,乃絳雲未焚之書。五車四部書,爲六丁下取,獨留此經,天殆縱予終老醉鄉,故以此轉授遵皇,令勿遠求羅浮鐵橋下耶?予已得脩羅採花法,釀僊家燭夜酒,視此經又如餘杭老嫗家油囊俗譜耳。辛丑初夏,蒙翁戲書。"按"大隱翁"爲朱翼中別號,見陶南村《說郛》。《四庫》所收,據云未有袁宏道《觴政》十六則、王績《醉鄉記》一篇,特爲刊除,則知其非宋刊。此書刊本蓋未見著錄者。

《蘭易》一卷、《蘭易十二翼》一卷、《蘭史》一卷　一冊

《蘭易》,宋鹿亭翁撰。《十二翼》、《蘭史》,明蕈溪子撰。《蘭易》又題曰《天根易》,《經義考》載其自序云:"《蘭易》始于'復',故曰'天根'。"又載馮京序云:"《蘭易》一卷,受之四明山中田父,書端稱'鹿亭翁著'。按郡、縣《志》山有鹿亭,今迷不知處,無問作者姓名矣。要是宋代隱者。"云云。此本無序,其書以"復、臨、泰、大壯、夬、乾、姤、遯、否、觀、剝、坤"十二月卦,

爲蘭消長之機，每卦各綴以詞，仿《易》象、象附口訣二條，蘭月令口訣十二章。《蘭易十二翼》，述養蘭宜忌十二條，《四庫存目》以爲覃溪子即馮京。《蘭史》首《本紀》，次《世家》，次《列傳》，次《外紀》，次《外傳》，蓋戲擬史體，《經義考》誤以此書入經類。

《鷹論》二卷、附《鷂子論》一卷 一冊

極西外臣利賴思撰。利賴思，爲意大利教士，書首有"進呈"二字，當是清初供奉內廷者。上卷論性情教習，下卷論醫治。《鷂子論》後缺兩篇。原書係內廷底本，他無傳者。

《易筋經義》二卷 與《丁酉大獄記》合訂一冊

西竺般刺密帝譯。首有唐李靖藥師、宋鄂鎮大元帥岳麾下宏毅將軍陰陽牛皋鶴九序，後有紫凝道人跋。李序云："經爲達摩所遺，後傳于虬髯，虬髯復傳于藥師。"牛序則云："遇神僧，以此經授牛，牛復藏于嵩山石壁中。"紀年爲"紹興十二年"，而序末則云"可酬對少保于上天矣"。按飛死爲紹興十一年十二月二十九日，史載飛死後一日，都統制田中師大宴諸將，皋遇毒卒。其偽託之處，閱此可不攻自破矣。

《程氏續攷古編》十卷 一冊

宋程大昌撰。大昌字泰之，休寧人。書無刊本，假傅沅叔先生增湘所藏舊鈔本過錄。傅書先得後五卷，嗣又得前五卷。後五卷每卷首第二行有"新安程大昌泰之"一行，前五卷無之，蓋所據之本，欵式不一也。然遇宋帝諱皆避，本朝仁宗、英宗

等均空一格,則知兩本均出自宋刊。其中卷九"曰予攸好德"一條,文與題不符,當有脫誤。其他錯脫亦時見,有善本當再校訂。原書無目,欲易繙檢,補寫一目。

《菰中隨筆》三卷、附《詩律蒙告》、《亭林著書目錄》各一卷 二冊

清顧炎武撰。炎武字寧人,世稱亭林先生,崑山人。此書《四庫》入《存目》,《提要》云:"炎武本精考證之學,此編以讀書所得,隨筆記載,旁及常言俗諺及生平問答之語,亦瑣碎記入。雖亦有足資參攷者,然編次不倫,餖飣無緒,當為偶錄稿本。"云云。按此書孔氏玉虹樓有刻本,不分卷,與此本不同。書分三卷,而第二卷又分為上、中、下三子卷,恐非定本,後有黃蕘圃跋。

《經史雜記》八卷 四冊

清王廷楨撰。廷楨字玉樹,安康人。目後有記,云:"劉向雜采羣言,以為《說苑》,列於儒家,此後'世說部'書所由作也。而其中之有裨經史者,則莫如宋洪容齋《隨筆》、王伯厚《困學紀聞》及國朝孫北海《藤陰劄記》、顧寧人《日知錄》,皆彪炳藝苑,鼓吹儒林,洵足啟迪後學,迥非虞初《周說》之類所可比儗也。公餘讀書,每究尋經史,偶有所得,輒筆記之。間有他說,亦附益焉。日月既深,紙墨遂多,爰擇其有關攷證者,薈萃成編,題曰《經史雜記》。惟是義鮮發明,語無詮次,緬彼前修,瞻望勿及焉。道光庚寅仲春王玉樹識。"

《過夏雜錄》六卷、《續錄》一卷 四冊

清周廣業撰。前有松靄先生序,云:"洛塘宗姪耕厓孝廉嗜讀書,著述等身,與予最相得。君卒後五年,予按行狀,序其《篷廬文鈔》兼傳體也。君著述已刻者四種,《孟子四考》爲尤著,未刻者尚有十餘種。兹《過夏雜錄》六卷,乃癸卯計偕下第後所錄,考訂精詳,不減洪容齋一流;間及時事,則漁洋山人《居易錄》例也。雖持一斑,亦復可傳。令子虞階茂才索序,因書數語于簡端,餘具文鈔序者,不贅及云。嘉慶辛未長至日叔氏春拜書,時年八十有三。"書載北京掌故爲多,《續錄》中有"長春寺藏九蓮菩薩畫像"、"護國寺藏姚廣孝塑像"等。《續錄》無序、跋,《正錄》序中亦未提及。

《三餘摭錄》三卷 一冊

清周廣業撰。此書耕厓先生自辛巳至丙戌六七年中雜記讀書所得,及耳聞目見之事。

《循陔纂聞》五卷 二冊

清周廣業撰。耕厓先生所著《孟子四考》、《意林注》均有刻本,《四部寓眼錄》亦有排印本,至《讀相臺五經隨筆》、《讀易纂略》、《經史避名彙考》、《兩浙地名錄》、《寧志餘聞》、《動植小志》及《文集》八卷、《詩集》二十六卷,則均未見。予所鈔者,與《知不足齋叢書目》等,計共五種。此書亦雜考經史爲多。

《四寸學》六卷 一冊

清張雲璈撰。雲璈字簡松，錢塘人。卷首自序云："荀子曰'小人之學也，入乎耳，出乎口'。口耳之間，則四寸爾，昌足以美七尺之軀哉！蓋等諸道聽而塗說也，是編得毋類是，名曰《四寸學》。"云云。此書名之由來也。此書道光辛卯秋簡松秋草堂刊行，距今不遠，然已不可得矣。過自鈔本。

《蟲獲軒筆記》不分卷 一冊

清張爲儒撰。張氏，海寧人。書舉經、傳、史、子之誤而糾正之，如"羿爲射官"，"沈確士選《唐詩別裁》"，"解右丞詩知禰不能薦之誤"，"朱竹垞選《明詩綜》，喜刪改前人之作"，皆極精到。

《春臺贅筆》五卷 一冊

清黃世發撰。世發字耦賓，晉安人。其自序云："嘉慶戊辰，薄游袁州，廁齋直宜春臺之右。居停雅好積書，日就繙閱，有郡志所未收者，隨手寫出，積久成帙，略爲詮次，得五卷。大概無關典要，不特人以爲贅，即心亦自以爲贅也。"後有一跋，云："右《春臺贅筆》五卷，購自小曹倉陳君。據陳君云，乃黃世發所纂者。世發字耦賓，生平嗜學，著述頗多，其後嗣勿能守。予嘗得其手鈔閻潛丘《古文尚書疏證》一帙、《禮說》稿三帙，他日當出此書編纂，俾有力者爲之刻焉，亦表揚先賢一本事也。是書所記，雖無關緊要，然亦前人所費心力者，不可忽也。叔蘭《消寒錄》曾記耦賓一事，當檢以備攷。更當尋其履歷行事，作一小傳可也。鋌識。"按此跋或爲侯官謝章鋌所書。

《娛閣讀古偶志》一卷　與《盟鷗草》合訂一冊

清孔傳鐸撰。傳鐸字振路,孔子裔。此書係讀書時隨筆記録,不加考訂,直抒所見而已。

《封氏聞見記》十卷　一冊

唐封演撰。有莫氏跋云:"《封氏聞見記》寫本十卷,同治丁卯中秋杭游所收,整理散亂,僅失末卷尾半頁。後一紙記二行云'隆慶戊辰借梁溪吳氏宋鈔本録',知是明人舊鈔,予裝以存。是書元、明以來無刻本,至乾隆中,德州盧氏乃據虞山陸敕先所録孫伏生家本,刊入《雅雨堂叢書》。孫本爲吳岫方山舊藏,録于正德戊辰,不言所出。孫氏又假秦西巖別本校刊,秦本則朱良育依唐子畏、柳大中兩本先後各鈔五卷者,有至正辛丑夏庭芝跋,蓋出于元鈔。此本據宋鈔,則又兩本之外之別本。己巳開歲,書局獨居無事,乃以盧刻通校一過。其足補刻本佚脱者,第二卷'石經'條首百六十三字,三卷'制科'條二十三字、'銓曹'條六字,四卷'尊號'條二十六字、'露布'條八字,五卷'燒尾'條十九字、'圖畫'條二十四字外,此足補正一二字脱譌,又各數十計。始知此本遠勝方山、酉巖兩弄。隆慶戊辰距今踰三百年,所據宋鈔,斷已無存,海内決無更勝此本之帙,在《邵亭》'子部'中,直與宋本同什襲可也。晁氏《讀書志》載此書五卷,與《唐書》、《宋史》同。此及方山、酉巖依宋元鈔者,乃皆十卷,殆自宋即有此析五爲十之本,晁本無傳,末從質矣。其第五卷'長嘯'條,刊本多廿五字,云"蓋出其言善,千里應之;出其嘯善,萬靈受職。斯古之學道者哉"。校注謂'原本朱筆增入',吳方山云'二本俱無',今此本已增刊本數百字而亦無之,蓋校者依他引嘯旨語記于行間者,不必定封氏書所有也。穀日燭下莫友芝識。"按此書自明以來,有正德戊辰本,淡生堂餘苑本,學海類編本,莫跋"元明以來無刻本"一語,蓋偶失記。盧刻後,有江都秦氏據丹徒蔣氏所藏舊鈔本刻本,於盧刻多所訂補。然第七卷"視物近遠"、"海潮"、"北方白虹"、"西風則雨"、"松柏西向"、"石鼓"、"絃歌驛"、"高唐館"諸條,各本及此鈔本均闕,"蜀無兔鶻"一條均不全,不知未析之五卷宋本能全否也。"北方白虹"、"西風則雨"、"石鼓"三條,王讜《唐語林》均收,"蜀無兔鶻"一條,亦首尾完備。"海潮"一條,俞氏《海潮輯說》中亦載。所缺獨"視物近遠"、"松柏西向"、"絃歌驛"、"高唐館"四條耳。又按卷七"溫湯"一條,實爲"溫湯"、"高唐館"二條合成,蓋"溫湯"一條缺尾,"高唐館"一條缺首,而誤合爲一也。

《雲谷雜記》四卷、附一卷、《補遺》一卷 二册

宋張淏撰。淏字清源,其先開封人,祖庽武義,遂爲金華人。《宋史·藝文志》、《文獻通考》、《直齋書録解題》皆不著録,明《文淵閣書目》載一册,不詳卷數。今世所傳四卷本,乃乾隆時自《大典》本輯出,都一百二十四條,似最詳矣。後得明鈔本《説郛》,第三十卷亦載是書,計共四十九條,與《大典》本同者二十九條,而"壽山艮嶽"一條,首尾完善,較大典本爲勝。其餘"臚句傳"、"玉帳"、"《月令》字誤"、"太祖達生知命"、《大典》本亦有此條,略而不詳。"上祭于畢"、"登聞鼓"、"無置錐地"、

"劉歆、顔游秦有功于《漢書》"、"檄書露布所始"、"魚雁傳書"、"《黃庭經》第二條"、"竹之異品"、"佛書"、"燕脂"、"五大夫"、"二洪崖先生"、"阿堵"、"酒名齊物論"、"蔗字"、"避忌諱字"二十條,《大典》本中皆未見。不知《大典》所録爲別本,抑輯《大典》本時遺之也。既無《大典》原書可證,《説郛》所收又非全書,更無可考,真一恨事。然《説郛》成書在《大典》前,所據本自較《大典》爲早,此可斷言。至陶珽所刻《説郛》,以"壽山艮嶽"一條,別名爲"艮嶽記",另作一書,已極不合,然尚署張氏所撰。其他"聯句所始"、"人事物"、"蒜髮"、"關羽印"、"無置錐地"、"稱臣呼卿"、"稱萬歲"、"崔豹"、"斷屠"、"有功《漢書》"、"露布所始"、"竹之異品"、"佛書"、"刀耕火種"、"鐘鳴漏盡"、"孝宗聖德"、"二赤松"、"謚號"、"五大夫"、"禮部韻"、"堯九男"、"二洪崖先生"、"阿堵"、"後漢人亦有二字名"、"酒名齊物論"二十五條,竟別標書名曰《東齋記事》,撰人曰許觀,妄人妄事,此爲極矣。據《大典》本,張氏原跋"秋樹雨聲"云云,今各本皆未見,則知此書尚有逸文也。此書以《説郛》各條附録于《大典》本之後,復爲劄記,録之卷末。周君豫材樹人首見《説郛》所載各條異于今本,予始輯成此書,故豫材亦有題記。

《猗覺寮雜記》二卷 二册

宋朱翌撰。翌字新仲,龍舒人。此書據雪苑宋氏所藏舊鈔本過録。按上卷二百零八條,其中補目者二,補文、補目者一;下卷二百四十六條,其中補文、補目者二,應删者一,都凡四百五十三條,與序所云四百三十五則者不合。聚珍板叢書本"唐人用平仄不同"條、"東坡新獲石弩記"條、"李虚中靈于人不靈于己"條,皆分爲二,"戚姬"、"女稱"二條合爲一,無"王旦"條及"男女皆不可以美稱"條,又刪去下卷"游夏不能措一詞"條,凡四百三十三條,與序所云四百四十四條者亦不合。《知不足齋叢書》本序與此鈔同,"唐造茶與今不同"、"唐茶用臼用煎"兩條,"漏天"、"天公憒憒"、"天形"三條,"韓退之文章"、"劉杜譽韓處皆實錄"兩條,"戚姬"、"女稱"兩條,"當用稻字"、"骰子"、"渾化酒悲"三條,皆合爲一。"唐人用平仄不同"條、"用字出處"條、"李虛中靈于人不靈于己"條,亦合爲一,"游夏不能措一詞"條不刪,計三百三十一條。三書條數無一同者。《知不足齋》本又移下卷卷首三十六條,附上卷卷末,另標"論史"二字,更不知其所依據矣。

《吹劍三錄》一卷　一冊

宋俞文豹撰。文豹字文蔚,括蒼人。《四庫》收《吹劍錄外集》一卷,《提要》有云:"卷首有淳祐庚戌序,稱'續三爲四'以驗其學之進否,則中間尚有兩錄,今已佚矣。"據此可知《外集》爲《吹劍四錄》,自《四庫》改標《外集》之名,《知不足齋》本遵用之,俞氏《四錄》遂名亡實存矣。按文豹《吹劍首錄》,成于淳祐三年八月,自序所云:"予以文字之緣,漫浪江湖者四十年。今乃倦遊索居京國,掩關守泊,條理故書。以昔見聞,與今所得,信筆錄之。《莊子》云'吹劍者吷而已'。吷,許劣反,謂無韻也。是也。"及《二錄》續成,已與《正錄》合刻,亦有自序明言之。序載書首。今所見《正錄》,實即《初錄》、《二錄》合併之書也。同時更有易此書之名爲《唾玉集》而刊行者,序云:"世有《說苑》、《說林》,又有《叢說》、《世說》,嗚呼!說而不根諸理,横潦耳。俞君文豹,余慶友也,一日以其所萃之説,名曰《吹劍》,其庶乎根于理者。予披閲顛末,觀其學粹甚,味其文瑩甚,殆無一疵可指,因易其名爲《唾玉集》。識者或有取于斯,撫卷太息,喜而書之。景祐二年春山翁。"俞氏復有自序曰:"頃編是録,名爲《吹劍》,聊適興耳。或者遂僭名爲《唾玉集》,豈予本心哉!知我罪我,以俟賢者。"見予所校印《説郛》。予主北京圖書館時,得此本于破紙亂書中,閲俞氏自序末云"淳祐戊申中和節,書于堪隱堂",且爲四集張本,則知此真佚書,薰沐登之善本之櫝。書多脱誤,無他本可校,甚願合《正録》、《外集》爲一,以成全書,所苦《二録》不能見耳。

《重刊吹劍正録》一卷、《三録》一卷、《四録》一卷、《二録唾玉集》一卷 二册

宋俞文豹撰。予既得舊抄《三録》,知俞氏此書本爲四《録》,然正、二兩《録》今僅存《正録》一種,《二録》遍求未得。繼抄明寫《説郛》,見第二十四卷録有《吹劍續録》十二則,第四十九卷録有《唾玉集》十九則,皆他《録》所無,乃取而附于書後,此書略可稱全璧矣。

《友會談叢》一卷 一册

宋上官融撰。華陽人。《四庫》未著録。此書末有跋云:"此書乃武林忻悦學家藏陝刻舊本,歸戒芥庵夏隱君。中間刊誤舛訛,如'日曰'、'篡篡'、'歡歎'、'雖難'、'關闕'、'禍福'等字,可以意改,餘不敢强,以俟別本訂之。至正二十四年歲次甲辰五月十七日寫起,至二十七日庚寅輟卷。華亭在家道人

孫道明識于泗北村居映雪齋,時年六十又八也。連日梅雨,時西、南二鄉皆成巨浸,豐年未卜。今日喜晴,聊書記耳。"蓋元時鈔本。《邵亭目》作三卷,云:"前有天聖五年自序,所記皆宋代故事,多言報應,示勸戒。卷數與《宋志》、《焦氏志》同,而《通考》則作一卷。序稱六十事,此僅及半,阮氏以進呈。"今據此本,缺自序,雖非三卷本,所載事多至百五十七條,且皆唐至五代時事,宋事極少,與莫氏所見本不同。豈二書相合,然後得成完璧耶?

《西溪叢語》二卷 一册

宋姚寬撰。寬字令威,嵊縣人。書中考據精確,《四庫提要》已詳言之。此書據明鵠鳴館刊本抄,又過吳匏庵、錢遵王二家校語。有復翁跋云:"此予手校三本之《西溪叢語》也。始因從友人處見錢遵王手校舊鈔本,欲臨之,苦無津逮中刻本。後晤張訒庵,知有鵠鳴館刻本,而并為吳枚庵手校者,遂借兩家本勘之。知錢校之鈔本,即從鵠鳴館刻本出,而行欵不盡同。其所校則別一本,不言所自出,而以吳校證之,知亦出鈔本也。余謂書經校勘,已失真面目,故先以鵠鳴館刻校之,再以錢校覆之,三以吳校參之,可謂精審矣。復翁記。"按堯圃蓋以汲古閣刻為底本。

《北窗炙輠》二卷 一册

宋施德藻撰。德藻字彥執,海寧人,以病廢不能婚,宦。與張九成友善。此書《四庫》所收為浙江鮑士恭家一卷本,此則過自吳枚庵家所藏鈔本。有姚覲元跋,云:"光緒丁亥新秋,予大病初起，枯坐無聊，從沈穀塍太史借讀秘書，既景鈔宋本《東家雜記》矣。太史復以此書相示，蓋吳枚菴家鈔本也。每半葉十行，行二十字，上、下二卷，都六十葉。以世鮮傳本，復手錄之，日課一葉，凡兩閱月而畢。時十月二十又五日也。歸安姚覲元記。"

《續墨客揮犀》十卷　一册

宋彭乘撰。此書原無撰人姓名，陳振孫《書錄解題》載《墨客揮犀》及《續墨客揮犀》爲二十卷，不著撰人，明商維濬刊《稗海》乃題爲"彭乘"，以書中所自稱名爲據。有正德時刊本，亦不多見。此本錄自明抄。

《蘆浦筆記》十卷　一册

宋劉昌詩撰。昌詩字興伯，清江人。《四庫》著錄。此書序後有跋，云："是書藏丹陽賀進士烺家，予借得，命桂父錄之，以備稗官一種。萬曆三十有九年辛亥十二月，綏安大弋山樵謝兆申屬清涼寺之唯心菴校，朔後三日。"書後有跋云："戊戌中元，借陸孟莊家西賓本，勾張興宗令弟抄，惜多脱誤。古歡堂主人吳翌鳳。""郡中吳枚菴先生多古書善本，皆手自抄錄或校勘者。久客楚中，歸囊尚留數十種，此《蘆浦筆記》其一也。予欲借校鮑氏新刻本，久未得閒，適張訒庵來談，及反，見一舊鈔本，內八卷，文有'起立行伍'句上多'趙'字，較鮑本爲勝，因檢此本，乙'起立'爲'立起'，文似順矣，然初不知原文爲'趙立起行伍也'，遂動校勘之興。并憶舊藏穴硯齋鈔本宋人説部有數種，此書在焉，取勘是本，所獲實多。其最勝者，乃卷五'趙清獻公充御試官日記'中文多幾行也。卷四"巴丘"條亦補九字,較鮑刻爲勝。觀鮑本跋語,於此書讎勘至數四,而尚有脱誤,信乎古書之難覯,而校勘之不易也。惜鮑渌飲已作古人,不能語之,爲一大恨事,只好與枚菴共爲賞析爾。黄丕烈。""予于乾隆四十七年正月,從鮑君渌飲借《蘆浦筆記》,觀于小桐谿館,命門人傳録一本,手自勘正。後十餘年,渌飲又得舊本校讎數過,刻入《知不足齋叢書》,世儷善本。今年九月過吳門,適黄君蕘圃獲見舊鈔,并以其向藏穴硯齋鈔本合校于吳君枚菴舊鈔本上,枚菴復跋之而歸諸余。余亟以鮑刻重勘,正誤甚多,既補第五卷所缺之九行,又補得劉昌詩《後跋》一篇。計是書先後三十年,歷經名家,屢有補正,惜渌飲已不及見是本,猶幸予與枚菴、蕘圃之得見也。嘉慶十九年九月十一日陳鱣記。"按王士禛《池北偶談》記此書爲出自丹陽賀氏,而綏安謝兆申所傳鈔,蓋即此本也。

《硯北雜志》二卷 一冊

元陸友撰。友字友仁,吳縣人。書後有嘉靖、隆慶、萬曆、寒玉堂、徐獻忠、董子元、錢叔寶、林應楨、陳繼儒諸家題記,又有項德棻、馮玄鑑、包鴻逵、武林外史丁敬題記,蓋歷經名家藏校之本。

《世説新語小品》一卷 以上五書合訂一冊

不著撰人。書係摘録《世説新語》中雋句。

《初潭集小品》一卷

不著撰人。亦係摘錄古來韻事雋語。

《宋賢襍佩》一卷

明祁承爜撰。摘錄宋賢言行，加以評語。

《王鳳洲藝苑巵言》一卷

明王世貞撰。爲評隲詩文之語。以上四種，均從孫夏峰紫芝堂鈔本錄出。

《桃源索隱》一卷

明闕士琦撰。士琦字褐公。書皆記遊桃源之文，闕爲桃源人，故有此作。二書均應入集部，以其與前書合訂，故附此。

《閩中今古》四卷　一册

明陳顧撰。顧字永之，英宗時人。此書過自叢書堂鈔本。

《寒夜錄》二卷　一册

清陳弘緒撰。弘緒字士業，新建人，甲申後屏居江上。書無刻本，書後有跋，云："陳弘緒，字士業，新建人，明尚書清襄公道亨子也。崇禎末辟刺晉州，以抗直罷歸。少好學，有聲場屋，四方名流皆下之。家故富書，日夕披覽，見聞益博。爲古文師廬陵南豐，詩類昌黎。甲申後屏居江上，輯《宋遺民錄》，賦《江城懷古諸什》，南州言耆舊者首推焉。著有《石莊集》、

《恒山存稿》、《寒崖集》、《鴻桷編》、《峾齋詩》、《荷鋤襍志》、《寒夜錄》、《讀書跋》數十種。予向聞新城商丘二先生家有《寒夜錄》鈔本，以未得見爲恨。後于慈恩寺市遇新城先生，問之果然，遂欲借鈔，會有山左賑饑之役，不果。己亥，始得借鈔于武林吳寶崖先生。前後失序，讀之不無悒悒。姑錄之存于篋中，以俟他日補耳。"

《巾箱説》一卷 一册

清金埴撰。埴字小郯，會稽人。卷首有記，云："所錄皆經史餘緒、南北涉歷、友朋軼事，約二百條。全謝山太史祖望撰《徵士谷林趙君誄》，有：'山陰金小郯，詩人也，窮老無子。慈水鄭義門謂曰：生于我乎養，死于我乎殯，小郯已安之矣。俄而辭之遠行，谷林遇之錢塘江上。問將何之？曰：之楚。曰：八十老人盛暑爲千里之行，非情也。固留之，止其家。半年而病，醫之、藥之，死則殮之，呼其從子而歸其櫬以葬之。義門聞小郯之卒也，爲之慟；及聞谷林之竟其後事也，爲之流涕。'谷林之善行不可悉述，即此足以概見其餘。微此帙此誄，則小剡之名字已翳如矣。"書無刻本，錄自舊鈔。

《棗林外索》三卷 三册

清談遷撰。孺木先生爲明諸生，後授主事，入清不仕。著有《國榷》、《棗林集》、《北遊錄》、《棗林雜俎》、《棗林外索》、《海昌外志》等書，惟《雜俎》有印行本。此書亦雜説之類，久覓不得，後始獲舊本過錄。原書不分卷，分訂三册，册首各有目，似爲三卷。其中叙明事有稱"明"者，有稱"本朝"者，前後不一，當是自明至清，遂漸積成之稿本，未經刪定者。前有順治甲午自序。全書以雲林事作結，先生之志可見矣。

《醉里耳餘錄》十二卷 二冊

清陳銘撰。標曰"西堂居士"，蓋別號也。書後有記，云："《耳餘錄》十二卷，陳氏西堂諱銘撰。按先生邑老諸生，乾隆間人，隱居講學，名聞寰區，時與沈確士德潛常往來，共相切劘。上欲以博學選召，西堂稱疾不赴，終老一鄉，亦隱逸中人物也。是集搜采遺逸，略無膡義，苦心孤詣，惜無刊行之耳！愛風雅者當寶爲席上珍可也。道光癸卯秋日芝卿氏沈文治拜識。"

《人海記》一卷

清查慎行撰。慎行字悔餘，海寧人。此書有查刻、吳刻二本，均無大出入。八千卷樓所藏鈔本，爲兩卷本，此亦過自舊鈔。卷末多一條，云："南海淀今爲御苑，設甲兵守之。間遇上元，以此放煙火，則縱都人往觀，餘不得入。"此條各本均無。

《浮生六記》六卷 一冊

清沈三白撰。此書丁巳之春錄自舊鈔，不數年文章之體大變，尊此書者衆，印行遍國中，且有譯行海外者。然五、六兩卷，終不可見，予亦未暇取印行本一校勘也。

《冬集紀程》一卷、附《詩》一卷 附俞貞女《繡經序》及《題詞》一卷,清徐乾學等撰。 一冊

  清周廣業撰。書紀癸卯赴禮部會試事,後有跋,云:"道光甲申,周績士七兄下榻郭溪西街王氏,冬日集其尊甫耕厓夫子廣業《寧志餘聞》三本、《冬集紀程》一本見示。是年春夏予鈔周松靄夫子春《海昌勝覽》,冬鈔春初,又鈔嘉興梅會里李若谷先生壽昌《古今畫姓集韻》,校勘恩恩。至乙酉殘冬,始克鈔《寧志餘聞》,倩蘇復庵土本及阿申問源同鈔。丙戌三月望,校竣,原本隨即奉還郭溪東街曹氏館邸。四月初旬方鈔《冬集紀程》,數日竣。六年四月既望,澤南識。"按此爲邑人葛繼常題跋。俞貞女者,亦海寧人,原鈔本附此書後,故仍之。

《山海經圖贊》一卷、附《校勘記》一卷 一冊

  此書首標"元曹仲良寫本《山海經》,附全贊",蓋曹氏手寫之書,明爲姚公綬、王元美、陳眉公所藏,清入內府。畢弇山、郝蘭皋、嚴鐵橋諸家,遂均未得見。嚴、郝兩刊,俱出明道藏本,以此本對勘,經文相同,贊則大有出入。嚴本凡二百六十五贊,此有三百又三,計增三十八則,字句出入亦多。有《校勘記》,附錄卷後,此秘笈也。

《穆天子傳》六卷、附《校勘記》一卷 一冊

  不著撰人。按此書刊本以天一閣爲善,今亦少見。壬戌夏得一鈔本,半頁九行,行二十字。首行標"穆天子傳"四字,下空一格,標"總六卷";又空一格,標"古本";再空一格,標"荀

勖序"。次行低二格,標"侍中中書監光祿大夫濟北侯臣勖"。三行標"領中書令議郎上蔡伯臣嶠言部"。四行標"秘書主書令史譴勳給"。五行標"祕書校書中郎張宙"。六行標"郎中傅瓚校右文穆天子傳已訖謹並第錄"。七行頂格,標"序"字。八行起爲序文。蓋即張金吾《藏書志》所載之本也。以范本校之,乃知范刻脱誤之多,予有《校勘記》一卷附書後。

《世説新語》三卷　三册

宋劉義慶撰。梁劉孝標注,影宋本。半頁十行,行大小字均二十。田伏侯跋云:"日本内府圖書寮舊藏《春秋正異》單疏本,爲人間珍笈,不知何因佚出二册。己酉秋,由島田翰歸後博古堂。予偶過内府知之,不忍今此類古書散失,廼以之返諸圖書寮,俾成完璧。寮友一時感予雅意,許借此書迻寫一通。及再假《寒山集》,則多方推諉,不能允從。日本人篤守古籍,固可則效,其不肯多予人以便宜,亦可哂也。庚戌九月二十七日潛叟記"。又跋云:"是書爲日本金澤文庫舊藏,現歸宫内省圖書寮。每卷前後,有'金澤文庫'印記,首頁上有'秘閣圖書之章'及'帝室圖書之章',均一一影摹之。原書有漫漶處,校時概用朱筆畫綫界出,用存其真。又有不可解之譌字,凡校出者,則用朱筆作小點於旁以識之,亦不敢妄改,致失本來面目。又按此三卷本近已希見,《經籍訪古志》謂:'爲王義慶真本,未經後世增損者,字句卷數,校之元明諸出,夐然不同。'其説良是。然刻印不甚工,并非宋槧之精者。《訪古志》稱爲'文字端正',失爲允當。至'欽宗以上諱字,嫌名皆闕筆,其爲北宋槧本無疑'一語,尚屬有徵。兹以有'金澤'印記推之,則其流入日本，爲時頗早。中國諸藏書目，均無此本，其可寶貴，亦人所共賞。矧爲日本內閣所藏，傳鈔尤非易事乎。校畢裝爲三册，并題記如此。宣統庚戌八月潛叟記於七啟盦。"田氏此書，後歸徐行可兄。壬戌，在漢借影是册。

《合校世說新語》三卷、《譜》一卷、《考異》一卷、《注引書目》一卷、《佚文》一卷 五册

是書義慶本傳作十卷，隋、唐《志》作八卷，以唐寫卷子殘本證之，所存自《規箴》第四節"孫休好射雉"條起，至《豪爽》"桓玄西下入石頭"條止，爲第六卷。八卷或義慶原書，加"叙錄"、"考證"，或成十卷。三卷本乃經晁以道等刪節之書，非原本也，刊而行世，則爲最早之本。陸游刊本，即出此本，雖每卷分上、下爲異。袁褧嘉趣堂本，即繙雕陸本者，故中國向傳宋刊，至陸本而止。不分上、下之三卷本，未見著錄，予既得此本又雜取王世懋、凌瀛初諸家刊本及他書校之。抗戰軍興，在紅□□□□□□佚及編定注中書目兩卷。忽忽三十餘年，得見古籍出板社影印此書，且有汪氏《考異》及諸家《譜系》，未附唐寫卷子殘本、王利器先生《校勘記》，因復整理舊時校補所得，參以新印之本，寫定此書。

《廣異記》二十卷 四册

唐戴孚撰。孚，譙郡人，終饒州府錄事參軍。所記皆神異一流。第二十卷中載"玄奘"一條云："玄奘往西域，見其松，以手摩其枝曰：'吾西去求佛教，汝可西長。吾歸即東回，使吾弟子輩知之。'既去，松枝年年西指，一年忽東回，弟子曰：'教主

歸矣。'果還。至今謂之'摩頂松'。"今《西遊記》中載其事，即本此。前有顧況序，此書傳本絕少。

《燈下閒談》二卷 一冊

不著撰人。首有序云："李太尉鎮蜀日，巡盜官韋絢編《戎幕閒談》，冀釋其所聞，用資談話。洎予燈下與二、三知己談對，外話近代異事，與生左子華謂予曰：'可錄之，以示諸友。'得之於信厚之士者，方筆錄之。離成二卷，目爲《燈下閒談》，亦類乎《戎幕閒談》云耳。""目"後空一行，低三格，有兩行云："《館閣書目》載《燈下閒談》二卷，不知作者，載唐及五代異聞。陳道人書籍鋪刊行。"卷末有記云："崇禎甲戌借葉林宗本錄，仲昭所書。七月初二日孱守居士。"又一記云："崇禎戊寅，得于書賈吳姓者，價用六分。十二月初十日葉石君。"據此知是書亦自宋刊書棚本傳鈔者，《四庫》未收。

《楊太真外傳》二卷 一冊

宋樂史撰。史字子正，宜黃人，著有《太平寰宇記》等書。此書節取史實及唐人筆記、詩歌以成，各家著錄者少。過自舊鈔。

《青瑣高議前集》十卷、《後集》十卷、《別集》七卷 三冊

《青瑣高議前集》 存卷一至卷五 一冊

《青瑣高議》 存卷十至卷二十 一冊

宋劉斧撰。斧字、籍無考。《四庫》入《存目》，載《前》、

《後》二十卷,無《別集》七卷,亦不著撰人。按趙與旹《賓退錄》云"劉斧《青瑣高議》"云云,故標今名。書後有黃蕘圃數跋,今摘錄其二。一云:"甲戌孟夏,友人收得《青瑣高議》下册,乃《後集》十卷完具者。先以書名告余,余曰:'爲何時鈔本?'友人云:'楮墨古拙,是爲前明朝抄。'因遣足取之,手校於臨寫張訒庵本上,實有勝是者,且疑張藏鈔本亦出自前明朝鈔本,特傳錄時又多一番脱誤校改耳。書以最先者爲佳,信然。復翁。"二云:"説部舊本難得,即如《青瑣高議》,世鮮傳者。客歲元妙觀前冷攤獲此藍格綿紙舊鈔本,卷尾有'正德年間鈔錄'字,且爲松厓惠先生藏本,惜已歸友人處,遂借歸分手錄之。此《別集》乃又一人錄也。復翁。"此書予首得明鈔本《前集》五卷,因過錄之,即"目"中第二部。嗣得明刻大字本,因復鈔十至二十一卷,明刻併《前》、《後集》爲二十卷。然第十八、第十九、第二十三卷,"後集"二字尚存,則知爲坊刻妄併,原書固仍分《前》、《後》二集也。再後方得黃氏寫本全書,且校《四庫》所載,尚多《別集》七卷,今三書並存之。

《冶城客論》一卷 一册

明陸采撰。采字子玄,長洲人,年十九作《明珠記傳奇》,登場教演,名重一時,四十而卒。此書載明初事,如"孟子撤去配像"、"冷謙戲吴王"等,皆小説家言也。

《金姬傳》一卷

明楊儀撰。儀字夢羽。卷首有自序,末有跋,云:"嘉靖乙巳夏,予撰《慶安鎮平寇記》方成,適聞太倉江寇竊發,殺戮守帥，因重有所感，而述爲此篇。世之君子，每防患于未萌，桑土之憂，當有聞予言而興起者乎！書之以自記。"按金姬爲張士誠幕中一奇女，所叙多張氏事。

《鬼董》五卷 一册

不著撰人。後有跋，云："《鬼董》五卷，得之毘陵楊道芳家。此紙鈔本後有小序，零落不能詳。其可攷者云'太學生沈'，又云'光孝時人而關解元之所傳也'。喜其叙事整比，雖涉怪而有據，故録置巾笥，以貽同好。泰定丙寅清明日，臨安錢孚跋。"又一跋云："此非全書也，或擬爲《太平廣記》中摘出。然所載多宋、遼、金事，何謬議如此。擬爲解元關姓所作，信然。孫江識。"

《闈事紀聞》六卷 二册

清周勳懋著。勳懋字竹泉，海寧人，耕厓先生子，書中所稱"先子"，即爲耕厓先生。書似稿本，分卷多寡不等，抄時略爲變動，仍存六卷之舊，惟删重出二條。以其多言果報，故列入"小説"。書中所引，知耕厓先生所著，尚有《寧志餘聞》、《時還讀我書録》、《副榜考》諸書，惜均未見。《寧志餘聞》傳鈔本較多。浙館有鈔本。

《殘經》一卷 與《丁酉大獄記》合訂一册

此亦敦煌唐寫經之一，自陳君援菴處借鈔。首篇缺首，而結處有"喻第二"三字，篇中論"世間唯有一神。一切萬物皆一神所造"，中有句云"從波斯至拂林"云云。第二篇首似不缺,然無標題,恐亦非全文,結處題"一天論第一"五字。篇中反覆證明人爲一神所造,有"飛僊""惡魔"等言,而末有"四天下"之稱。第三篇首題"世尊布施論第三",中亦有"此並是一神所有"句。第四篇首缺,末題"一神論卷第三"六字,中亦有"自嚮拂林"云云,又有云"世尊喻,如自父不禮拜,乃嚮惡魔禮拜,有不淨潔處,意憎取汝處分於黑闇地獄發遣"云云,又云"唯有世尊情願具足,欲此諸王等聖主,誰嚮拂林,誰嚮波斯,並死亦是惡律法於所著者爲怛索到不堪處。以一切拂林,如今並禮拜世尊,亦有波斯少許人被迷惑,行與惡魔鬼等所作泥素形像禮拜者,自餘人物禮拜世尊"云云,又云"嚮五蔭身六百四十一年"云云,又云"誰依直心道行者,得上天堂,到快樂處,無有盡時。所有萬識,一神直道,嚮好經不行亦不取,一神處分作罪業者,于惡魔、夜叉、諸鬼所禮拜者,嚮地獄共惡鬼等一時隨入地,常在地獄中住"云云。按佛教未東行之前,已拜偶像,不主一神。東行之後,未聞西漸,則與波斯、拂林,亦無所關。據此可知此非釋氏經典。按天主教以一神爲主,世間萬物皆一神所造,一神之外,悉爲魔鬼,且屢言波斯、拂林,蓋實舊教東行之證。所稱"飛僊",即天使也。最忌者爲拜偶像,故經中屢斥之。所稱"六百四十一年",即貞觀十五年,耶穌降生後年數也。此經實爲舊教經典,不稱"天主"而稱"世尊",且有"夜叉"等名者,實譯經之人沿用翻譯釋典之名故耳。譯筆極艱澀難通,較諸釋氏諸經,潤色明朗者,大不相類。

《諸子辨》一卷 與使全錄合訂一册

　　明宋濂撰。首《鬻子》,終《程子》,後有至正戊戌秋七月丁酉朔日《記》一篇，蓋元季避兵時之作也。今節其可備參攷者如下。

《鬻子》十四篇，出祖無擇所藏，《崇文總目》謂八篇已亡。其書頗及"三監曲阜"事，蓋非熊自著，或其徒名政者所記。

《管子》二十四卷，經劉向所定，凡九十六篇，今亡十篇。自《牧民》至《幼官圖》九篇爲"經言"，《五輔》至《兵法》八篇爲"外言"，《大匡》至《戒》九篇爲"內言"，《地圖》至《九變》十八篇爲"短語"，《任法》至《內業》五篇爲"區言"，《封禪》至《問霸》十三篇爲"雜篇"，《牧民解》至《明法解》五篇爲《管子解》，《臣乘馬》至《輕重庚》十九篇爲《管子輕重》。予家又亡《言昭》、《修身》、《問霸》、《牧民解》、《輕重庚》五篇，止八十一篇。題云"唐司空房玄齡注"。是書非仲自著，疑戰國時人採綴仲之言行，附以他書成之。不然，"毛嬙"、"西施"、"吳王好劍"、"威公之死"、"五公子之亂"事皆出仲後，不應預載。

《晏子》十二卷，《漢志》八篇，但曰《晏子》，《隋》、《唐》七卷，始號《晏子春秋》，與今書卷數不同。《崇文總目》謂其書已亡，世所傳者，蓋後人採嬰行事而成。

《關尹子》一卷，見之《漢書》，自後諸史無及之者，意其亡久矣。今所傳者，以"一宇"、"二柱"、"三極"、"四符"、"五鑑"、"六匕"、"七釜"、"八籌"、"九藥"爲名，蓋徐蕆子禮得於永嘉孫定，未知定又果從何而得也。

《慎子》一卷，慎到撰，趙人，見於《史記》，《中興館閣書目》乃曰瀏陽人。瀏陽在今潭州，吳時始置縣，與趙南北了不相涉，誤也。《漢志》云四十二篇，《唐志》云十卷，不言篇數，《崇文總目》言三十七篇。今所存者，唯《威德》、《因循》、《民雜》、

《德立》、《君人》五篇。

《墨子》三卷，上卷《親士》、《修身》、《所染》、《法儀》、《七患》、《辭過》、《三辨》七篇號曰"經"。中卷《尚賢》三篇，下卷《尚同》三篇，皆號曰"論"。共十三篇。考之《漢志》七十一篇，《館閣書目》則六十一篇，已亡《節用》、《節葬》、《明鬼》、《非樂》、《非儒》等九篇，比今書則又亡多矣。

《孫子》一卷，自《使計》至《用間》十三篇，《藝文志》乃言八十二篇，杜牧信之，遂以爲武書數十萬言，魏武削其繁賸，筆其精粹，以成此書。按《史記》，闔閭謂武曰"子之十三篇，吾盡觀之"，其數與此正合，牧言非是。

《尉繚子》五卷，二十四篇，較《漢志》二十九篇，已亡其五。

《公孫龍子》三卷，《蹟府》、《白馬》、《指物》、《通變》、《堅白》、《名實》凡六篇，《漢志》六十四篇，其亡多矣。

《玄真子》兩見《唐志》，一云"十二卷"，一云"兩卷"。予所藏者外篇三卷，計必有內篇，而此非全書也。

集　部

《嵇康集》十卷、《補遺》、《附錄》各一卷 四册

魏嵇康撰。按叔夜爲司馬昭所害,雖傳在《晉書》,實魏人。此書丙辰正月,據叢書堂本傳録,與周君豫材樹人同事讎校,今豫材早殁,手寫之書已印入《魯迅全書》中。予兩人自壬戌秋别後,無緣再聚,不知彼書後有更動否？亦無暇取印行本一校。當時予有記,云:"《中散集》,《隋志》十三卷,新、《舊唐志》皆十五卷,《宋志》、《崇文總目》皆十卷,鄭樵《通志・藝文略》十五卷,晁公武《郡齋讀書志》、陳振孫《直齋書録解題》、馬端臨《文獻通考・經籍考》皆十卷,焦竑《國史經籍志》十五卷,錢曾《述古堂藏書目》、《四庫全書總目》皆十卷,嗣後各家著録皆十卷,無十五卷者。《隋志》十三卷,注云'梁有十五卷,録一卷',《唐志》十五卷,豈隋佚而唐復見耶？《通志》疑據《唐志》記載,而焦氏《國史》則又沿《通志》者,《讀書志》、《書録解題》皆親見其書,而《宋志》、《崇文目》又皆作十卷,是十五卷本早不可見矣。十卷本傳世者,首推明嘉靖乙酉黄省曾南星精舍刊本,莫邵亭《知見書目》以爲仿宋本,其實校宋鈔本也。次爲程榮本、汪士賢本、《百三名家》一卷本、《乾坤正氣集》本,大致不及黄本。自記載所得,則黄氏之前《中散集》蓋無刻本,故黄蕘圃、陸心源皆推尊吴匏庵鈔本,蓋可以證黄刊之誤也。《皕宋樓藏書志》已列舉黄刻之脱誤,予得此本復爲校出數條,乃

知此本之可貴。世人眼目不盡爲黃刊所掩者,賴有此也。"今舉校出各條之大者,附錄如下。

卷一《酒會詩》"猗猗蘭藹"一詩下尚有四首:"淡淡白雲,順風而回。淵淵綠水,盈坎而頹。乘流遙邁,自躬蘭隈。杖策答諸,納之素懷。長嘯清原,惟以告哀。""抄抄翔鸞,舒翼大清。俯睍紫辰,仰看素庭。凌躡玄虛,浮沉無形。將遊區外,嘯侶長鳴。神原缺一字不存,誰與獨征。""有舟浮覆,佛纜是維。栝楫松櫂,有若龍微。津經險越,濟不歸原缺一字。思友長林,抱樸山岨。守器殉業,不能奮飛。""羽化華岳,超遊清霄。雲蓋習習,六龍飄飄。左佩椒桂,右綴蘭苕。凌陽讚路,王子奉韶。婉孌名山,真人是要。齊物養生,與道逍遙。"《雜詩》"微風輕扇"一章下,有五言詩三章:"人生譬朝露,世變多百羅。苟必有終極。彭聃不足多。仁義澆淳樸,前識喪道華。留弱喪自然,天真難可和。鄙人審匠石,鍾子識伯牙。真人不屢存,高唱誰當和?""修夜寂無爲,獨步光庭側。仰首看天衢,流光曜八極。撫心掉季世,遙念大道逼。飄飄當路士,悠悠進自棘。得失自己來,榮辱相蠶食。朱紫雜玄黃,太素貴無色。淵淡體至道,色化同消息。""俗人不可親,松喬是可鄰。何爲穢濁間,動搖增垢塵。慷慨之遠遊,整駕俟良辰。輕舉翔區外,濯翼扶桑津。徘徊戲靈岳,彈琴詠泰真。滄水澡五藏,變化忽若神。恒娥進妙藥,毛羽禽光新。一縱發開陽,俯視當路人。哀哉世間人,何足久託身。"

卷四《答難養生論》"故不殊于榆柳也"下,有"然松柏之生,各以良殖遂性。若養松于灰壤"十七字。

卷五《聲無哀樂論》"樂不至淫"下,有"因事與名,物有其号，哭謂之哀，歌謂之樂"十六字。"無微不照"下，有"苟無微不照"五字。"而人情以躁靜"下，有"專散爲應譬，猶游觀于都肆，則目濫而情放，留察于曲度，則思靜"二十五字。"雖出于歡情然"下，有"自以理成，又非"六字。

《自然好學論》在第六卷。第七卷自《宅無吉凶攝生論》起，第八卷自《釋難宅無吉凶攝生論難》中篇起，第九卷自《答釋難》起。

卷九《答釋難》"復曰成命耶"下，有"且冒一諸錯"五字。"爲卜無益也"下，有"若得無恙爲相敗于卜"九字。"未若所不知"下，有"者衆此較通世之常滯然智所不知"十四字。

卷十《家誡》"其有衆人"下，有"不當獨在後"五字。

《陸士龍文集》十卷

晉陸雲撰。此書過錄之本甚舊，有孫原湘跋，云："《陸士龍集》十卷，慶元中徐民瞻刻於華亭縣齋，與《士衡集》合爲《晉二俊文集》。正德時陸元大重刻。都元敬頗以錄本譌誤爲言，而不及民瞻叙，可知宋槧明時已尠流傳矣。此本爲影宋鈔本，文休承得之武陵市，卷首有竹垞兩印。原止一本，張生伯元重裝析之爲二。雖未得見宋本，睹此已較明本迥勝耳。心畬孫原湘記。"此書第十卷後，有"《二俊文集》以慶元六年二月既望書成，縣學職事校正刊者三員，題名予后"予字原書誤。二行，又有"縣學司計進士朱奎監刊，縣學直學進士孫垓校正，縣學學長鄉貢進士范公袞校正"三行，是出于宋刊之說，當屬可信。取明正德己卯陸元大刻本校一過，出入甚少，知正德本亦從此本出，《四庫》本亦與此本相同。原書半頁十行，行二十字，然非影宋，且亦無徐民瞻序，誤脱頗多。

《鮑氏集》十卷 二冊

宋鮑照撰。照字明遠，東海人，"照"或作"昭"，唐避武后諱改。《隋書·經籍志》作十卷，注曰"梁六卷"。《四庫》所收，爲明正德庚午朱應登刊本，前有齊散騎侍郎虞炎序，此書亦同。有毛跋，云："丙辰七夕後三日，借吳趨友人宋本比校一過。扆。"又有繆跋，云："此書見《愛日精廬藏書志》，斧季校宋本於明刻上，鈎勒行欵，不拘正俗，一筆一畫，無不改從宋本面目，一望即見，可爲校宋良法。'殀''朗''譁''貞''筐''樹''亙''恒'，皆爲字不成，'愍''世'則襲唐諱也。按《隋志》'梁六卷'，隋十卷似後人增益，已非虞奉叔所序之本。惟開卷署'鮑氏集'，不曰'鮑參軍集'，詩賦間有自序、自注，與他集從類書中輯出者不同。加以斧季精心校讐，可謂至善之本。臨校一過，書此以志欣幸。癸丑三月荃孫。"此本照明本鈔後，過毛校宋本於上。

《陰常侍集》一卷 與《何水部集》合訂一冊

陳陰鏗撰。鏗字子堅，武威人。存詩僅三十四篇，《四庫》未收。

《何水部集》三卷

梁何遜撰。遜字仲言，東海郯人，官至水部員外郎。王僧孺編遜詩爲八卷，宋黃伯思跋中亦稱"春明宋氏有舊本八卷特完"，《跋》見本書後。宋氏者，宋敏求家所傳本也。《四庫》

所收，爲明正德丁丑松江張綖刻一卷本，與此本不同。明天啟刊則爲三卷本，明錢塘洪瞻祖合刻陰、《何集》亦爲一卷本。此書據抱經堂寫校本過録，實亦陰、何合集。《陰集》前有《陰常侍小傳》一篇，《何集》前有《南史·梁何遜傳》一篇，後有端平丙申古汴趙與懃德懋識，識中有"因刻實郡齋以壽其傳"等語。趙跋後有黄伯思跋。據趙氏跋語，則知《陰》、《何》二集宋曾合刻。《何集》三卷，乃據晉天福本者，黃跋云"晉天福本但有詩三卷"。而抱經堂鈔本，亦實出宋本也。

《杜工部七言律詩》五卷 一册

清陳之壎評注。之壎字樸庵，海寧人。此書據其姪訏跋，云："世父評杜，向有全帙，散佚止存近體。祇齋三兄不忍湮没，因令來離、丹聲兩姪校正付梓。"是已刻行，且近體均全。書首沈珩序亦云"所注五、七律，不落窠臼，不墮穿穴"云云，尤可證明。今所存僅七律五卷，知其所佚多矣。且刻本早不可見，此五卷亦過自舊鈔也。

《周曇詠史詩》三卷 一册

唐周曇撰。《胡曾詠史詩》收入《四庫》，此書未著録。此書傳世，除宋刻本外無他本。白口，四周雙綫，第一魚尾下標"周詩上中下"，第二魚尾下標頁數。首行標"經進周曇詠史詩卷之上"，次行低七格標"守國子直講臣周曇撰進"，三行頂格有一魚尾，魚尾下標"唐虞門"三字，下一魚尾，魚尾下標"吟叙"二字。每半頁十二行，行大字二十、小字三十。所分門類，自"唐虞門"起，至"隋門"止。所詠之人，自唐堯起，至賀若弼止。詩極不工，一詩之下有小注，注亦不精，不知當時何以傳也。書首、尾、副頁各有"五福五代之寶"、"八徵耄念之寶"、"太上皇帝之寶"，書首頁有"天祿繼鑑"白文、"乾隆御覽之寶"朱文，末頁有"天祿琳琅"朱文、"乾隆御覽之寶"朱文。又首有"季振宜藏書"朱文小章，末有"泰興季振宜滄葦氏珍藏"行書一行，蓋季氏舊藏，後歸內府之物也。民國初年，此書流入人間，予因假得印寫此本。

《丁卯集》二卷、《補續》、《補補遺》各一卷 二冊

唐許渾撰。渾字用晦，陳振孫《書錄解題》作丹陽人，《四庫提要》作安陸人。《四庫》著錄為二卷，《續集》二卷，《續補》一卷，《集外遺詩》一卷。晁氏《讀書志》云："近得渾《集》完本五百篇，止二卷。"汲古閣刻本詩僅三百餘篇，此書予首得高固叟輯補本，因復為增輯，寫成是集，計得詩五百三十八篇。今錄各跋如下，以見成書辛苦。

"《丁卯集》二卷，唐郢州刺史許渾字用晦著，丹陽人，居丁卯澗，故以名集。詩凡三百餘篇，錢遵王《讀書敏求記》云：'暇日校用晦詩，元刻增廣者，較宋板多詩幾大半，宋元刻不得見，未知篇目多寡視此如何。'然以予所知用晦詩，如《送人絕句》云：'勞歌一曲解行舟，紅樹青山水急流。日暮酒醒人已遠，滿天風雨下西樓。'又《送客歸蘭溪》云：'花下送歸客，路長應過秋。暮隨江鳥宿，寒共嶺猿愁。衆水喧嚴瀨，羣峰抱沈樓。因君幾南望，曾向此中遊。'皆膾炙人口，而是編獨不載，則遺逸者多矣。庚子春二月，文衡記。"案高跋稱"元刊"即大德祝氏本。

"右五、七言詩并自序，從《寶真齋法書贊》中錄出，《贊》為

宋岳肅之珂所撰,緝録前賢真跡原文,各繫以贊跋,梓行于世。茲用晦詩,亦是用晦手書墨跡,詩凡一百七十一篇。予舊藏汲古所刻《丁卯集》,嘗病其簡略,今得岳書,取以對勘,凡有異同,悉注于上下。除已有外,得逸詩六十三篇,即鈔之以補其缺。戊申九月二十七日記,文衡。"

"前據《法書贊》補録詩六十三章,辛亥春偶于書肆中見一鈔本,前題'增廣音注唐郢州刺史丁卯集',爲信安祝德子訂正,有大德丁未金華王塘希古一序,序稱'郢州自紀篇目多至五百,今書肆板行者纔踰一半,同志之士,每恨莫窺其全。信安祝得甫好學不倦,得郢州類稿若干卷,復旁搜遠紹,幾足五百之數,其勤摯矣。'云云。是此書爲祝氏所增廣,較他本爲備,因假歸對勘一過。除已有外,又得逸詩六十五篇,即録一稿本,藏之篋笥,久不省覽。今老矣,閉户寂處,日以整理殘書爲消閒計,得此册遂手謄以增入。雖未滿五百,然較之原刻,已增多詩至一百二十餘篇,亦可謂之苟完矣。《四庫》聚珍板本,惜未得廣目。道光丁酉秋八月,固叟記。時年八十有四。"

予有三跋,一云:"右《丁卯集》二卷,唐許渾撰。渾字用晦,丹陽人,故相圉師之後。太和六年進士第,爲當塗、太平二縣令,以病免,起潤州司馬。大中二年,爲監察御史。歷虞部員外郎、睦、郢二州刺史。潤州有丁卯橋,渾別墅在焉,因以爲名。"

二云:"汲古閣本七言詩一百九十首,五言詩一百又六首,高固叟據《法書贊》補七言詩十六首、五言詩四十六首,據鈔本補五言詩六十七首,内《赴京師蒜山津送客還荆渚》與《法書贊‧將赴京師津亭別蕭處士》第一首同;《送李秀才》與《陵陽送客》一首同；《贈高處士》與《題李元之幽居》一首同，實得六十四首。合原刻共得詩四百三十二首。固叟校補本，爲陳君仲恕漢第所藏，丁巳十二月借鈔畢，復取《全唐詩》校勘一過。《全唐詩》所未收者，七言有《宣州開元寺贈惟直上人》一首，五言有《茅山題徐校書隱居》一首，皆見固叟據《法書贊》補錄中。《全唐詩》所載，而是集未收者，七言詩六十三首、五言詩四十三首，復爲補錄于後，內《晚投慈恩寺呈俊上人》一首，與《法書贊·暝投靈智寺渡溪不得緣口路》一首實相同，惟結聯有異，《全唐詩》兩收之，故亦補錄。合計詩數凡五百三十有八首，較固叟所補又爲完備，而與用晦自序五百之數，亦復相合云。"

三云："丁巳十二月十八日，取《唐音統籤》重校一過，補七絕一首，統計得詩五百三十有九。此《集》以大德本爲最善，《統籤》即據之收入，《全唐詩》復據《統籤》增益成書。《送隱者》一絕，則收入杜牧詩中。今此《集》既較大德本增詩約百篇，復較《全唐詩》增二篇，此真可以自豪矣。"

又"案汲古閣所刻書，集部最精，而此《集》宋本詩數獨少，轉不如大德本之多。知汲古據刻之本，必在祝本之前。然《宋志》載《丁卯集》十二卷，豈三百餘篇能析爲十二卷之多耶？十二卷本世無傳者，不知所載詩篇多寡如何也。據許氏自序云：'端居多暇，因編集新舊五百篇，置于几案。'云云。則此《集》五百之數，即可稱全璧矣。"

《唐李推官披沙集》六卷 一冊

唐李咸用撰。影寫宋刊本，半頁十行，行十八字。前有紹熙四年誠齋楊萬里序，序後空兩行低五字，有字一行云"臨安府棚北大街陳宅書籍鋪印行"，蓋即陳道人起家刊本也。此書著錄者少，原爲鄧君秋枚實所藏，後歸中央研究院。

《河東柳仲塗先生文集》十五卷 二册

宋柳開撰。開字仲塗，大名人。有何義門跋，云："《河東先生集》鈔本多譌謬，第一卷卷首向仍缺半頁，他本遂並失去第二篇矣。其清先生偶以此本見示，其每行字數近古，前有張景序，又止作十五卷，因留之與予家所傳四明黄太沖家本，又借虞山毛氏所傳叢書堂本互勘焉，改正添補共二百餘字，稍可讀矣。此本'通'字皆缺末筆，乃避明肅父諱，疑亦出于北宋刻云。康熙五十年辛卯春日，何焯記。"又陸心源跋，云："右曙戒軒鈔本《柳仲塗集》十五卷，以影宋鈔本校之，卷十補《殘缺表》一首，計五百七十餘字；《在滁州陳情表》一首，計五百四十餘字，是集乃成全璧矣。"云云。陸氏蓋過何校于曙戒軒鈔本之上者，此書即過自陸本，又據三宋人集本校勘一過。

《宋林和靖先生詩集》四卷 一册

宋林逋撰。逋字君復，錢塘人。據明繙宋本鈔，前有皇祐五年六月十三日太常博士梅堯臣序。半頁十行，行二十字。卷一爲五言律，卷二、三爲七言律，卷四爲五、七言絶句。末附《拾遺》，計五古一篇，點絳唇詞一篇。《和靖詩》刻本均爲四卷，惟明潘訒叔刊《宋元名家詩集》爲五卷本。己未七月借得此書，期七日鈔畢。本擬影寫，忽患痔不能久坐，乃影兩頁，存書之真。其餘隨意錄寫，惟行欹擠字及破體誤字，仍悉照原書，空字、缺字亦同。

《東坡先生和陶淵明詩》四卷 一冊

宋蘇軾撰。影寫宋刻本，半頁十行，行十六字，左右雙綫，白口。上口刻字數，第一魚尾下標書名、卷數，第二魚尾上或標"乙卯刊"、或標"庚子重刊"等字，亦有作白文者，下爲頁數，更下爲刻工姓名。原書缺第二卷第八頁，今據《東坡七集》本鈔補，書中首載陶氏原作，後載和作。《讀山海經》第十首作"形夭無千歲"，與首句"精衛銜微木"意義貫通，可掃歷來"刑天舞干戚"種種曲解。此書在北京時，曾與朱君功甫等，聚資合刻，計印百部，其板即由傅沅叔先生購去。其時因刻《長吉歌詩》無資，故售去此板。李詩即以予手影之書上板者。李詩之板，歸朱功甫藏，今存亡不可知矣。先生亡後，不知存否。

《東萊先生詩集》存卷一、卷二、卷十一三卷，《外集》三卷。 二冊

宋呂本中撰。本中字居仁，好問子，爲江西派健者。《江西宗派圖》，即呂氏所撰。此書影寫宋刊，半頁十行，行二十字，左右雙綫，白口。上口有刊每頁字數者，第一魚尾下標書名卷數，第二魚尾下標頁數，下列刊工姓名。每卷第一行標"東萊先生詩集卷第幾"，低三字標"江西詩派"四字，第二行《外集》低十字標"呂本中居仁"五字，《正集》不標。前有"乾道二年四月六日贛川曾幾題"，首行標"東萊詩集序"。"序"字原書係挖補，補處占兩字地位。序中有云："沈公之子公雅，以通家子弟從居仁，稱之甚。乾道初元，幾就養吳郡，時公雅自尚書郎擢守是邦。暇日裒集居仁詩，略無遺者，次第歲月爲二册，通鋟板置之郡齋。"云云。"册"字亦係塗改。卷第十一，"十"、"一"

兩字挖改作三字，卷末亦然。板心有挖改作三字，有塗改作"文"字形者作文集者，皆書估欲以射利，有此惡劇。《外集》三卷，卷首有"目"，完整無缺，"目"中第四頁十三行爲墨釘，檢閱集中，乃即事詩一首。第十九行低四字有"慶元己未校官黃汝嘉增刊"一行十一字。按此書第一次宋刊當爲乾道，曾幾所題當爲後序，挖去"後"字以"序"字補入，遂與下文增刊兩小注字不相聯貫。第二宋刊本當爲慶元，應有陸游序冠其首，慶元二年。今陸序不存，而《外集》"目"後"慶元己未增刊"一行故在，且曾序下注"增刊"二字，更可證非乾道原本矣。《外集》向不見著錄，僅《文獻通考》載有"《集外詩》二卷"，與此書卷數不符，是亦未見此本也。《外集》詩凡一百又八首，皆二十卷本所無，向未傳世者，眞至寶也。

《高東溪先生文集》二卷、《附錄》一卷　一冊

宋高登撰。登字彥先，號東溪，漳浦人。《文獻通考》作二十卷，《宋史・藝文志》、《書錄解題》俱十二卷。此書僅二卷，卷末有嘉靖五年卓峰黃直序，末云："愚故於刊東溪之集，不獨爲漳人望，亦以爲吾守令者望也。"是可知嘉靖時曾有刊本，然《四庫》所收即爲鈔本，更可知此書傳本之少矣。原書末有一條云："道光二年冬十一月，漢陽葉志詵借鈔，並校一過。"

《野處類稿》二卷、《補遺》一卷　一冊

宋洪邁撰。邁字容齋，鄱陽人。此書《四庫》所收者，據編修汪如藻家藏本，前有洪氏自序，而無《集外詩》。《提要》所稱"紹興十九年在福建貢院與葉晦叔所作詩"，《集》中未載者，即

《集外詩》中《與葉晦叔同考校諸生鎖宿貢院作》一章也。邵亭引《養新錄》以爲竹汀先生疑此稿非文敏所著,今此書有錢跋,未嘗置疑。原上、下二卷,計詩八十一篇,此多《集外詩》十章,計共九十一篇。錢跋云:"徐澹如鈔此書餉予,閲今三載矣。頃見戈小蓮本,前有自序一篇,爰鈔于簡端。容齋生于宣和五年癸卯,序云'甲戌之春',則紹興廿有四年,先生時年三十有二也。錢大昕書于春風亭,時年七十有一。"

《方秋崖先生小稿》二十三卷 二册

宋方岳撰。岳字巨山,歙人。《四庫》據浙江鮑士恭家藏本收入。《提要》云:"其集世有二本,一爲《秋崖新稿》,凡三十一卷,乃從宋寶祐五年刊本影抄;一爲《秋崖小稿》,凡文四十五卷,詩三十八卷,乃明嘉靖中其裔孫方謙所刊。""又有別行之本,題曰《秋崖小簡》,謹删除重複,以類合編,併成一集,勒爲四十卷。"《邵亭見知目》載另一本,僅詩三十八卷。此本爲范希仁邢村鈔校者,共得詩九百四十五首。五言排律一首,附五言律詩後。分卷二十三,與各本又不同,當是范氏所編,暇當取閣本對勘。

《雪磯叢稿》五卷 一册

宋樂雷發撰。雷發字聲遠,寧遠人,累舉不第。寶祐元年,門人姚勉登科,上疏請讓雷發,理宗詔親試,賜特科第一人。此書過自水邁閣鈔本,譌奪頗多,當據閣本重校。

《雲莊詩集》一卷 與下二書合訂一冊

宋劉爚撰。爚字晦伯，建陽人，官至工部尚書，謚"文簡"，學者稱"雲莊先生"。僅存詩八篇。

《棣華館小集》一卷

宋楊甲撰。甲字鼎新，昌州人。

《蕙庵詩稿》一卷

宋何耕撰。耕字道夫。

以上三集，原爲海天閣從石門吳氏所藏宋本録出者，惜非影寫，亦未載行欵字數。

《橘潭詩稿》一卷 與下五書合訂一冊

宋錢塘何應龍子翔撰。

《庸齋小集》一卷

宋龍泉沈説惟肖撰。

《學詩初稿》一卷

宋金華王同祖與之撰。

《芸居乙稿》一卷

宋錢唐陳起宗之撰。

《菊潭詩集》一卷

宋霅川吴仲孚撰。

《雲泉詩集》一卷

宋塘棲釋永頤山老撰。

按以上六種，前五種皆《江湖小集》中詩，末一種爲《江湖後集》中詩。《江湖小集》及《後集》皆陳起所刻，起開書鋪于睦親坊，號"陳道人"，宋刊中有題記"臨安陳道人家開雕"、"臨安陳氏書鋪刊行"者，即此人也。《小集》凡九十三卷，《後集》凡二十四卷，收入《四庫》。此六種係傳鈔宋刊，故可貴。又方回《瀛奎律髓》及周密《齊東野語》，均載"詩獄"，雖所記不同，而陳起因刻詩坐罪《律髓》。流配則同。陳道人洵非尋常書估可及。

《閒閒老人滏水集》二十卷　四册

金趙秉文撰。秉文字周臣，自號閒閒老人，滏陽人。事蹟見《元史》。《四庫》所收亦二十卷本，《提要》云尚有《外集》十卷，故《元史》及《中州集》稱秉文所著文章號《滏水集》者前後三十卷，即併《外集》計數也。此爲清趙烺校訂本，未見刻行。

《趙寶峰先生文集》二卷　一册

宋遺民趙偕撰。偕字子永，慈谿人，宋宗室，入元不仕，隱居大寶山麓。此集《四庫》入《存目》。是書過自知不足齋影寫錢塘汪氏刻本，前有門人烏斯道序及至正廿六年友好祭文二篇，末有嘉靖十一年嗣孫、廣東僉事趙繼宗序，六世孫趙文華嘉靖甲寅、嘉靖癸卯二跋，跋皆叙梓書事。知不足齋本無癸卯一跋，從另一舊鈔補録。

《所安遺集》一卷 一册

元陳泰撰。泰字志同，別號所安，長沙茶陵人。此書爲陸心源所藏，有跋云："右《所安遺集》，從錢塘丁松生大令所藏鮑渌飲校本過録。譚文卿中丞撫浙，即以鮑校本刊行。予近得成化刊本，以校此本，多得詩三十餘首，間潔序一首，劉三吾像贊一首及小像，陳銓、陳章、陳瑶跋三首，周濟、蔣冕跋各一首，因命寫官照寫補入。蓋渌飲所見本前、後缺十餘葉，故脱落如此甚矣。成化距今四百年耳，刻本已不易得，况元刻乎！惜文帥移節陝甘，不及補刊耳。光緒十年秋七月，歸安陸心源識。"據此跋，可知此書爲最完善之本矣。成化本者，即陳氏來孫陳銓等所重刻之本也。是書過自陸本。

《栲栳山人集》三卷 一册

元岑安卿撰。安卿字静能，餘姚人，所居有栲栳峰，因築室其下，自號栲栳山人，志行高潔。此書首有宋濂記，後載《紹興府志》、《餘姚縣志》、顧嗣立《元詩選》各小傳，明同里宋僖像贊王至《行狀》，山人自題像贊。像則原鈔已逸，不可得矣。原鈔本似從明初刻本傳録者。

《鹿皮子集》四卷 一册

元陳樵撰。樵字居采，婺州東陽人，至正中遭亂不仕。

《四庫》所收係兩淮馬裕家藏本。此本原書序、文係影寫，知爲正德刊本。半頁十二行，行二十二字，亦照明刊行欵。惟缺字至多，他日當取閣本校勘。

《江月松風集》十二卷、《續集》一卷 二冊

元錢惟善撰。惟善字思復，自號心白道人，錢塘人。《四庫》所收乃山東巡撫採進本，《提要》稱此本初爲惟善手書真蹟，藏于練川陸氏家，後歸嘉興曹溶，康熙中金侃于溶家抄得，又以甫里許氏藏本校其異同，始行于世。又云："前有陳旅序，又有至元五年淳安夏溥序，以宋末'四靈'指爲晚唐之人，紕繆殊甚。今惟録旅序以弁首，溥序則削不載。"云云。今此本陳、夏二序俱在，且有"竹垞老人"朱文印，是亦康熙時傳鈔之本無疑。

《存復齋文集》不分卷 一冊

元朱德潤撰。《四庫存目》所收爲浙江鮑士恭家藏本，作十卷，有虞集題詞、黃溍序。今此本僅依文體分類，並不分卷，且無虞詞、黃序，當是另一傳本。朱氏以獻《雪獵賦》稱旨，此賦《集》中未見，不知鮑本如何。

《清江貝先生文集》三十卷、《詩集》十卷 六冊
《清江貝先生文集》三卷、《續集》一卷 四冊

明貝瓊撰。瓊字廷琚，崇德人。事蹟附見《明史·宋訥傳》，墓在海鹽殳山。洪武刊爲《文集》三十卷，《詩集》十卷，首有杭州府儒學教授天台徐一夔序。《四庫》所收即此本。

文分《海昌》、《雲間》、《兩峰》、《金陵》、《中都》、《歸田》諸集。四卷本文以類分,無詩,有萬曆乙亥蔡時鼎序,末有萬曆三年乙亥周宇跋,蓋所謂萬曆刻四卷本也。康熙己亥桐鄉金氏刊本爲十三卷,亦詩文均備,未見。

《甘白先生集》六卷 二冊

明張適撰。適字子宜,長洲人。《集》爲正統丁卯其子收所編,前有收序。原書係影寫,則當時實過自正統本者。《四庫》入《存目》,藏書家收庋者少,亦善本也。

《呆齋藏稿》六卷 二冊

明劉定之撰。定之字主敬,號呆齋,永新人,事蹟見《明史》。《四庫存目》稱《呆齋集》四十五卷,前稿十六卷,存稿二十四卷,皆分類編錄,如《代祀錄》、《永新人物錄》等;續稿五卷,則成化乙酉以後所作,不復分類,以一歲爲一卷。今此書首爲《否泰錄》,繼之以《東閣錄》,繼之以《史館錄》,自四卷起皆爲《內閣錄》,分年編次。證以《存目》之說,是三卷爲前稿、存稿中文,後三卷爲續稿中文。此書雖自明鈔本迻錄,然文既分類、分年,以劉氏一生事業考之,當不止此六卷,似非全者,書名亦與《提要》不同。

《石田詩稿》六卷 三冊

明沈周撰。周字啟南,號石田。過自稿本。稿藏五硯樓,後有數跋,云:"《石田翁詩稿》兩本,計一百八十四葉,傾貲得之故家,真'天下寡二,人間少雙'之寶。余行年五十二歲,過境不堪，今忽逢此奇珍，或者否極泰來乎！此稿自正統十四年己巳起，是時翁廿三歲，至成化十九年癸卯，翁五十七歲止，其中三十五年製作。按翁行世刻集，十不及三，可見遺珠甚多。惟書法早歲與晚年似出兩手，然細玩筆意結體，實則一也，識者自能辨之。明季先在文氏正氣堂，後爲錢馨室所藏，呂仲成曾經賞鑒，國初入朱卧庵桂髓樓，康熙間並經陸殿元珍秘，後又在蘭陵南有堂。今幸歸予寶宋樓，得以時時展讀把玩，快哉快哉！尾頁文待詔録翁未入稿中詩三首，更爲可證可喜。前後藏印共二十八方。己酉端午日百帖漫記。"首起至《和小景》三十四頁，《贈老人》起三十三頁，先生畫起廿七頁，《從一堂》起三十三頁，末廿一頁分爲六册。

"今世所傳《石田詩選》十卷，華汝德編，分三十一類，最爲龐雜。攷《千頃堂書目》云'《石田詩集》三卷，又《耕石齋石田詩鈔》十卷'，俱未之見。此石田手稿四册，凡百八十四葉，起正統己巳二十三歲，至成化癸卯五十七歲止，而晚年之作不與焉。展閱數過，皆得意疾書，不多點竄，而章章可誦。文徵仲嘗稱其詩'但不經意寫出，意象俱新，可稱妙絶。一經改削，便不能佳'。觀此益信。至于書法，與年俱進，臻入逸品。所謂初寫蘭亭，恰到好處。蓋其人品甚高，天姿明敏，故事事極精，而清氣流行，超然塵埃之外。當時或以其詩爲畫所掩，究之畫不能掩其詩，吳原博之言，實定論也。是册向藏吳中繆氏寶宋樓，跋云'逢此奇珍得以時時展讀爲快'，今歸吾鄉蔣氏息誼草堂，惟望付梓以廣其傳，豈不更快也歟！嘉慶二十一年五月望日，勃海陳鱣跋。"

予亦有跋，云："右石田翁稿，今藏蔣氏，分裝四册，計百八十五頁。繆、陳二跋云'百八十四頁'者,不計末半頁故也。繆分六冊,然不以頁數、詩數多寡爲據,亦不據年,今姑依之分抄爲六卷。《石田集》刊本,崇禎時尚有瞿式耜校刊九卷本,詩八卷,文一卷。詩與華汝德刊本無大出入。此稿雖僅至五十七歲止,而篇什之富,過刊本遠矣,真世間瓌寶也。"

《浦舍人集》六卷 一冊

明浦源撰。源字長源,號海生,無錫人。明初遊閩,與林鴻輩號"十才子",官晉府引禮舍人。《四庫》未收。此書爲其鄉人徐燉所輯,刊于崇禎庚辰,傳本極少,因影寫之。

《趙氏家藏集》八卷、《補遺》一卷 二冊 《補遺》未裝訂

明趙文華撰。文華,慈谿人,《明史》附《奸臣嚴嵩傳》。每卷首標"探花及第中極殿大學士大冢宰徐階閱選",次標"賜進士第少保兼太子太保大司空奉敕督師蕩寇建城加爵世蔭盡瘁事國致仕歸里没而諭祭諭葬賜謚襄成慈谿趙文華著"。按史,文華敗在嘉靖三十六年九月,其年四月,奉天、華蓋、謹身三殿災,至四十一年五月嚴嵩敗,九月三殿成,始更名曰"皇極"、"中極"、"建極"。是華亭任中極殿大學士時,不獨趙敗,嚴亦敗矣,何以肯爲之選閱文集乎?《明史》文華未没,黜爲民,没後追贓,迄萬曆十一年猶未已,至成其子慎思,則所謂"諭祭諭葬賜謚襄成"者,果何所本也?詩文不及鈐山堂遠甚。後又借得石硯齋秦氏鈔本,校勘一過,且得《補遺》一卷。

《虚齋先生遺集》十卷 存卷一至卷五 一冊

明祝萃撰。萃字虚齋，海寧人。嘉靖時曾刊行，六至十卷均爲詩篇。此五卷過自舊鈔，蓋刻本早失傳矣。

《海外遺稿》一卷、《附録》一卷 一冊

明林垐撰。垐字子野，號耻齋，侯官人。曾宰海寧，魯藩自浙航海入閩，集兵以應，拒戰死陣前。著有《居易堂詩集》，雖刊行，已早不傳。此稿則航海赴閩時作，先生家後遭籍没，能留此一卷在人間，亦已幸矣。

《浮山文集前編》十卷、《浮山文集後編》二卷、《浮山此藏軒別集》二卷、《膝寓信筆》一卷 六冊

明方以智撰。以智字密之，爲明末四公子之一。桐城方孔炤子，崇禎進士，後入桂，與瞿式耜、張同敞善。明亡爲僧，號宏智，字無可，世稱"藥地和尚"。《後集》題"藥地愚者智隨筆"，《別集》題"浮廬愚者隨筆"，《信筆》題"宓山隨手"，其實即以智一人。《前編》卷一至卷六，所謂《稽古堂初集》、《二集》上下、《曼寓草》上中下，六卷，皆其少作。後四卷《嶺外稿》上中下、《猺峒廢稿》，則南行後之作。《後編》、《別集》出世後之作爲多。《膝寓信筆》則少年時寓南京之作也。密之母吳宜人，葬于浮山，故取以名其集。此皆少見之書，不徒文筆之佳、紀述之有關掌故已也。密之所著，尚有《通雅》、《易袖》、《古今性説合觀》、《一貫問答》、《物理小識》、《藥地炮莊》等書，已有印行者。

《雪翁詩集》十四卷 四冊

　　明魏耕撰。耕字白衣，慈谿人。《鮚埼亭集》中有《雪竇山人墳板》。仲車同年友枋實白衣裔孫，見示此集，因得過錄。此書《慈谿縣志》作十五卷。今第一卷《游天竺寺寄會稽姜廷梧詩》下有脫簡，第十二卷"七言律"篇幅特多，不知是否有誤。惟此爲家藏稿，則恐縣志偶誤，或止十四卷也。張君詠霓壽鏞刊《四明叢書》，已以此書介之，刊入第二集中，多《附錄》、《補遺》三卷。

《懷舊集》二卷 一冊

　　清馮舒撰。舒字己蒼，長樂人。幼承家學，尤邃于詩，著有《空居集》、《北征》、《浮海》諸詩，《空閣雜文》二卷，《炳燭齋文》一卷，《文毂》二卷，《歷代詩紀》一百卷，及此集。集後有丁氏跋，云："舊傳默菴先生以是集中顧雲鴻《昭君怨》及徐鳳詩爲邑令瞿四達羅織下獄死，余以二詩無顯然訕謗，疑之。頃徐少逵編修言，在管少溪進士家得是集舊刊，序末但書'丁亥上巳日'，無'順治'字，顧大成《飛將軍賦》中'東兵'作'東虜'，其餘異今本處尚多，乃知先生致禍，實由于此，非僅以顧、徐二詩句也。丁未八月，秉衡記。"按先生死于順治初，當時文禁甚嚴，此集故不易得。

《池上篇》一卷、《文》一卷 一冊

　　清徐增撰。增字子能，號聖行，又號而菴，長洲人。以"池上"名篇者，時廎海寧西寺，寺有池故也。與范愛日先生驥友善,故集中與范先生往來詩至多,卷末附范先生詩文數篇,此皆有關鄉邦文獻者。今西寺已災,池亦無存矣。徐先生蓋亦明之遺民云。

《爲可堂文集》四十二卷、《初集》十卷、《詩集》十六卷 十二冊

清朱一是撰。一是字近修,號欠菴,海寧人,明崇禎舉人,明亡披緇衣授徒。此書有王庭言遠、俞汝言等五序。《初集》十卷,皆論史事,故又署曰"史論",前有自序,《詩集》前亦有自序。此集刊于順治丁酉,傳本極少,予所見者僅北京圖書館有一部,因過錄之。聞朱氏後人尚珍藏一部,其他則收藏家均未著錄。先生生當鼎革之際,不勝夷夏之感,又與黃太沖、屠昭仲、陸麗京諸先生相友善,書中有關史實者至多,豈獨因鄉先生之故而鈔傳之?各書均標"梅里朱一是"者,先生居梅里久,且有"梅里旅人"之號故也。

《敬修堂釣業》一卷 與下三書合訂一冊

清查繼佐撰。首題"西戌上書十五篇",其實第十篇及十一篇以下均佚。後有自序,云:"自乙酉九月至明年五月,約卅餘上,淪廢過半,僅存十五。"是則今所存十篇,僅及三分之一耳。書皆論江上兵事,自序後有張監門《供招叙》一篇,《偶記總論》一篇。卷末有跋,云:"《偶論》計《召募》、《稽額》、《鄉保》、《固圍》、《號令》附《賞罰》、《偵探》、《則古》、《拔殊》、《俯謀》、《器仗》、《形勢》、《勤敏》凡十二篇。"後有查筠長先生人倬跋,云:"右《敬修堂雜著》三卷,圈點悉公手定,中有《潯記》一

卷,原稿漫漶,不獲稍存梗概,族後學倬重録附志于後。"又有管氏二跋,云:"乙酉之後,甬東義旅先起,號召浙西,連絡聲援。先生負帷幄之才,與周青蘿孝廉等,各以一旅,駐守江上,虞淵逐日,未始非王炎午一流人物也。其上魯監國諸書,及所畫諸策,實有見地,惜焉烏合之衆,不能得以臂使指之靈,殊可歎耳。中有張忠烈公《供招》一卷,皆《奇零草》所未收,苟能刊附《忠烈集》末,則海上之事,亦可得其梗概矣。先生晚隱杭之吳山鐵冶嶺,築敬修堂爲講學之地,故撰述皆署其名。相傳堂即楊鐵厓讀書故址,其處滄桑之運而勃鬱之氣,亦似相契合云。咸豐甲寅五月苦雨乍晴,讀此終卷,謹誌于末。芷湘管庭芬書。""再者,予曾見先生《與邑紳論兵事書》手稿于陳簡莊徵君處,與此書可互參,惜未鈔録爲恨,俟再訪之。後學庭芬又記。"

《查伊璜先生遠道篇》一卷

清查繼佐撰。此稿爲先生壬辰入燕時所作,凡八十八章。

《東山敬修堂詩稿》一卷

清查繼佐撰。

《東山外紀》一卷

清周驤纂。驤字九逸,慈谿人,伊璜先生門人。同輯此書者,有吉安劉振麟,亦門人。

以上四種詩集中,有圈點者,均據原本,蓋出伊璜先生手筆。

《浮雲集》十二卷 二冊

清陳之遴撰。之遴字素庵,海寧人。素庵終于關外,故各體詩均止于關外之作。與吳梅村爲親家,詩亦相近,而氣魄較雄,亦有《永和宮詞》,僅四韻,而感慨之意不盡。此集錄自舊鈔,後陳氏已爲排印,印成曾見貽,惜將入川,遂至今未一勘對。

《德藻堂詩》二卷 一冊

清曹溶撰。李因篤評據稿本迻錄。有張廷濟一跋,云:"曹潔躬侍郎,生於前明神宗四十一年癸丑。國朝康熙二年癸卯,侍郎年五十一,左遷按察副使,治大同。四年乙巳,出雁門關。《静惕堂詩集》卷七《贈李天生》二首,有'昨我跨馬來,升堂坐華茵。金罍供旨酒,表奏縱橫陳。極論詎云疲,幾欲凌高旻。三載混儕俗,睞目依氛塵。何期鄙薄軀,邂逅承雕輪。傾心訂終始,略節要其真'云云,是曹、李識面,在乙巳之前。李此跋紀'旃蒙大荒落嘉本觀望',蓋李過曹、而曹出集判析,此其時矣。侍郎詩古體尤勝,李太史最深於漢魏之音,藥石相規,同心推疑,故非尋常語比也。《静惕》七卷後尚有李題,蓋付梓後手稿零散,今剩有此耳。予向排纂侍郎齒履,故侍郎手蹟及郎書問,往往錄存篋笥,今又得詩文稿,真有幸也。道光六年丙戌四月十八日,叔未張廷濟。"尚有李氏二跋,郭麐一跋。

《何求老人詩》不分卷 一冊

清呂留良撰。留良號晚村,石門縣人。集中皆與明末遺老酬唱之作,黃晦木尤多,蓋成于明亡之後。曾靜之獄既興,蔓及無辜,晚村著作燒燬恐後,此集之存,蓋亦幸矣!晚村因郡守薦隱逸,乃削髮爲僧,名耐可,字不昧,號何求老人。以此四字題作書名,更可證爲晚年之作矣。

《敬業堂詩集參正》二卷 一冊

清吳昂駒撰。昂駒字醒園,海寧人。初白老人《正》、《續集》,凡詩五千八十首,《餘波詞》二百三十三首,吳氏悉爲之校訂誤字,標列異同,洵查氏之功臣也。

《圭美堂集》二十六卷 存卷十九至卷二十三五卷 一冊

清徐用錫撰。用錫字畫堂,宿遷人,康熙己丑進士。全集二十六卷,其中詩十卷,文十六卷。族子鐸、門人周毓崙校刊,《四庫》入《存目》。用錫學于李光地,作文以樸淡爲長,工書。此五卷係舊抄,原在沈子封先生處,封面題籤出翁大年叔均手筆。

《盟鷗草》一卷 與《娛閣讀古偶志》合訂一冊

清孔傳鐸撰。此稿乃康熙丙申自曲阜至德清就婚,又偕徐夫人返魯之作,未見刻本。

《聿修堂集》六卷 二册

清藍潤撰。潤字海重,即墨人。康熙癸酉,季子啟延分類編輯成集,然五、六兩卷特多,一、二兩卷至少,蓋仍未定之稿本也。"制草"中有《和碩鄭親王碑文》、《昭勳公圖賴碑文》,均關史實。

《南陽集》六卷 二册

清錢大昕撰。大昕字曉徵,號辛楣,又號竹汀,嘉定人。著有《唐石經考異》,《經典文字考異》,《聲類》,《二十四史考異》,《唐書史臣表》,《唐五代學士年表》,《宋學士年表》,《元史氏族表》,《元史藝文志》,《三史拾遺》,《諸史拾遺》,《通鑑注辨正》,《三統術衍》,《四史朔閏考》,《吳興舊德錄》,《先德錄》,洪文惠、洪文敏、王伯厚、王弇州《年譜》,《疑年錄》,《恒言錄》,《十駕齋養新錄》,《竹汀日記鈔》,《金石文跋尾》,《元詩紀事》,《潛研堂詩文集》等書,獨《南陽集》久佚。戊午在北京獲此集,過錄後與錢念劬先生恂相與欣賞,蓋念劬亦久覓此集而未見故也。前五卷詩,後一卷爲詞。

《内心齋詩稿》十一卷 一册

清陳法撰。法字定齋,安平人,康熙癸巳進士。集分"應制"、"近侍"、"俶裝"、"還朝"、"歸山"、"應召"、"出守"、"遊覽"、"官遊"、"出塞"、"後南遊"十一類,其孫若疇所輯。過自舊鈔。聞黔省有刻本。

《舊雨齋詩稿》一卷　與《耦耕堂詩鈔》合訂二冊

清施安撰。安字竹田,仁和人。初予過錄此書時,僅殘稿十餘頁,首尾均無標識,書面題曰"舊雨齋詩稿"。按《杭郡詩輯》云:"施安,字竹田,號石友,又號南湖老漁,仁和監生,有《舊雨齋詩》。"乾隆《杭州府志》云:"施安,字竹田,仁和人。甫逾冠詩格已成,吳焯歎爲後來之秀。其《篴舷集》,蓋少年作也。"則知此稿爲施竹田先生所著,詩近晚唐,其圈點則照千頃山人過錄者。

《耦堂詩鈔》二卷

清施學濂撰。"濂"亦作"廉",字大醇,竹田子。弟學韓,字禮齋,見集中《懷舊詩》末章。禮齋早卒,耦堂官至侍御。此父子二稿中詩,持校《杭郡詩輯》、《兩浙輶軒錄》所採諸篇,無一同者,則知其非完本矣,不知尚有機緣得遇全璧否。

《小綠天盦吟稿》二卷、《山野紀事詩》一卷　一冊

清釋達受撰。達受字六舟,又號秋檝,晚號南屏退叟,海寧石井村姚氏子,幼即祝髮,長好考訂金石,阮元以"西湖金石僧"目之。《紀事詩》自幼年以至晚年,實等自傳。惟僅至甲寅,乙卯以後未詳,距歿于戊午,尚有四年未備。卷首有戴熙、陳文述、金聱、阮亨、蔡名衡、陳鳳孫、王承喜題詞,譚獻題記,卷末有管庭芬所撰《傳》。

《張叔未先生編年詩》一卷 一冊

清張廷濟撰。海鹽人。著有《桂馨堂集》、《清儀閣題跋》等書。此集所編詩，自乾隆四十九年甲辰起，至道光丁酉止，計共五十四年。無刻本。

《愚谷文存續編》二卷 一冊

清吳騫撰。此書據其子壽照、壽暘跋云"手定《文存續編》，剞劂甫竣"云云，則知已刻。然屢訪僅得鈔本，因過錄一冊。

《椿腹集》二卷 一冊

清郭陳堯撰。海寧人，事跡邑《志》不載。集中所詠，皆描寫當時生活習俗，《蒙師嘆》十四章，尤感慨系之，恨不使先生再見今日小學教師，更另作詩，以當鄭俠之畫流民也。

《黼黻圖》一卷 一冊

清王曇撰。曇字仲瞿，嘉興人。書後有張玉山先生跋，云："右《黼黻圖》稿，王仲瞿先生未竟業也。按先生自跋云'共圖一幅，分圖四十有九，茲惟三十四圖'。自注末頁云'其餘尚未圖出'，且自'金錢錦'下釋文未備，故世所傳者，僅'全錦'而已。'全錦'一圖，先生曾自刻之，錢塘陳雲伯再刻之，宜興潘治甫嘗書以贈人，予凡三見之。然讀者每興望洋之歎，茲得是稿，不啻渡津之寶筏也，爰錄之以庋諸篋。原稿藏秀水嚴氏。時咸豐四年甲寅秋閏七月十有九日燈次，私淑弟子張鳴珂拜識。"册首亦有張序，光緒三十三年。云"將付諸石印"，然迄未見印本。張氏逝世時，予在北京，馳書禾友沈稚巖，訪其遺書，不可得。壬戌還浙，又訪之孟子舫豪，方得此本，因影錄之。

《始誦經室文錄》一卷 與下二書合訂一册

清胡元儀撰。元儀字子威，光緒乙酉拔貢。精《三禮》，一宗高密鄭氏。所著《詩譜訂》刊入南菁書院《續經解》，《北海三考》刊入《湖南叢書》。張文襄之洞設兩湖書院，延爲經學分教，注《荀子》未成。此書錄自長沙王氏鈔本。丁丑，吳縣王大隆等繕校印入《丁丑叢編》中，距予抄此書時不及兩年也。

《小蘇齋文稿》一卷、《隨筆》一卷

清翁棨撰。棨字穉歐，吳江人。《隨筆》中記明末社事、鄉邦掌故，多有可採。

《一鐙書舍未定稿》一卷

清何秋濤撰。福建光澤人。

《金陵癸甲新樂府》二卷 與下書合訂一册

清馬壽齡撰。壽齡字鶴舡，當塗人。上卷五十首，記金陵太平天國時事及洪氏都金陵後事；下卷三十首，記清江南大營事。

《獨秀峰題壁詩》一卷

清張戟臣撰。張爲柳州府馬平縣舉人。詩共三十章，記桂林太平天國時事。獨秀峰在桂林舊桂王府址中。

《詩紀目錄》四十五卷 六册

楊守敬撰。守敬字惺吾，宜都人。書爲稿本，前有自序，作于光緒乙巳。明馮惟訥有《詩紀》，然其所録，多不注出處，間有舛誤，且其板早毁，故楊氏成此書。自上古至陳，分爲三十八卷，北魏至隋爲《外紀》。原書在北魏前標曰"詩紀目録卷之二十七"，與前卷卷數既不相連，且二十七之前又無所承，今爲改正，作"三十九"，以迄于"四十五"。

《乾坤清氣集》十四卷 二册

明偶桓編。桓字武孟，太倉人。朱竹垞《静志居詩話》稱，明初詩家操選政者，賴良直卿、許中麗仲李、劉仔肩汝弼、沈巽士僎、王偁孟敭，皆各有所蔽，惟瞎牛《乾坤清氣》一編，能别開生面，惜缺其七言近體，未得全書爲憾。此書録自劉燕庭鈔本，蓋出崑山徐氏傳是樓所藏本，七言近體亦缺。《四庫》著録本亦同。書中字句，與諸《集》互異者，《提要》曾條舉之。

《四明雅選》三卷

明戴鯨輯。鯨，嘉靖進士，官至福建左參議。《浙江通志》、《鄞縣志》均云"增輯宋宏之之《四明雅集》，而爲《四明文獻録》"。《四庫存目》載《四明風雅集》爲宋宏之編，戴鯨增删，無《四明文獻録》之名。乃天一閣進呈本，書作四卷，共收六十五人。今按戴氏後序曰："從芝山楊君見委鉅編曰《四明雅集》，乃詩人宋宏之先已纂葺。"又曰："吾得沈君明臣學識比興奇士也,乃與之品藻,拔其沉渾清越,及近時諸作,增其所未備,總得五十七人,集分上中下。"云云。是知《通志》、《縣志》"四明文獻錄"之名,實非此書。《四庫目》既稱戴氏增删,何以又名《四明風雅集》? 且爲四卷六十五人,恐天一閣所進之本,非戴氏已删之書,或仍爲宋氏原書。故書名、卷數、人數,均有不合。而此本則修《志》者未見,館臣亦未見也。卷下"目録"中有"屠濆"名而無詩,且各人名下均標所録詩篇數,此獨不詳,未知何故。

《甬東薛氏世風删》二卷、《續》一卷 一册

明薛岡删定,《續集》明薛士學彙次。岡及士學,均爲薛氏二十二世孫,前有二十一世孫薛三才、薛三省二序,均萬曆時作。所輯詩,自宋薛唐起,至明薛之瑛止,計宋代十四人,元代三人,明代九人,生存者不收。薛治詩計收三十八首,至三十七首《秋夜曲》已僅存四句,下闕"山行聞鳥鳴哥哥仔細"一篇。薛治後,薛昆詩三首、薛暨詩八首、薛之璞詩二首,均缺。《續編》無"目",存薛二樓詩一首,薛二表詩一首,薛岳詩一首,薛三才詩十首,薛三省詩十首,薛玉衡詩二首,薛岡詩八首,第五首下原脱一頁缺三首。薛士珩詩六首,薛士琬詩一首,薛士琪詩一首,薛士瓏詩一首,薛咸升詩二首。士學與岡,雖同爲二十二世,士學當屬後死,故又續之。原書殘破不全,僅存此矣。

《清詩别裁續集》不分卷 二册

不著撰人。所收詩自康熙李馥起,至嘉慶查初揆止,計共三十五人。亦有集中未見之詩,意在續沈德潛之作,若更有人

增輯至清亡,則一代別裁詩成完帙矣。

《續全唐詩話》一百卷 二十四冊

　　清沈炳巽撰。炳巽字繹旂,又字權齋,歸安人。所著《水經集注釋訂訛》四十卷,《四庫》著錄。《文集》一卷,《筆記》四卷,嘉業堂刻入《吳興叢書》。《續全唐詩話》及《全宋詩話》各一百卷,均未刻。此爲從原稿過錄之本,原稿後歸中央圖書館。《全宋詩話》則未之見。卷首凡《總論》六卷,採輯論詩之文。《合句》六卷,《唐宋合句》三卷,採輯不能分析之文。卷末爲《無名氏》一卷,《諧謔》一卷,《題語判歌》一卷,《讖記》一卷,《語諺謎謠》一卷。宋尤延之《全唐詩話》,最爲簡陋,沈氏此作,不獨可補尤氏之疎,且另立一例,使論詩及其他無所歸宿之事,一一均有依附,實善法也。書係稿本,蠹蝕更甚,校補訂正之處尚多。

《全宋詩話存》十三卷 四冊

　　清鍾廷瑛撰。廷瑛號退軒。乙未,得鍾氏稿本于北京,皆逐條鈔貼者,大小長短,至不一律,幸未脫落,錄成此四冊。序中"十三"二字,乃書估挖改,原書究分若干卷,不可知矣。《御製》自太祖至瀛國公全,其餘至仁宗時止,以下均缺。搜輯尚富,間有按語,亦頗精確。惟卷一"南京高辛廟"一條,不入晏元獻下而入太祖;卷九"宋綬"一條,複見于"方慎從"條下,當改正。宋無全代《詩話》,實一憾事,沈繹旂先生之稿既未得見,得見此稿,亦可聊慰,苟假以年,當爲輯補。

《髦餘詩話》十卷 二冊

清周春撰。前有自序，云："余有《黃髮集》，襲徐蘋村先生之名也，先生八十後所作詩文，名曰《髦餘殘瀋》。予精力衰頹，草詩話以遣日，憶往事，追舊聞，所重師資，而以貧交死友，尤致意焉。獻歲迄今，積成十卷。過此以往，未之或知。假我數年，安敢萌奢望乎！嘉慶十四年歲在屠維大荒駱陽月朔日，內樂村叟周春書。時年八十有一。"末有錢笆仙先生振常《致穀成同年》手書，錢書為念劬所藏，予借錄于後。云"已寫樣"，是當時已將刻行。松靄先生享壽至高，及見齊次風先生召南，數十年中，所見所聞，實關文獻。此書大宜行世也。

《拜經樓詩話》四卷 一冊

清吳騫撰。此書與其他詩話略異，同時友好詩句，收羅較少，而考訂故實較多。從原稿過錄。

《韻語陽秋》二十卷 二冊

宋葛立方撰。立方字常之，丹陽人。此本序後較今刻本多題記一篇，云："伯父侍郎登紹興八年進士第，入奉常為博士，召試三館，掌南宮箋奏及西掖詞命累年，忤權貴人，斥不用。權貴人死，復召為郎，為宰、吏部侍郎。晚年退休于寶溪之上，謂古今詩話多矣，要須引據詳贍，反覆議論明白示勸戒，而後有益于世，因為《韻語》二十卷，藏于家。其後欲之者衆，閩、浙間遂各鋟板。鄰承乏臨川，一日與名士會集，出示此書，咸謂板漸圮，恐不足以傳示永久，因請再刻于郡齋。若夫平日以正色立朝,被聖天子眷知之深,文樣播傳,後學矜式,與夫立身行己之大節,則詳見《家傳》等書,茲不復叙,特述所以著書之意云。淳熙六年冬至日,姪朝奉大夫推知撫州軍州兼管内勸農營田事葛郯謹題。"按此書據武夷徐林及葛氏自序,皆以隆興紀年,當爲成書之時。沈洵序則在乾道二年八月,序中有"公既殁,或請其書鏤板以傳世"云云,是實第一次刊本。淳熙臨川之刊,乃第二次本也。今通行本不知所自出,而此鈔本獨多劄記,其爲出自淳熙本無疑。書中與今本出入處甚多,摘其大者如下。

第四卷,"韋應物詩擬陶淵明而作者甚多,然終不近也。《答長安丞裴稅》詩云'臨流意已悽,采菊露未晞。舉頭見秋山,萬事都若遺'。蓋効淵明'采菊東籬下,悠然見南山。此懷有真意,欲辨已忘言'之句也。然淵明遺落世務,深入理窟,但見萬象森羅,莫非真諦,故見南山而真意具焉,應物乃因意悽而采菊,因見秋山而遺萬事,其與淵明所得異矣。"

"杜子美《西郊》詩云'世人競來往',或云'無人與來往',或云'無人覺來往'。'競'、'與'皆常談,'覺'字非子美不能道也。蓋煬者避竈,有道者之所驚;今者争席,隱者之所貴也。"

"作詩在于鍊字,如老杜'飛星過北白,落月動沙虛',是鍊中間一字;'地坼江帆隱,天清木葉開',是鍊末句一字。《酬李都督早春》詩云'紅入桃花嫩,青歸柳葉新',若非'入'與'歸'二字,則與兒童之詩何異。"

"杜牧之詩,字意多用老杜。如《觀東兵》長句云'黑稍將軍一鳥輕',蓋用子美'身輕一鳥過'也;《遊樊川》云'野竹疎還密,巖泉咽復流',蓋用子美'微雨止還作,斷雲疎復行'也。蓋其心景服之切,則下語自然相符,非有意于蹈襲。故其論杜詩云'天外鳳凰誰得髓,無人解合續絃膠',豈非自以爲得髓者耶？東坡《贈孔毅甫》詩云'天下幾人學杜甫,誰得其皮與其骨？前生子美只君是,信手拈得俱天成。'學杜甫而得其皮骨者鮮矣,又況其髓哉。"

"李白《月下獨酌》詩云'舉杯邀明月,對影成三人',而賈島《翫月》詩亦云'但愛松傍月,我傍松爲三'。"

"唐竇常、牟、群、庠、鞏兄弟五人,四人擢進士,獨群客隱毗陵,因韋夏卿屢薦始入仕,皆詩人也。牟晚從昭義盧從史,從史寢驕,牟度不可諫,即移疾歸東都。故其《秋夕閒居》詩云'葉葉辭巢蟬蛻枝,窮居積雨壞藩籬'。群嘗爲黔中觀察使,其詩云:'佩刀看日晒,賜馬傍江調。言語多重譯,壺觴每獨謠。'而鞏詩中乃有《自京師將赴黔南》之作,所謂'風雨荊州二月天,問人初雇峽中船。西南一望雲和水,猶道黔中有四千'。此詩疑群所作,而誤置鞏《集》中爾。常歷武陵、夔、江、撫四州刺史,所謂'看春又過清明節,算老重經癸巳年'者,得之武陵到松滋渡之所作也。庠詩不多見,其《巡内》一絕云:'愁雲漠漠草離離,太液勾陳處處疑。薄暮毀垣春雨裏,殘花猶發萬年枝。'造句亦可謂秀整矣。兄弟中獨群詩稍低,又不得舉進士,而位反居上。鞏有《放魚》詩云'好去長江千萬里,不須辛苦上龍門'云云。"以上今本自"答長""長"字起,至"好去長江千萬里""萬"字止,中皆脱去。其他脱誤尚多,疑鈔本蓋出淳熙也。

《詩法源流》一卷　一冊

元楊仲弘撰。前有自序,云:"予少年從叔父楊文圭遊西蜀，抵成都，過浣花溪，求工部先生之祠而觀焉。有主祠者，工部九世孫杜舉也，居於祠之後。予造而問之曰：'先生所藏詩律重寶，不猶有存者乎？'舉曰：'吾鼻祖審言，以詩鳴於當世。厥後言生閒，閒生甫，甫又以詩鳴，至於今源流益遠矣。然甫不傳諸子，而獨于門人吳成、鄒遂、王恭傳其法，故予傳之三子者，雖復先生重寶，而得之不易也。今子自遠方而來也，敢不以三子所授者，與子言之！子其謹之哉。'予遂讀之，朝夕不置，久之恍然有得，益信杜舉所言非妄也。京城陳氏子有志於詩，故書舉之傳余、戒余者貽之，時至治壬戌四月望，楊仲弘書。"閱此序言，可知其陋，詩格悉杜撰名目，極可發笑。以無傳本，且出元刊，故影寫之。半頁八行，行大字十三，小字三十，四周雙綫，大黑口。

《宋典雅詞》十四種 五冊

《西麓繼周集》陳允中衡仲

《燕喜詞》曹冠宗臣

《拙菴詞》趙磻老渭師

《碎錦詞》李好古

《雙溪詞》馮取洽熙之

《袁宣卿詞》袁玉華宣卿

《文簡公詞》程大昌泰之

《澹庵長短句》胡銓邦衡

《章華詞》汲古閣亦有影宋刊《章華詞》，卷首亦缺八頁，故撰人姓名無考。

《篔嶁詞》劉子寰圻父

《阮户部詞》松菊道人

《知稼翁詞》黃公度師憲

《龍川詞》陳亮同甫

《孏窟詞》侯寘彥周

以上十四種，不著輯者姓名。原書裝爲五冊，每冊首有簽題。行欵、字數、缺筆，均照宋本，然非影宋。十四種中殘缺至多，夏癯禪承燾借校數種，云不同處頗多，予尚未暇校勘也。

《遺山樂府》三卷 一冊

金元好問撰。好問字裕之，華容人。官至行尚書省左司員外郎，金亡不仕，《行狀》見《金史·文藝傳》。此爲所撰樂府單行本，高麗刊。後有"弘治紀元之五年壬子重陽後一日都事月城李宗準仲鈞"跋，前有遺山自序。小黑口，半頁十行，行十七字，字體古拙可愛，蓋泥模活字之外，此爲高麗善本矣。

《紅萼詞》二卷、《炊香詞》一卷 二冊

清孔傳鐸撰。《紅萼詞》前有宋犖、陳于王、顧彩、汪芳藻、黃鄭琚各序，及紅萼主人自序。二書皆錄自稿本。

《滄江虹月詞》一卷 一冊

清汪初撰。初字問樵，錢塘人，振綺堂族人。前有沈星煒秋卿題識及詞八首，後有咫進齋主人跋，云："汪問樵，泉唐人，爲振綺堂族人，小米中翰叔父行也。陳雲伯大令子婦小蘊女史，著《自然好學齋集》者，爲其胞叔。一門風雅，人人有集。問樵尤工倚聲，王蘭泉司寇《琴畫樓詞選》、《今詞綜》，俱以入

選。惜屢困場屋，家貧親老，因勉就丞尉，需次川中，不數年遂抑抑而歿。負才不遇，良可悼歎。小蘊《集》中有詩哭之甚哀。其生平梗概，亦略具于此。是册爲楊兄印甫持贈，言道光丁未得之武林書肆中，然第賞其詞之工，而不知問樵爲何如人也。嗚呼！當日振綺堂方以簪纓風雅雄長鄉邦，且專以網羅文獻爲己任，藏書、刻書之富，幾于一時無儷，而是集之流落市廛者固若也。問樵之歿未二十年耳，而生後之名，已寂寂若此。吾人握三寸不律，處荒江寂寞之濱，勞苦畢生，而欲以雕蟲小技，得千古之名，豈不難哉！豈不難哉！然問樵之詞，得司寇之選；女史之詩，已足並布藝林，流傳不朽，亦可慰詩魂焉！不然，載經兵燹，文獻淪亡，即汪氏諸昆，恐無有舉其名字者矣！閱竟不覺放筆三歎。"是本即自悶進齋本迻錄，朱筆批點，亦照原書。

《四印齋詞》一卷 與《説文辨疑》合訂一册

王鵬運撰。鵬運字幼霞，臨桂人。後有記云："乙未九月，李髯先生館予家，爲予手錄拙製《蟲秋》、《味梨》兩集，即用先生定本，付之手民。先生復欲索觀少作之在《薇省同聲集》外者，因舉此册奉贈，並請删汰爲《半塘甲稿》。嗟乎！歲月幾何，回首舊遊，如夢如影。而卷中師友所常共琴尊者，死喪離別，已落落如晨星，予亦髮禿眼昏，頹然老矣。即此文章，至小之技，亦作輟一再，迄用無成，質之先生，不知何以教我？半塘老人鵬運記。"按此稿後爲馮君翰飛彊齋所藏，刊本未收者至多，因迻錄之。

《太和正音譜》二卷 四冊

明丹邱先生涵虛子編,影寫洪武刻本。此書無第二刻本,八千卷樓所藏亦爲影本,《四庫》及各家未著錄。涵虛子,即甯王權之道號,又號臞仙,太祖第十七子,洪武二十四年封,永樂元年徙南昌,仍其故號,正統十三年薨,《明史》有傳。按其自序,云:"予因清讌之餘,採摭當代群英詞章,及元之老儒所作,依聲定調,按名分譜,集爲二卷,目之曰《太和正音譜》。審音定律,輯爲一卷,目之曰《瓊林雅韻》。蒐獵群語,輯爲四卷,目之曰《務頭集韻》,以壽諸梓,爲樂府楷式。"云云。按朱氏所輯三書,惟《瓊林雅韻》,《四庫》入《存目》,然與《務頭集韻》均未見傳本。

叢　書

《説郛》一百卷　四十册

明陶宗儀撰。宗儀字九成，號南村，黃巖人。予有二跋，一云："今世通行本，爲一百二十卷，乃清順治丁亥姚安陶珽編次。其中錯誤，指不勝屈。如《四庫目》所載，《春秋緯》九種之後，别出一《春秋緯》；《青瑣高議》之外，别出一《珩璜新論》；周密之《武林舊事》分題九部；段成式《酉陽雜俎》别立三名；陳世崇之《隨隱筆記》詭標二目。又王逵《蠡海集》，其人於宗儀爲後輩；《雜事秘辛》出楊慎，而其書並列集中。凡此各條，《四庫》所言，已足證明非南村原本，而揉雜竄亂之可笑矣。乾嘉前輩，往往歎息於《説郛》之亡，亡於剞劂，豈不諒哉！己未冬，予主京師圖書館事，得見館中明鈔殘本，持校刻本，則《雲谷雜記》亦標三名：一以'壽山艮嶽'一條，另標《艮嶽記》；一以'聯句所始'等二十五條，别爲《東齋記事》，而云'宋許觀撰'。杜撰書名，僞標作者，其他更何足言。由是發願欲還南村之舊，然非明鈔則不足據，明鈔又不可多覯，既遇之矣，又皆非全帙，且錯簡脱文，不一而足，私心以爲必無望矣。然遇明鈔，則缺者必借鈔，重者必借校，閲今六年，竟成全書。其中字句，不敢臆改，非據善本，則必以鈔本對勘，擇其善者而從之。今已竣事，敢舉大者，以告世之同好。《事始》、《續事始》，世無傳本，一善也。《雲谷雜記》雖非全本，然較武英殿本，已多二十餘條,二善也。《意林》世所傳皆五卷本,此書所收爲六卷本,三善也。《老學庵續筆記》有目無書久矣,《四庫》各閣皆無,此獨輯有數則,四善也。至于各子,佳字尤多,良以南村所見之書,非宋即元,故獨完善。既成全帙,張菊生元濟自滬至杭,力主印行,因付手民,用以補先輩之憾云。"

　　二云:"此書凡集明鈔六種,始成完璧。一、京師圖書館殘本。卷三、第四卷二十五至三十二。無年號,藍格白棉紙,似隆萬間寫本。一、江安傅沅叔先生藏本。傅氏書係彙明鈔三種而成,一洪武間鈔本,一弘農楊氏鈔本,一叢書堂鈔本。書本不全,書估挖填割裂卷首尾,湊成百卷。凡予所鈔墨筆卷數,未經朱校,有與目錄所載不符者皆是。中以洪武鈔爲最早,書中前後各條,錯簡至多,推測可知係自南村稿本錄出,而稿本必係褰衣式,脫落之後,後人隨便粘貼,故有此誤。洪武鈔及楊鈔,書後均有題記。叢書堂鈔,則板心有字,與尋常所見叢書堂鈔本正同。一、涵芬樓藏本。似係萬曆鈔本,未缺各卷,每數卷前有一目錄。今書目錄,即從此本寫定者。至第二十二卷,第八十六卷至第九十六卷,則五種明鈔皆缺。聞玉海樓亦藏有明鈔殘卷,孫仲容先生曾引及之切訪,不得要領,以爲此生難遇矣。壬戌秋,奉命督浙學,沅叔先生餞之娛萊室,案頭有書估攜來之明鈔《説郛》。傅先生曰'子所缺各卷均在,然索價高,恐寒士不能買。陶蘭泉欲得之,我當繼子南行觀潮,代爲借鈔也'。不二旬,傅先生果至杭,攜書見假,方得完成。"

　　此書排印後,知台州圖書館尚有六十卷本,亦明鈔。王子莊先生有題記,且目錄亦全,第未廁目,不敢斷爲何時寫本。嗣得王氏後人鈔寄原跋,云:"陶氏《説郛》,諸家俱稱百卷,惟都印《三餘贅筆》稱本七十卷,後三十卷乃松江人取《百川學海》諸書足之。《四庫提要》疑印時原書殘缺,僅存七十卷。《簡明目錄》直謂原書一百卷,後佚三十卷。弘治中,上海郁文博仍補爲一百卷。今案郁氏序稱'《説郛》百卷,余初未見,成化辛丑,借録于龔氏家。字多譌缺,兼有重出與當併者',並無佚去三十卷、所見僅七十卷之説,且言已編入《百川學海》者六十三事,《學海》盛行于世,不宜存此,徒煩人録,于是以其編入,并重出者盡删去之。當併者併之,字譌者正之,缺者補之,仍編爲一百卷'。是郁氏所見本有缺字,非缺卷。删去已見《學海》者,非取《學海》諸書足之。與都氏之言,適相反也。至順治丁亥陶珽所編百二十卷本,已見《學海》者凡八十餘種,是雜取諸書增益,不第非南村原本,亦非郁氏訂本矣。近得汲古閣舊藏明鈔六十卷本,以百廿卷刻本校之,非僅卷數不同,即編次亦異,鈔本每卷有大題,有小目,小目則所采諸書之名,大題則撮舉諸書之名而括以一、二字也。如卷第一至十四《玉澗雜書》等四十種,皆題曰'叢書'。第十五、六《相鶴經》等十種,題曰'經'。第十七、八《諧史》等五種,題曰'史'。第十九至廿《却掃編》等七種,題曰'編'。第廿一至廿三《桐譜》等六種,題曰'譜'。第廿四至廿六《浩然齋意鈔》等五種,題曰'鈔'。第廿七、八《坦齋筆衡》等七種,題曰'筆紀'。第廿九《游宦紀聞》等五種,題曰'紀聞'。第卅《戎幕閑談》等十種,題曰'談'。第卅一《行都紀事》等六種,題曰'紀事'。第卅二、三《隋唐嘉話》等十一種,題曰'話'。第卅四題'經子法語',乃洪邁摘集,其目則《易》、《書》、《詩》、《三禮》、《穀梁》、《公羊》、《孟子》。第卅五題'古典録略',亦洪邁摘集,其目則《三墳書》等廿五種。又題'讀子隨識',其目則《晏子春秋》等廿四種。第卅六題'諸傳摘元',其目則《神僊傳》等廿二種。第卅七爲《商芸小説》、《孔氏襍説》,題曰'説'。第卅八、九爲《徂異志》等卅一種,題曰'志'。第四十至四十七皆題曰'記',然前二卷又題曰《墨娥漫錄》,蓋《風土記》等五十八種,皆據《墨娥漫錄》所載。至《西京雜記》以下十五種,其自采錄也。第四十八至五十八,皆題曰'錄',然四十八又題曰'談壘',蓋此卷《明皇雜錄》等十六種皆據《談壘》所載,其餘《東皋雜錄》等四十四種,則自采錄也。惟五十九爲《遂初堂書目》,六十爲《遂初堂藏書別目錄》,則無大題。其"叢書"中如《野客叢書》,如《廣知》,如《虜廷事實》,如《談選》,如《唐知》,如《桃源手聽》,如《東坡手澤》。'經'中如《促織經》、《打馬經》。'史'中如《麈史》、《盧氏逸史》。'編'中如《卻掃編》,'譜'中如《漁陽石譜》、《宣和磬石譜》。'鈔'中如《浩然齋意鈔》。"筆記"中如《坦齋筆衡》、《夢溪筆談》。'紀聞'中如《松漠紀聞》。"古典略"中如《尚書大傳》、《五經要義》、《春秋漢含孳》、《春秋考異》、《吳越春秋》、《九州春秋》。'諸傳摘元'中如《神仙傳》、《仙傳拾遺》、《王氏神仙傳》、《高士傳》、《高僧傳》、《名臣傳》、《烈士傳》、《扶風傳》、《杜蘭香別傳》、《韓詩外傳》。'志'中如《異物志》、《華陽國志》、《西域志》、《陳留志》、《名山志》、《博物志》、《續博物志》、《明道襍志》、《清波別志》。'記'中如《墨娥漫錄》所采之《會稽記》、《秦州記》、《秦中記》、《齊地記》、《豫章記》、《襄陽記》、《西京記》、《廬山記》、《青城山記》、《嵩高山記》、《華山記》、《羅浮記》、《西征記》戴延之、《北征記》、《燕北襍記》、《述古異記》、《冥神記》、《玉箱雜記》、《洞冥記》、《東方朔記》、《法顯記》、《博物記》、《朝野褾記》，其自采者，如《西征記》羅襄、《朝野遺記》。'錄'中如《談叢》所載之《明皇雜錄》、《幽冥錄》、《紀異錄》、《使遼錄》、《談賓錄》、《胡氏見聞錄》、《異聞錄》、《松窗雜錄》，其所自采者，如《江南錄》、《江南別錄》、《靈怪錄》、《韓忠獻公別錄》、《劇談錄》、《北風揚沙錄》、《邵氏聞見錄》、《隨意漫錄》、《北户錄》、《聞談錄》、《雲仙散錄》，以及《經子法語》、《讀子隨識》等，皆百廿卷刻本所未載。至刻本有而此本無者，凡八百六十餘種。若撰人名氏之異同，如《讀書隅見》，刻本題'宋闕名'，而此作'宋鄭秉'；《愛日叢鈔》刻本題'宋葉氏'而闕其名，此作'葉適'；《碧湖褾記》刻本題'宋謝枋得'，此作'蔡采之'，注云"臨江人"；《商芸小説》刻本題'唐闕名'，此本作'齊殷芸'；《雞林志》刻本闕名，此作'宋王雲'，似皆此本爲得其實。竊疑此乃陶南村原本，或是當日初稿，其後有所增益，廣爲百卷耳。惟俗手所鈔，誤字如麻，校過者僅數卷。其第廿卷有毛子晉朱書跋語，云："此本《説郛》與世行本迥異，所未詳也。其二十卷載《雞肋編》紕繆百出，幾不可讀。家藏有元人王元伯手鈔本，取而校之，改正如右。然挂漏尚多，未能盡除也。歲在庚寅重陽前四日，虞山毛扆識，時年七十有一。'其書後歸皖人馬玉堂，宗祥案馬爲海鹽人。有'筠齋藏本'印章，同治間復爲吾鄉王六潭太守所得，今歸九峯名山閣。予略閲一過，爲記其梗概。丁巳閏月。"云云。又朱修伯云："浙東有一舊鈔本，尚是南村原本，刊本不足憑。又明人有書帕本，往往刷印此書數十種，即稱其所刊，余嘗見《唐宋叢書》即是也。"又孫貽讓云："王子常購得汲古閣鈔本《説郛》六十卷，有毛斧季校語。予辛未在京廣見之，與俗本迥異。"

宗祥案：朱、孫二先生之言，皆指台州所藏《説郛》，而王先生之跋獨詳，蓋即汲古閣毛校也。就予所見各種明鈔而言，七十卷之後，所采者與《百川學海》相同至多。且一書兩收，一事重載，未刪未併，前後錯出，與郁氏序文所云正相符合，而與郁氏刪併編訂之言，則不相類。蓋郁氏之本，當爲就南村原書重加編定者，故序有"仍編爲百卷"之言。郁本今不復見，予所見者，皆未刪未併原本，故與郁氏之言相抵牾如此也。《四庫目錄》之言，自不足信。都印疑後三十卷爲松江人所補，不舉《錢譜》、《勸善錄》二書，以時代爲證，亦未精確。

宗祥又案：此書明鈔本目錄亦百卷，則原書百卷無可疑者。獨後三十卷所收之書，與《百川學海》大半相同，遂有南村原書僅止七十卷之説，不知目錄固皆百卷也。以予考之，八十四卷中有《錢譜》，九十七卷中有《勸善錄》。《勸善錄》爲仁孝皇后所撰書，刊行于永樂時；《錢譜》中所收"國朝寶鈔"：一"洪武通寶"，二"大明通行寶鈔"，三"永樂通寶"，則此《譜》成于永樂時矣。此二事皆與南村卒年不符，故後三十卷雖皆明鈔，實不能認爲南村原輯也。或者此三十卷早佚，明人隨意取他書補綴以成百卷之數乎？此重公案，何時再得剖明，非盡獲洪武鈔本，則無望矣。又《錢譜》世以爲董逌撰者，亦誤，書中引董氏之説，及引董氏《錢譜》者數見，蓋著者猶及見董氏之書，而引用之，非董氏原書明矣。引用董書，遂誤爲董撰也。至台州本，據王氏所跋，校其目錄，又與予所見本大不相符。如第一卷爲《經子法語》，而台本爲《玉澗雜書》等。十七、十八卷爲《希通錄》等，而台本乃列《諧史》等。《邵掃編》在十四卷，而台本乃在十九。二十一至二十三爲《隋唐嘉話》、《清波雜志》、

《賓退録》等,而台本乃列《桐譜》等。二十四至二十六爲《孔氏雜説》、《小説》、《宣政雜録》等,而台本乃列《浩然齋意鈔》等。二十七、八爲《雲僊散録》、《遂初堂書目》等,而台本乃列《坦齋筆衡》等。二十九《桃源手聽》等,而台本乃列《宦遊紀聞》等。三十《蜀道征討比事》等,而台本乃列《戎幕閒談》等。三十一《紫微雜記》等,而台本乃列《行都紀事》等。三十二、三《遯齋閒覽》等,而台本乃列《隋唐嘉話》。三十四《春明退朝録》等,而台本乃列《經子法語》。三十五《毒關録》等,而台本乃列《古典録略》。三十六《酉陽雜俎》等,而台本乃列《諸傳摘元》。三十七《揮麈録》等,而台本乃列《商芸小説》、《孔氏襍説》。三十八、九《緑珠傳》、《侯鯖録》等,而台本乃列《徂異志》等。四十至四十七爲《友會談叢》、《宣室志》、《山水純全集》、《宣靖妖化録》、《禮範》、《錢氏私志》、《松窗雜録》、《公孫龍子》等,而台本乃列《墨娥漫録》等。四十八至五十八爲《聲隅子歔欷瑣微論》、《唾玉集》、《識遺》、《豫章古今記》、《北邊備對》、《鈎玄》、《文子》《通玄真經》、《聖武親征録》、《安雅堂酒令》、《鯨背吟集》、《江表志》等,而台本乃列《東皋雜録》等。五十九、六十爲《史記法語》、《五代新説》等,而台本乃列《遂初堂書目》、《遂初堂藏書別目録》。百卷本所收書計六百十餘種,台本總計不及二百八十種,其分卷無一同者。《遂初堂藏書別目録》,百卷本中未見其書,則毛跋所云"與世行本迥異"者,其説信矣。蓋毛氏所見世行本,雖非百二十卷本,要爲百卷本,可無疑也。台本鈔在百卷本之後,又以所收各書分類、標大題以別之,意必明人偶得不全之本,重爲編排,王氏跋謂爲南村原本之説,未可信也。

《國朝典故》一百十卷 二十冊

明朱當㴐輯。當㴐爲魯宗。據其自序，云："予乃蒐獵曲存，校讐魚亥，第其倫次，萃其渙散，以會其統，遂因各家之成書，類而聚之。其重者不刪，各存其説。上自祖宗創守之艱難，中及臣工私録之聞見，下迨僭竊夷狄之叛服，靡不畢具。"云云。是此書爲其所輯無疑。予得明鈔，字體甚劣，脱誤萬狀。按其"總目"，有有目無書者，如《平吳録》、《北平録》、《平蜀記》、《聖政記》、《奉天靖難記》、卷四。《宣宗御製官箴》、《宣宗御製詩》、《正統臨戎録》、《李侍郎使北録》、《否泰録》、《宸章集録》、《敕議或問》、《大狩龍飛録經》、《大狩龍飛録緯》、《菽園雜記》卷六至卷十二、《朝鮮記事》、《朝鮮賦》、《平夷賦》、《馬公三記》三卷、《平審始末》二卷、《雲中紀變》、《使琉球録》、《日本考録》、《後鑒録》三卷、《華夷譯語》廿五種是也。有有書無目者，如《壬午賞功别録》、《皇明傳信録》七卷是也。又《瀛涯勝覽》，原目列"百零六卷"，而原書之首則標爲"一百二十六"，是知此書殆未成定本，且或不止百一十卷也。又，是書清代未著録於《四庫》，《明史・藝文志》有《國朝典故》數家，俱非此本。此本《四庫》雖不著録，而《四庫提要》每涉及此書，"傳記類存目三"《靖難功臣録》下云："《千頃堂書目》有此書而闕其卷數，此本爲明嘉靖中魯藩宗人當㴐編入《明朝典故》者，祗此一卷，未知爲完書否也。"又"小説家類存目一"《明朝典故輯遺》下云："雜記洪武至正德十朝事，前有自序，作于嘉靖三十二年，自稱'東吳逸史'，又附載魯宗人當㴐序一首。案當㴐本輯有《國朝典故》，疑此即從《國朝典故》采掇而成。"云云。明代叢書，《四庫》著録不少,未知此本何以不收。《提要》于《靖難功臣録》既稱爲《國朝典故》所收之本,又稱爲左都御史張若溎家藏本,則《國朝典故》全帙當即在張若溎家。今考《國朝典故》中各書,已收入明代各家叢書者什九,其未見于他叢書,就此本所有者計之,僅有八種,其中《皇明傳信録》一種,不著録;《奉天靖難記》、《立齋閒録》二種,卷帙較繁,當自有刊本,故一稱汪啟淑家藏本,一稱天一閣本;其餘六種皆稱張若溎家藏,疑即同出于此本也。

各叢書内已有刻本者:

《天潢玉牒》《金聲玉振集》、《紀録彙編》、《勝朝遺事》。

《皇明本紀》《紀録彙編》。

《剪勝野聞》《勝朝遺事》、《廣百川學海》、《梓吳》、《顧氏四十家小説》、《説郛續》、《歷代小史》、《歷朝雜説》、《五朝小説》、《紀録彙編》、《借月山房》。

《國朝事跡》《金聲玉振集》、《金華叢書》。

《國初禮賢録》《三續百川學海》、《金聲玉振集》、《紀録彙編》、《勝朝遺事》。

《靖難功臣録》《説海》、《歷代小説》、《紀録彙編》、《勝朝遺事》。

《北征前後録》、《北征記》《金聲玉振集》、《歷代小説》、《説海》、《廣百川學海》、《紀録彙編》、《勝朝遺事》。

《革除遺事》《借月山房》、《嶺南遺書》、《金聲玉振集》、《説郛續》。

《野紀》《歷代小説》、《説郛續》。

《三家世典》《三續百川學海》。

《周顛僊傳》《金聲玉振集》、《五朝小説》、《説郛續》、《紀録彙編》(此卷已附録于《天潢玉牒》後,在本書爲重出)。

《天順日錄》《五朝小説》、《説郛續》、《記錄彙編》、《勝朝遺事》。

《蹇齋瑣綴》《歷代小説》、《今獻彙言》、《説郛續》。

《王文恪公筆記》《紀錄彙編》。

《前聞記》《名賢説海》、《五朝小説》、《説郛續》、《紀錄彙編》。

《清溪暇筆》《梓吳》、《顧氏四十家小説》、《歷代小説》、《今獻彙言》、《五朝小説》、《説郛續》、《紀錄彙編》。

《寓浦雜記》《金聲玉振集》、《名賢説海》、《五朝小説》、《説郛續》、《紀錄彙編》。

《病逸漫記》《二續百川學海》、《梓吳》、《紀錄彙編》、《顧氏四十家小説》、《歷代小説》、《説郛續》、《婁東雜著》、《五朝小説》、《勝朝遺事》。

《蓬軒類記》《烟霞小説》。

《彭文憲公筆記》《指海》、《三續百川學海》、《梓吳》、《顧氏四十家小説》、《五朝小説》、《説郛續》、《紀錄彙編》、《勝朝遺事》。

《菽園雜記》《守山閣》、《墨海金壺》、《説郛續》、《今獻彙言》、《五朝小説》（原書共十五卷，本書目載十一卷，實止五卷，殘闕）。

《懸笥瑣探》《得月簃》、《梓吳》、《顧氏四十家小説》、《五朝小説》、《今獻彙言》、《説郛續》、《紀錄彙編》、《勝朝遺事》。

《瑯琊漫抄》《學海類編》、《梓吳》、《顧氏四十家小説》、《歷代小史》、《今獻彙言》、《説郛續》、《紀錄彙編》、《勝朝遺事》。

《平定安南錄》《借月山房》、《五朝小説》、《三續百川學海》、《説郛續》、《勝朝遺事》、《嶺南遺書》、《紀錄彙編》。

《平蠻錄》《紀錄彙編》。

《星槎勝覽》《學海類編》、《説郛》、《格致叢書》、《歷代小史》、《紀錄彙編》。

《瀛涯勝覽》《廣百川學海》、《勝朝遺事》、《寶顏堂秘笈》、《説郛續》、《紀錄彙編》、《徵信叢錄》。

《石田雜記》《學海類編》、《今獻彙言》、《歷代雜説》。

《備遺録》《廣百川學海》、《説海》、《歷代小史》、《借月山房》、《勝朝遺事》、《説郛續》。

不見於各叢書者：

《滁陽王碑》先列《滁陽王廟歲祀册》，後列《廟碑》，與《提要》合。《提要》稱"張若湜家藏"，恐即出自此本。又本書似附入《天潢玉牒》所附之《皇陵碑》後，其後又附《周顛僊傳》，而《紀録彙編》所收之《天潢玉牒》與《皇陵碑》爲兩書，《提要》亦不言《天潢玉牒》後有若干附件。

《奉天靖難記》原書據《提要》及《明志》，俱稱四卷，本書缺第四卷。

《壬午賞功録》以下五種，《提要》稱均張若湜家藏，恐係得之本書。

《建文遺跡》

《安南奏議》

《東征紀行》、《立齋閒録》《提要》云"天一閣所藏"，當另一單行本。

《皇明傳信録》此書《明志》及《提要》皆無，沈德符《萬曆野獲編》引《傳信録》而闢之，云"《傳信録》有宣宗皇帝乃建文君之子，傳至世宗，皆建文之後"云云，此本並無此語。書亦至武宗崩、世宗立而止。其爲另一《傳信録》耶？抑傳鈔時已有所删正耶？雖不可知，要之此《録》所紀，多爲流俗傳説、不雅馴之言，未必可信也。

《花近樓叢書》八十三卷、《補遺》二十一卷、《附存》八卷

二四册

清管庭芬輯。庭芬字芷湘，海寧人。此書蓋在庚申仲春避亂山中，以笈攜小品及村塾鄰近告借諸書，手録以成，取工部"花近高樓傷客心"詩句以名書廁意，非真有此樓也。書成于咸豐十一年，《補遺》成于同治三年，《附存》成于同治四年，

自先生六十六歲至六十九歲四年中之作。所收諸書，自明人小品，以迄管氏自撰，共七十四種，《補遺》二十種，《附存》八種，都一百有二種。在當時信手鈔錄，以遣亂離懷抱，今則有絕不可見之文，如晚村《賣藝文》之類。每種後均有管氏小跋，述書之來歷及輯錄時日。

圖書在版編目(CIP)數據

鐵如意館隨筆　鐵如意館手鈔書目/張宗祥著；浙江省文史研究館編.—上海：上海古籍出版社，2015.7
（張宗祥文集）
ISBN 978-7-5325-7702-6

Ⅰ.①鐵… Ⅱ.①張… ②浙… Ⅲ.①古籍—圖書目錄—中國 Ⅳ.①Z838

中國版本圖書館CIP數據核字（2015）第145745號

張宗祥文集
鐵如意館隨筆　鐵如意館手鈔書目
張宗祥　著
浙江省文史研究館　編
上海世紀出版股份有限公司
上海古籍出版社　出版
（上海瑞金二路272號　郵政編碼200020）
（1）網址：www.guji.com.cn
（2）E-mail：guji1@guji.com.cn
（3）易文網網址：www.ewen.co
上海世紀出版股份有限公司發行中心發行經銷
浙江臨安曙光印刷有限公司印刷
開本890×1240　1/32　印張9.875　插頁2　字數205,000
2015年7月第1版　2015年7月第1次印刷
印數：1—1,300
ISBN 978-7-5325-7702-6
Ⅰ·2937　定價：42.00元
如有質量問題，請與承印公司聯繫